广外学术文库
建校六十周年专辑

广东外语外贸大学建校60周年
60th ANNIVERSARY OF GDUFS

大学青年教师的教学投入与职业成长

魏海苓　著

商务印书馆
创于1897 The Commercial Press

图书在版编目（CIP）数据

大学青年教师的教学投入与职业成长 / 魏海苓著 . 北京：商务印书馆，2025. --（广外学术文库：建校六十周年专辑）. -- ISBN 978-7-100-25023-8

Ⅰ. G645.12

中国国家版本馆 CIP 数据核字第 20259FY371 号

广外学术文库：建校六十周年专辑

大学青年教师的教学投入与职业成长

魏海苓 著

商 务 印 书 馆 出 版

（北京王府井大街 36 号 邮政编码 100710）

商 务 印 书 馆 发 行

三河市尚艺印装有限公司印刷

ISBN 978 - 7 - 100 - 25023 - 8

2025 年 7 月第 1 版 开本 880 × 1230 1/32

2025 年 7 月第 1 次印刷 印张 8 1/2

定价：58.00 元

本书系国家社会科学基金教育学一般课题“大学青年教师教学投入及其对职业成长影响的实证研究”（批准号：BIA180186）的最终研究成果

前　言

进入 21 世纪以来，国际竞争日趋激烈，是否拥有世界一流大学是彰显一个国家国际竞争力的关键之一，如何建设世界一流大学目前已经成为一个世界性的话题。一流本科教育是高等教育强国建设的“压舱石”，是提高和保证高等教育质量的立本强基工程，是“双一流”建设的基础。教师是高校办学的主体，青年教师是我国高校教师的重要组成部分，青年教师的职业成长和发展不仅影响着高校的现在，还决定着我国高校和高等教育的未来。

近些年来，为了吸引“最优秀、最聪明”的人选择从事学术工作，各国相继制定并推出“精英大学”“菁英人才”政策和计划，加大了对知名大学和知名学者的资助力度。然而，从世界范围来讲，受到高等教育大众化、全球化、市场化等诸多因素的影响，“学术职业状况几乎在全世界都处于危机之中，这已经成为共识”①。

就我国情况而言，大概从 2010 年开始，每年博士毕业生数量开始远远超过高校所能提供的教职数量，不少高校大量招聘专职科研岗、特聘研究员和博士后，之后进入“内卷”竞赛环节，优中选优。对于

① 〔俄〕玛利亚 · 优德科维奇、〔美〕菲利普 · 阿特巴赫、〔美〕劳拉 · E. 朗布利主编：《21 世纪的青年教师：国际视野》，姜帆、王琪译校，上海交通大学出版社 2017 年版，第 8 页。

初入学术职业的青年教师来说，尤其是重点大学的教师来说，即使最终获得了固定岗，还可能要接受新一轮聘期考核。对于很多青年教师个体来说，如何有效地平衡科研、教学、社会服务工作，是其面临的一个工作挑战。他们时刻感受着来自学术、教学和职称的压力，需要不断努力才能维持平衡。面对学术职业结构已然严峻的现实，作为学术职业未来和希望的青年教师，不得不思考是否选择进入学术职业，以及如果选择进入学术职业，如何在学术职业生涯中走向成功。

从大学教师职业成长实践看，面对如今的职业成长环境，不同的人选择了不同的职业成长道路，也产生了不同的职业成长结果。有的人科研、教学花开并蒂，职业成长之路一帆风顺；有的人专注科研，顺利晋级，快速成长为有影响力的青年学者；有的人埋头教学，晋升之路遥遥无期，面对各类考核时不断怀疑自己。为什么工作数年之后，相似起点的大学教师的职业成长之路差异如此之大？他们在开始学术职业生涯时，是如何认识、规划、处理各种职业成长和发展问题的？是什么因素促使他们做出当时的和当下的选择？他们的选择又带来了怎样的结果？教学投入与职业成长之间是怎样的一种关系？这些问题都需要得到理论的回应。

本书旨在研究学术制度变迁背景和学习范式转型下，处于职业成长初级阶段的大学青年教师的教学投入情况和职业成长状况，其中包括对教学投入内涵的理解，对大学教学观的重新审视，对职业成长内涵的把握，对教学投入与职业成长的关系及影响因素等方面的探究，从而寻找可以促进大学青年教师教学投入、职业成长、工作满意度等提高的可行办法和途径。具体来讲，本书将此研究目的细化为以下三个更具操作性的子目标：

（1）调查分析我国大学青年教师的教学投入状况及影响因素；

（2）调查分析我国大学青年教师的职业成长状况及影响因素；

（3）探究大学青年教师教学投入、职业成长和工作满意度的关系模型。

围绕上述三个具体研究目标，进一步锚定本书的基本思路，即以实证调查为主，点面结合，既从宏观层面上把握大学青年教师在教学投入和职业成长上的整体情况，还要在此基础上选择典型个案展开更有针对性的深入调查，加强研究的纵深感。

具体来讲，本书的内容主要如下：

绪论，主要从现实诉求和理论发展需求出发，明确研究大学青年教师教学投入、职业成长的价值以及研究设计。大学青年教师发展与教学水平的提高是全面提高高等教育质量、提高人才培养质量的关键。《国家中长期教育改革和发展规划纲要（2010—2020年）》《统筹推进世界一流大学和一流学科建设总体方案》等文件都强调了本科教学的重要性，提出“提高质量作为教育改革发展的核心任务”“一流本科教育是‘双一流’建设的重要基础”。如何更有效地促进学生和教师的发展，从而推进我国高质量高等教育目标的实现，是高等教育研究者需要关注的一个议题。此外，在工作投入理论、职业成长理论和教师发展理论的基础上，进一步明确有关大学青年教师教学投入、职业成长的内涵、结构和关系模型及相关研究设计，从新的视角理解和重构教学，为青年教师职业成长寻找合理途径。

第一章，运用定量研究中的问卷调查方法开展实证研究，对大学青年教师教学投入和职业成长情况进行整体把握。综合运用“教师教学投入量表”“大学青年教师职业成长量表”“大学青年教师职业满意度量表”“个人—环境匹配量表”等对大学青年教师开展横截面调查，使用SPSS 24.0和MPlus 7.4对调查数据进行处理，分析大学青年教师教学投入、职业成长的现状和影响因素以及与个人—环境匹配度、职业满意度之间的关系状态。

第二至四章，运用质性研究中的案例研究方法开展研究，对大学青年教师教学投入和职业成长的情况进行更深入的探究。围绕“为什么选择在高校工作？”“理想的大学教师工作是怎样的？”“入职后实际的工作状态是怎样的？”等一系列问题开展访谈和观察，根据实际访谈和观察情境进行不断追问，深入挖掘有关大学青年教师教学投入和职业成长的真实案例故事，并在此基础上抽象概念，形成理论。

第五章，基于实证研究结果，从生态视角重新审视大学青年教师教学投入和职业成长问题，并从观念转变、学术职业管理制度创新方面提出促进大学青年教师教学投入与职业成长的对策建议。

目　录

绪　论……1

第一章　定量调查研究……58
　第一节　测量量表的信效度检验……58
　第二节　定量研究结果与分析……63
　小　结……93

第二章　理性决策的“成功者”……96
　第一节　被访者基本情况……96
　第二节　个人能动性表征和职前准备……98
　第三节　职业成长与教学投入情况……102
　第四节　组织给养及能动行为……112
　小　结……121

第三章　妥协与抗争的“转型者”……123
　第一节　被访者基本情况……123
　第二节　个人能动性表征和职前准备……126
　第三节　职业成长与教学投入情况……129

第四节 组织给养及能动行为 142
小 结 153

第四章 焦灼与彷徨的"挣扎者" 156
第一节 被访者基本情况 157
第二节 个人能动性表征和职前准备 161
第三节 职业成长与教学投入情况 164
第四节 组织给养及能动行为 179
小 结 188

第五章 促进大学青年教师教学投入与职业成长之路 190
第一节 审视：大学青年教师教学投入与职业成长样态 190
第二节 坚守：教与学的核心地位 196
第三节 创新：学术职业管理新举措 199

参考文献 216
附录 1 大学教师教学投入、职业成长状况调查问卷 230
附录 2 访谈知情同意书 235
附录 3 访谈提纲 236
附录 4 访谈原始记录示例 237

后 记 257

绪 论

一、研究的缘起

高质量人才培养离不开高素质教师。伴随着我国高等教育的迅猛发展，大量年轻人加入到大学教师的队伍中，40岁以下的青年教师已成为大学教师队伍的主体力量。大学青年教师的专业发展水平既决定着大学教师队伍的整体素质，也关乎高等教育人才培养质量，进而影响国家重大教育战略落地。早在2014年，《光明日报》做了一期关于大学青年教师的专题报道，明确提出："青年教师的重要性不言而喻，他们担负着教书育人、传播人类文明、培养合格人才、提高民族素质的重任，其生存状况既是时代的颜面，也将影响年青一代及中国未来的发展。目前刻板的科研项目经费管理制度、以年龄划线的职称晋升制度、不合理的薪酬体系设计，会严重影响年轻教师的成长，进而影响高等教育的质量。"[①] 近些年对于大学青年教师生存和发展状态的报道和研究不断增多，引发社会各界对大学青年教师这一群体的热议和普遍关注。这既体现了国家和社会对高质量高等教育的迫切需求，也包含着对良性学术职业发展的强烈诉求，同时也蕴含着对大学青年教师群体的关切渴求。因此，围绕大学青年教师教学投入与职业成长的系

① 郭立场:《青年教师生存状况关乎时代颜面》,《光明日报》2014年7月15日。

统研究意义深远。

（一）高质量本科教育的国家需求

时至今日，提升本科教育质量已成为世界高等教育都关注的问题，也是今天我国高等教育领域的热点话题。目前，我国教育总体发展水平进入世界中上行列，教育进入高质量发展阶段，其中高等教育是我国教育的战略制高点，教师是制高点的制高点。1999 年，教育部出台《面向 21 世纪教育振兴行动计划》，明确提出要扩大高等教育规模。自此之后，我国高等教育规模开始逐年扩大，毛入学率由 1998 年的 8.9% 上升到 2022 年的 57.8%。[①] 高等教育规模的急速扩张一方面满足了适龄青年接受高等教育的入学机会，但同时也带来了高等教育质量下滑的风险。高等教育质量，尤其是本科教育质量开始逐渐成为高等教育领域的关注点。1993 年，时任国家教委高教司司长周远清针对我国高校教育工作质量出现的滑坡问题，提出著名的"四个投入不足"，明确指出高校教学存在"教学工作投入不足"的问题。2016 年，教育部首次发布高等教育质量"国家报告"，强化高等教育质量危机意识，把提高质量上升到国家战略高度。[②]2017 年，教育部高等教育教学评估中心发布中国高等教育系列质量报告，指出"本科教育离人民群众要求接受越来越好的优质本科教育的需求仍存在差距，从未来发展看，师资队伍仍然是制约本科教育质量提升的主要瓶颈，要确立'教学学术'理念并建立相应的制度保障体系，通过制度重建营造重视教学学

---

① 教育部发展规划司：《2022 年全国教育事业发展基本情况》，中华人民共和国教育部，http://www.moe.gov.cn/fbh/live/2023/55167/sfcl/202303/t20230323_1052203.html，2023-03-23。

② 教育部：《高教质量"国家报告"首次发布》，中华人民共和国教育部，http://www.moe.gov.cn/jyb_xwfb/xw_fbh/moe_2069/xwfbh_2016n/xwfb_160407/160407_mtbd/201604/t20160408_237168.html，2016-04-08。

术、重视教学中心地位的学校氛围与环境；聚焦学生和学习，切实落实‘以学生为中心’的教育理念，并在落实落细等方面精准发力；切实加强大学教师教学能力建设，改变以科学研究和学科建设为中心建立起来的制度体系，突出教学和人才培养在学校管理制度中的中心地位，使教学改革研究成果和人才培养工作成为‘硬通货’，从根本上扭转‘重科研、轻教学’的现象，制定彻底解决科研排斥教学甚至压制教学的问题等一系列对策”①。2018年1月31日《中共中央 国务院关于全面深化新时代教师队伍建设改革的意见》，将教师工作赋予战略意义，明确提出“把教师工作置于教育事业发展重点支持的战略领域，优先谋划教师工作、保障教师工作投入、满足教师队伍建设需要”②。2018年6月21日在新时代全国高等学校本科教育工作会议上，时任教育部部长陈宝生明确表示，“不抓本科教育的高校不是合格的高校、不重视本科教育的校长不是合格的校长、不参与本科教育的教授不是合格的教授”；教育部高等教育司司长吴岩也表示，“从世界趋势来看，以‘本’为本已成为世界高等教育发展的共识和趋势，但我国本科教育还存在痛点、堵点，‘重科研、轻教学’‘重教书、轻育人’等现象普遍存在，迫切需要对症下药、破解难题”③。2018年9月10日，习近平总书记在全国教育大会上的讲话进一步明确了教育的首要问题、教育工作的根本任务，提出了教育改革中“九个坚持”，给新时代中国教育事业指明了前进的道路。“新时代高教40条”、“六卓越一拔尖”

---

① 教育部高等教育教学评估中心：《权威发布！2017最新版高等教育质量“国家报告”出炉》，闽南网，http://www.mnw.cn/edu/news/1860916.html，2017-10-16。

② 教育部党组：《中共中央 国务院关于全面深化新时代教师队伍建设改革的意见》，中华人民共和国教育部，https://www.gov.cn/zhengce/201801/31/content_5262659.htm，2018-01-31。

③ 张盖伦：《教育部部长陈宝生：不抓本科教育的高校不合格》，《科技日报》2018年6月22日。

计划2.0等多份指导性文件相继颁布，将对本科教育质量问题的关注推到了新的高度，多省份正式印发建设一流本科教育指导意见，各级各类高校深化本科教育教学改革、狠抓本科教育。[①]2021年教育部发布的本科教育教学评估方案中更是将“教师的教学投入”作为一个重要的评价指标。

可以说，当前全面振兴本科教育已达成空前统一的战线，淘汰“水课”打造“金课”，以“本”为本，让本科教育、教学重新回归到高校人才培养的基础地位和核心地位，全面提升本科教育、教学质量的序幕已经拉开。随之，对本科教育主要承担者的大学教师的要求亦会逐渐提高。

（二）良性学术职业发展的诉求

众所周知，教师是大学的核心，大学的成功离不开教师的才能和贡献，“如果学术职业不能吸引最优秀、最聪明能干的年轻人，那么整个学术界的未来将黯淡无比”[②]。无论是来自高等教育外部还是内部的竞争对高等教育发展生态都产生了巨大的影响，一个重要的表征是，大学逐渐进入“学术锦标赛”状态。[③]华东师范大学历史系教授许纪霖把这种偏重量化的考评管理称为“GDP主义”，“这整个儿是一个指标系统，大到一个学校，小到一个老师，都是用一套指标系统衡量。人只是为了挣工分，创造已经不重要了”[④]。知名学者项飙指出，“发表其实是对青年学者的驯化方式，学术已经离原来知识分享的初衷越来越远，

---

① 焦以璇、于珍：《风好正是扬帆时——写在全国教育大会召开一周年之际》，《中国教育报》2019年9月9日。

② 〔俄〕玛利亚·优德科维奇、〔美〕菲利普·阿特巴赫、〔美〕劳拉·E.朗布利主编：《21世纪的青年教师：国际视野》，姜帆、王琪译校，上海交通大学出版社2017年版，第4页。

③ 阎光才：《学术等级系统与锦标赛制》，《北京大学教育评论》2012年第3期。

④ 陶芊、熊旭：《关注高校青年教师：困境中的突围》，《光明日报》2013年8月13日。

发表变成了一个非常封闭的学术运作体系，发表本身成了研究的目的，而不是推进研究的工具……学术体系的封闭最大的后果就是学术等级化，等级化会造成学刊从俱乐部变成锦标赛性质……俱乐部是一个比较理想的模式，一个学科里的人相互分享、相互学习，形成共同体。但是锦标赛意味着学刊成为分化学者的工具——谁能拿到工作，谁能升职，谁是失败者，都是根据学刊进行分化，等级化触发的是下对上的模仿，从而加剧不平等”[①]。“学术锦标赛制”下，无论大学之间的差异还是教师之间的职业发展差异逐渐模糊，教师都在科研之路上角逐，学校管理者和教师的工作压力和强度越来越大，越来越多的大学教师常常因不能适应这种竞争的挑战而备受质疑和批评。就如教育部长江学者阎光才教授所说的，“学术人的职业生涯，原本就已经是一场漫长的马拉松赛，即使是均匀发力，能够跑下全程已经实属不易。锦标赛制规则让整个赛程都是冲刺点，落后者的落寞自不待言，优胜者也未必感到欣慰”[②]。从入职到发展，学术职业全程要求都在不断加码，“预聘制”、“非升即走”制度更是起到了推波助澜的作用，使处于学术职业初期的大学青年教师的职业成长和发展焦虑进一步加剧。“从世界范围看，学术职业也正在经历转型，在近二十年时间里，学术职业变得越来越规范化和标准化”[③]，对进入学术职业的人的选择和要求也在提高，职业成长周期无形中延长，而助理教授制度使尚未获得终身教职的教师的学术职业发展充满了各种不确定性。事实上，“在世界大多数地区，学术工作的条款和条件逐步恶化，在美国只有不到一半的新职

---

① 项飙：《当写作和发表被异化，学术离知识分享也越来越远》，澎湃新闻，2020-08-26。

② 阎光才：《学术等级系统与锦标赛制》，《北京大学教育评论》2012 年第 3 期。

③ Musselin, C., “European Academic Labor Markets in Transition”, *Higher Education*, 2005, 49(1), pp.135-154.

位任命是传统的‘终身制’”[①]。对于刚刚进入学术职业的大学青年教师来讲，这使他们的学术职业发展的速度减缓且压力倍增。

正如伯顿·克拉克所指出的，“学术职业是由‘小小世界、不同世界（small worlds, different worlds）’所组成的”[②]。处于不同类型机构、不同专业领域的教师在工作条件、职位性质和职业发展定位上理应有所差异。随着知识经济、信息技术的飞速发展，无论企业组织还是学校组织都面临着前所未有的机遇和挑战，组织内个体与所处组织的关系亦发生了根本性的变化，人本管理成为人力资源管理的战略要义。无边界职业生涯时代的到来，使得个体不再终身依附于一个组织且从事同一种职业，他们可以在多个组织、多种职业中获得职业成功，工作流动和职业变动更加频繁。在竞争日趋激烈的形势下，职业成长（career growth、career advancement、career progress）日益受到了理论研究者和实践管理者的关注和重视。职业成长无论是对个体自身的发展还是组织核心竞争力的提升都至关重要。教师是大学发展的基础和关键，教师职业成长尤其是青年教师的职业成长是影响大学发展的重要因素，所以，关注教师职业成长既是高校教师自己的任务，也是大学和政府教育管理部门的工作重点。大学亟须为青年教师提供有吸引力的职业成长道路，营造良性的学术发展生态。否则很难产生出高质量的教学和科研成果，亦无益于青年教师的职业成长。

---

① 〔俄〕玛利亚·优德科维奇、〔美〕菲利普·阿特巴赫、〔美〕劳拉·E. 朗布利主编：《21世纪的青年教师：国际视野》，姜帆、王琪译校，上海交通大学出版社2017年版，第4—16页。

② Clark, Burton, *The Academic Life: Small Worlds, Different Worlds*, Princeton, NJ: Carnegie Foundation for the Advancement of Teaching, 1987.

（三）对大学青年教师群体的关切渴求

伴随着高校扩招和高校办学规模的陡增，大批青年教师进入高等学校之中，青年教师在规模上逐步成为各高校的主力军，其生存和发展问题不容忽视。据统计，我国 1999 年普通高校专任教师总数为 42.57 万人，2004 年达到 85.84 万人，增长率达 101.64%，其中 40 岁以下青年教师占高校专任教师总数的 66.07%；至 2021 年普通高校专任教师总数达到 90.63 万人，其中 40 岁以下青年教师占高校专任教师总数的 48.54%。[①]2023 年 7 月中华人民共和国教育部公布的《2022 年全国教育事业发展统计公报》数据显示，我国普通高校专任教师数量依旧处于增长趋势，较之上年增长 9 万余人。[②]青年教师依然占据着普通高校专任教师队伍的“半壁江山”。他们是教学工作的中坚力量，其科研能力和教学能力是影响学术成果产出、教学质量和效果的关键，也是教师个人能力、水平、地位、作用等综合素质的重要体现。然而，在青年教师数量大幅增长的同时，具有高级职称的青年教师的比例却呈下降趋势，从 2004 年的 12.25% 降至 2020 年的 8.03%。[③]这在一定程度上显示了高校青年教师在职业成长方面的困难在不断加重。2018

---

① 根据教育部公布的 1999—2021 年教育统计数据“专任教师年龄情况（普通高校）”整理，本研究选取“40 岁以下”作为界定青年教师的标准。教育部：《高等教育专任教师年龄情况（普通高校）》，中华人民共和国教育部，http://www.moe.gov.cn/jyb_sjzl/moe_560/2020/quanguo/202108/t20210831_556644.html。中华人民共和国教育部发展规划司：《中国教育统计年鉴（2021）》，中国统计出版社 2022 年版。

② 教育部：《2022 年全国教育事业发展统计公报》，中华人民共和国教育部，http://www.moe.gov.cn/jyb_sjzl/sjzl_fztjgb/202307/t20230705_1067278.html。

③ 根据教育部公布的 2004—2021 年教育统计数据“专任教师年龄情况（普通高校）”整理，本研究选取“40 岁以下”作为界定青年教师的标准。教育部：《高等教育专任教师年龄情况（普通高校）》，中华人民共和国教育部，http://www.moe.gov.cn/jyb_sjzl/moe_560/2020/quanguo/202108/t20210831_556644.html。

年，麦可思大学教师生存状况研究显示："大学教师群体周均工作时间为48小时；按照每周5个工作日计算，日均工作时长近10小时；88%的大学教师感到工作带来中重度压力，'科研或论文发表要求'（70%）成为最主要的压力来源；第二和第三位因素为'学校的制度和官僚主义'（60%）和'工作量'（57%）。"[①]2021年，鲍威等的研究发现，"高校教师总体生理健康现状不容乐观，且呈现逐年严重趋势；多重职业负荷的不断膨胀对高校教师生理疾病检出率产生不同程度的显著影响"[②]。在现有的教师评价体系下，青年教师的首要选择是生存，这在一定程度上使得教学和科研的矛盾愈发突出。"重科研、轻教学"的现象是国内几乎所有高校都面临的一个问题。

为了缓解这一难题，不少高校都出台了激励措施，如浙江大学、南京大学等拿出重金奖励教学，浙江大学设置"浙江大学心平奖教金"（2015年9月起，更名为"浙江大学永平奖教金"）用于表彰功底扎实、业务精湛、教学效果卓优、关爱学生成长的优秀教师和在教育教学事业上做出突出贡献的教师，杰出教学贡献奖得主获奖100万，其他奖项奖金分别是20万、10万不等。[③]南京大学、东南大学、华中科技大学等很多高校也都推出"教学明星"评选活动以激励教师投身教学事业。固然，奖励教学的活动是值得肯定的，但综观所有获得教学奖的教师，多数是几十年如一日工作在教学第一线的专家和教授，鲜见青年教师的身影。有人发出呼吁：何时才是"青椒"们的春天？[④]当

---

① 麦可思研究：《大学教师生存现状：近九成承受中重度压力，33%三年内零加薪》，搜狐网，https://www.sohu.com/a/252932928_484992，2018-09-23。

② 鲍威、谢晓亮、王维民：《玻璃大厦：高校教师职业负荷对健康的影响》，《北京大学教育评论》2021年第3期。

③ 浙江大学：《永平奖教金由来》，永平奖教金评选网，http://rsc.zju.edu.cn/ypjjj/redir.php?catalog_id=6，2020-08-20。

④ 胡波：《何时才是"青椒"们的春天》，《中国青年报》2013年9月13日。

然，也有大学针对青年教师出台了新的管理措施。如中南大学于 2013 年推出教师管理改革新措施：新上岗青年教师 8 年内无须承担教学任务，专心科研，中途只考核一次，8 年后验收成果，如果届时不能晋升教授或副教授则要么转岗、要么离职。[①] 这一举措收获大量点赞。

国家层面上也一直对高等教育质量和高校教师发展持续关注。2020 年 7 月，人社部、教育部针对高校教师评价机制，发布了《关于深化高等学校教师职称制度改革的指导意见（征求意见稿）》，该指导意见明确提出“克服在高校教师职称评定中唯学历、唯资历、唯‘帽子’、唯论文、唯项目等倾向”[②]。为进一步贯彻落实《深化新时代教育评价改革总体方案》精神，教育部学位与研究生教育发展中心于 2020 年 11 月印发了《关于公布（第五轮学科评估工作方案）的通知》，强调“要进一步强化教师以教书育人为首要职责的评价导向，采用‘队伍总体结构与代表性教师相结合’的方法评价教师队伍质量，重视青年教师队伍情况；加强教师以教书育人为首要职责的评价，把教授为本科生上课和指导研究生情况作为重要观测点，引导教师潜心教学、全心育人”[③]。2024 年 8 月发布的《中共中央 国务院关于弘扬教育家精神加强新时代高素质专业化教师队伍建设的意见》明确指出，“强化教育家精神引领，提升教师教书育人能力，健全师德师风建设长效机制，深化教师队伍改革创新。坚持教育家精神弘扬践行，贯穿教师课堂教

① 斯壮：《中南大学推改革新措：新上岗青年教师 8 年仅搞科研》，央视网，http://news.cntv.cn/2013/01/17/ARTI1358392779755343.shtml，2013-01-17。

② 专技司：《人力资源社会保障部办公厅 教育部办公厅关于〈关于深化高等学校教师职称制度改革的指导意见（征求意见稿）〉公开征求意见的通知》，中华人民共和国人力资源和社会保障部，http://www.mohrss.gov.cn/SYrlzyhshbzb/zcfg/SYzhengqiuyijian/zq_zyjsrygls/202007/t20200724_380517.html，2020-07-24。

③ 李欣：《教育部将启动第五轮学科评估工作》，央广网，http://china.cnr.cn/yaowen/20201104/t20201104_525318842.shtml，2020-11-04。

学、科学研究、社会实践等各环节，筑牢教育家精神践行主阵地”[①]。

教学，这一原本是作为教师最根本的职能何以在今天成为教师职业成长的负担，而需要靠大量的规章制度来推动和约束？教学何时已蜕变成最不重要的“良心活儿”？忽略了教学，教师何以称为“师者”？教学投入与职业成长之间是怎样的一种关系？这些问题的解决亟须建立一个集理论研究、国家支持、高校引导与青年教师自我提升于一体的协同机制。

概而言之，围绕大学青年教师教学投入和职业成长问题开展研究，具有显著的理论意义和实践价值。

首先，通过对大学青年教师教学投入和职业成长的研究，可以在理论上进一步把握大学教师教学投入、职业成长的内涵、特点和关系状态，理清大学青年教师职业成长的阶段性特点及影响因素，丰富知识员工职业成长和职业发展理论，为构建本土化的大学青年教师教学投入和职业成长理论提供思路；同时，可以将以学生为中心的教学观与丰富的教学投入内涵相结合，创新大学教学理论，丰富工作投入理论，完善教师教学能力发展的基本理论研究和教学能力评价体系，重塑大学教学的功能和地位。

其次，研究大学青年教师教学投入与职业成长问题，有助于提升大学青年教师对学术职业的认同感、归属感和责任感，促进大学青年教师的教学投入和职业成长，实现大学教师学术发展和教学发展的协同；同时，可以为教育行政管理部门或大学管理机构制定大学青年教师管理制度提供依据，提高大学教学的地位和作用，推进以学生为中心的教学改革的进程，提高大学教学质量和人才培养质量。

---

① 新华社：《中共中央 国务院关于弘扬教育家精神加强新时代高素质专业化教师队伍建设的意见》，中国政府网，https://www.gov.cn/zhengce/202408/content_6970676.htm?menuid=197，2024-08-06。

二、相关研究文献综述

文献综述是确定研究起点和深化研究的基础。本研究的核心概念是教师教学投入和职业成长，因此文献综述部分将主要围绕这两个概念及其相互关系展开。

（一）关于教师教学投入的研究

目前学界对大学教师教学投入的重要性已达成广泛的共识，但对于教师教学投入的内涵、结构和测量问题仍存在较大分歧，分歧点主要体现在对工作投入和教学投入概念的不同认识上。

教师教学投入的正向积极作用已获普遍认同。在理论研究层面上，诸多研究显示，"教师的教学投入不仅能够显著预测学生的学习投入和学习结果，而且有助于提高教师的工作满意度，减轻工作压力和职业倦怠，并降低离职率"[①]。我国高等教育界对大学教师教学投入，尤其是本科教学投入的研究表现出明显的实践导向性，相关研究伴随着高等教育政策的变化有所起伏。1993年，时任国家教委高教司司长周远清提出了高等教育的"四个投入不足"："一是教学经费投入不足；二是领导精力投入不足；三是一部分任课教师对教学工作投入不足；四是部分学生的学习积极性不足。"[②]教学投入的不足问题被明确提出，有关大学教师教学投入的理论研究开始出现。2018年6月，时任教育部部长陈宝生在新时代全国高等学校本科教育工作会议上重申了"把本科教育放在人才培养的核心地位、教育教学的基础地位、新时代教育发

---

① 郭建鹏、唐祯、吕帅：《什么因素影响了中国高校教师的教学投入——基于个体与环境两水平变量的分层线性模型分析》，《教育发展研究》2022年第9期。

② 孙纬君、陈浩：《突出教学主旋律推动质量上台阶——国家教委高教司周远清司长访谈录》，《中国高等教育》1993年第Z1期。

展的前沿地位”[①]。自此，有关本科教学投入的研究再次蓬勃发展。在中国知网以“主题‘投入’、篇名‘教师’”进行文献搜索并筛选有关高校/大学教师的相关研究文献，截至2023年，共检索到与大学教师工作投入和教学投入直接相关的文献121篇。从发文的数量和发文期刊情况看，有关大学教师教学投入的研究引起了学术界的关注，但与其他高等教育研究主题相比，研究成果的积累仍稍显薄弱。可能的原因是，目前学术界对教学投入的概念、内涵的理解和判断仍存在较大的差异，其理论结构和测量较难实施，相关研究成果的聚焦性不足、分散性明显。

概括来讲，关于大学教师教学投入的研究主要试图回答三个问题：大学教师教学投入是什么？大学教师的教学投入情况怎么样？哪些因素影响了大学教师的教学投入？

1. 教学投入的概念与内涵

关于教师教学投入的研究，主要是在工作投入的基础上，结合教师职业的特点来展开。对于工作投入概念与内涵的界定，存在将之作为状态变量还是动机变量的两种主要观点。

作为工作投入概念的最早提出者，Kahn有关工作投入的概念界定是典型的状态论观点，强调工作投入是与工作任务表现相关的个体心理状态，关注工作中个体精力投入的状况。他认为工作投入是“组织成员自我与工作角色的融合，处于投入状态的个体会将自己的全部精力投入到工作角色之中，包括生理投入（physical）、认知投入（cognitive）和情感投入（emotional）三个维度的心理状态；其中，生理投入是指个体在扮演自身的工作角色时能够在生理上高度卷入；认

① 时宝辐、熊旭：《教育部部长陈宝生：本科教育是大学的根和本》，人民网，http://edu.people.com.cn/n1/2018/0622/c367001-30075279.html，2018-06-22。

知投入指个体在自我工作认知上有清醒的认识，明确自己在工作情境中应扮演的角色和应肩负的使命；情感投入则是指个人能够时刻保持自己和他人的联系并且感知他人的情绪”[①]。值得说明的是，状态论视角下的工作投入概念还存在两种不同的研究倾向。一类是将工作投入作为职业倦怠研究的对立面展开研究，这主要受积极心理学强调个体积极状态重要性的影响。此类研究者倾向于将工作投入、工作倦怠一并讨论，并将两个概念作为对立面来开展研究，试图以此来作为对职业倦怠研究的进一步补充，认为职业倦怠会不断侵蚀工作投入的积极状态，使原本充满活力、对工作认真投入并且高效的个体在生理和心理上变得疲惫不堪（情感枯竭），继而对工作失去兴趣（去个性化）并且质疑自己的能力和价值（成就感缺失）。[②]另一类则倾向于将工作投入作为一个独立存在的概念，其并非是工作倦怠的绝对对立面，两者并不是同一概念的两端，个体没有产生职业倦怠问题并不代表该个体就具有高水平的工作投入，反之亦然，如现实中既存在着工作投入低但工作倦怠低的情况，也存在着工作投入高但工作倦怠也高的情况。[③]具体到教师教学投入，同样存在状态论的观点。如“教学投入是教师的一种教学态度，包括课前的备课投入和课堂上的讲授投入”[④]；“教学投入是教师在教育教学活动中所投入的时间、精力和情感的总和；其中，时间投入为教师投入教学的时间量；精力投入是教师对教学的用功程度、用心程度和用力程度；情感投入主要是教师对待教学工作的

---

① Kahn, W. A., “Psychological Conditions of Personal Engagement and Disengagement at Work”, *Academy of Management Journal*, 1990, 33(4), pp.692-724.

② 陈敏灵、王孝孝：《职业倦怠：内涵、测量与形成机理》，《外国经济与管理》2019 年第 8 期。

③ Schaufeli, W., Salanova, M., “Work Engagement: On How to Better Catch a Slippery Concept”, *European Journal of Work and Organizational Psychology*, 2011, 20(1), pp.39-46.

④ 叶明儿：《教学投入与教学适度》，《北京联合大学学报》1994 年第 2 期。

态度和感情，是教师教学投入的动力机制和持续投入的力量”[①]。

此外，还有一类研究关注个体工作投入对于工作绩效的积极影响，强调工作投入高的个体会更积极地将个人精力用于工作上，也更容易产生高的工作绩效，倾向于将工作投入作为一种动机变量开展研究。部分学者认为，工作投入是一个多维的动机概念，是一种让人们沉浸于工作完成的动机，通常情况下，工作投入高的员工会有更充足的精力和更积极的情绪。相应地，在教师教学投入相关研究方面，众多研究强调教师教学投入的动机变量特性。Klassen 等人将教师教学工作投入界定为“教师在教学相关活动中对行为、情感和认知资源的自主分配，包含行为、认知、情感和社会四个维度”[②]。该界定体现了教师教学工作投入的独特性，突出强调了教师工作存在的社会性特点。也就是说，教师需要在教学工作中投入大量的精力与学生进行交流并建立融洽的师生关系，良性师生关系的建立无论对于学生的学习还是教师自身的发展都大有裨益。吴枝兵、彭鸿雁在对教学投入相关概念综述的基础上，指出“教学投入是教师在教育教学过程中的一种积极、主动、自愿的行为，既包括时间、金钱、物资等方面的显性投入，也包括精力、情感（热爱、兴趣、认同等）等方面的隐性投入”[③]。

此外，在对工作投入的概念理解上，还存在争议的是，工作投入是个体的一种相对稳定的特征（trait-like），还是一种时间动态状态（state-like），或者两者兼存。[④]

---

① 刘振天：《高校教师教学投入的理论、现况及其策略》，《中国高教研究》2013 年第 8 期。

② Robert, M., Klassen, Sündüs Yerdelen, Tracy L. Durksen, “Measuring Teacher Engagement: Development of the Engaged Teachers Scale (ETS)”, *Frontline Learning Research*, 2013, 1(2), pp.33-52.

③ 吴枝兵、彭鸿雁：《高校教师教学投入研究综述》，《陕西学前师范学院学报》2017 年第 8 期。

④ Dalal, R., Brummel, B., Wee, S., et al., “Defining Employee Engagement for Productive Research and Practice”, *Industrial and Organizational Psychology*, 2008, 1(1), pp.52-55.

概而言之，目前关于教学投入的概念和内涵，学术界仍存在不同的理解和界定。相关学术研究领域学者普遍认为教学投入是一个多维的复杂概念，但具体应该包括“认知、情感、行为”还是“时间、精力和情感”，抑或是其他的因素如社会、专注等，尚未达成一致，内涵缺乏清晰的界定，甚至有的研究还从更宏观的角度将教学投入视为对教学资源、经费和设备的投入。

在本书中，大学青年教师的教学投入主要是指教师在教学职能对应的工作范围内的个人投入状态，是教师为了更好地履行教学职能而做出的积极、主动的资源分配，主要包括认知投入、情感投入、社会关系投入和行动投入四个方面，相对稳定但也存在波动。

2. 教学投入的测量

受到工作投入和教学投入概念内涵和结构多样性特点的影响，有关工作投入和教学投入的测量工具同样呈现出多元性特点。Christian等对工作投入测量量表的情况进行了归纳，指出“不同的测量工具对工作投入的关注点存在不同，有的着眼于测量对工作实际体验，有的关注工作任务，有的则侧重于成员自身工作角色的发挥”[①]。在有关工作投入的测量工具上，影响最大的是Schaufeli等开发的“Utrecht工作投入量表”（UWES），该量表将工作投入视为一种积极、完满且持续不断的与工作相关的情感和认知状态，包括活力（vigor）、奉献（dedication）和专注（absorption）三个维度，共17个题目。[②]UWES

---

① Christian, M.S., Garza, A.S. and Slaughter, J.E., “Work Engagement: A Quantitative Review and Test of its Relations with Task and Contextual Performance”, *Personnel Psychology*, 2011, 64(1), pp.89-136.

② Schaufeli, W., Salanova, M., Gonzálezromá, V., et al., “The Measurement of Engagement and Burnout: A Two Sample Confirmatory Factor Analytic Approach”, *Journal of Happiness Studies*, 2002, 03(01), p.71.

量表发布以来，被广泛应用于包括教师职业在内的各职业领域，其维度结构在不同文化背景、不同职业群体中均保持稳定，信度、效度良好。在不断的验证和发展中，UWES 从最初 17 个题项进一步缩减为 9 个题项，即 UWES-9 版本，经验证该版本同样具有良好的内部一致性信度和再测信度。[①] 国内学者修订了中文版 UWES 并检验信效度，数据显示中文版 Utrecht 工作投入量表各项指标符合心理学测量要求。[②] 国内针对教师工作投入的大多数研究也都采用了该版本。但正如 Klassen 等人所指出的，"UWES 是面向商业组织员工开发的测量量表，把工作投入界定为一种与工作有关的情感认知状态，并不能体现教师的实际工作情境"[③]。于是，在"Utrecht 工作投入量表"基础上，Klassen 等人针对教师工作特性开发了"教师投入量表"（Engaged Teachers Scale，ETS），将社会关系纳入教师工作投入之中，共包含行为、认知、情感和社会四个维度。郭建鹏等在 ETS 量表基础上，结合大学教师教学的特点，增加了教学方式投入和教学准备投入来测量大学教师的教学投入情况。[④] 此外，还有一些研究者也开发了教师教学投入测量量表。如刘振天根据"中国大学生学习性投入调查（NSSE-China）"问卷研制了高校教师教学投入调查问卷，从教师时间、精力和情感三个方面来测量教师的教学投入情况。[⑤] 还有一部分研究用教学工

---

① Schaufeli, W. B., Bakker, A. B., Salanova, M., "The Measurement of Work Engagement with a Short Questionnaire: A Cross National Study", *Educational and Psychological Measurement*, 2006, 66(4), pp.701-716.

② 张轶文、甘怡群：《中文版 Utrecht 工作投入量表（UWES）的信效度检验》，《中国临床心理学杂志》2005 年第 3 期。

③ Klassen, R. M., Yerdelen, S., Durksen, T. L., "Measuring Teacher Engagement: Development of the Engaged Teachers Scale (ETS)", *Frontline Learning Research*, 2013, 1(2), pp.33-52.

④ 郭建鹏、唐祯、吕帅：《什么因素影响了中国高校教师的教学投入——基于个体与环境两水平变量的分层线性模型分析》，《教育发展研究》2022 年第 9 期。

⑤ 刘振天：《高校教师教学投入的理论、现况及其策略》，《中国高教研究》2013 年第 8 期。

作量或教学时间来代替教学投入。虽然教学工作量和教学时间都与教学投入关系密切，但两者并非等同的关系。

概括来说，目前有关大学教师教学投入测量的研究工具较为丰富，但各测量工具的关注重心存在差异，需要进一步结合我国大学青年教师的特性选择或修正量表开展研究。

3. 针对教学投入潜在影响因素的已有研究

在对我国大学教师教学投入现状的把握上，目前已有的调查研究存在不同的结论，主要包括三种观点：教学投入不低、教学投入偏低和教学投入适中。

在有关大学教师教学投入的影响因素研究上，主要有三种研究思路：一是根据 Bandura 的社会认知理论，将人类功能看作个体内在因素、行为和环境因素相互作用的产物[①]，在此基础上探究教师个体因素和环境因素对教师教学投入的影响；二是基于变量取向（variable-oriented）和特征取向（trait-oriented）的分析路径[②]，变量取向下的分析侧重于探究教师自我效能感、教师工作满意度、环境支持等隐性变量与教学投入的关系，特征取向下的分析侧重于探究教师性别、年龄、学校类型等显性变量与教学投入的关系；三是在以“个体—环境”视角和“变量—特征”取向下进行综合分析，从个体特征、环境特征、个体变量和环境变量四个方面探究影响教师教学投入的各种因素。[③]

---

① Bandura, A., “Social Cognitive Theory: An Agentic Perspective”, *Annual Review of Psychology*, 2001, 52(1), p.126.

② SalmelaAro, K., Moeller, J., Schneider, B., et al., “Integrating the Light and Dark Sides of Student Engagement Using Person Oriented and Situation Specific Approaches”, *Learning and Instruction*, 2016, 43, pp.61-70.

③ 郭建鹏、唐祯、吕帅：《什么因素影响了中国高校教师的教学投入——基于个体与环境两水平变量的分层线性模型分析》，《教育发展研究》2022 年第 9 期。

从文献的整体情况看，特征取向的相关研究最为丰富，主要涉及教师个体的人口统计学信息，如性别、年龄、教龄、职称、学历、学科类型、授课类型、婚姻状况、任教学校类型等诸多方面。在各相关影响因素的调查结果上，目前的研究结论之间尚存在诸多冲突。

变量取向的相关研究包括管理制度（环境和组织层面）、文化、个性心理特征等，归纳起来可以分为强调外在变量、个体内在变量和内外在变量交互三类。在外在变量上，涉及国家科研政策导向、市场经济的冲击、学校人事管理政策、职称评审和考核制度、教学条件与设施、教学氛围等。在个体内在变量上，涉及教师的教学态度、责任意识、教学心理环境以及教学效能感等。当然，还有一些研究强调高校教学投入是内外在变量交互作用的结果。

概而言之，已有的研究对大学教师教学投入的概念、测量和影响因素展开了广泛的探讨，为本研究的开展提供了参考。但总体来讲，目前相关的实证研究总体仍然偏少，已有研究结论之间存在一定的冲突，测量手段和方法仍需要进一步完善，正如 Macey 和 Schneider 所指出的，“关于工作投入潜在的前因变量和结果变量及其之间的关系目前尚未被严格概念化，也缺乏深入系统的研究”[①]。具体来说，第一，对于教学投入的概念界定仍存在争议，尚未达成共识；第二，对于教学投入的测量因为测量重心的不同，所构建的测量工具存在差异，所得出的结论存在较大差异甚至相互对立；第三，在影响因素选择上，系统、动态视角的设计相对较少，多数研究集中在探讨个体因素或环境因素对教学投入的影响，较少从生态的视角将个体、环境与教学投入

---

① Macey, W., Schneider, B., “The Meaning of Employee Engagement,” *Industrial and Organizational Psychology*, 2008, 1(1), p.330.

行为整合起来进行探讨，也未考虑教学投入对个体或环境其他变量的影响。教师的教学投入行动是个体与制度环境相互作用的结果。

（二）关于教师职业成长的研究

目前有关员工职业成长和教师职业成长的研究主要集中在三个方面：一是关于职业成长和教师职业成长的概念与内涵；二是关于教师职业成长的测量；三是影响教师职业成长的因素。

1. 职业成长的概念与内涵

职业成长的概念最早于 1957 年由 Argyris 在研究个体和组织冲突时提出，他认为“职业成长是一种个体对组织从依赖转向独立的过程，标志着个体在组织中的职业发展趋向成熟和独立”[①]。在后续有关职业成长的研究中，对于职业成长内涵的认识相对多元。有的研究强调个体在组织内或组织间的职业能力和职业进展情况，既包括个体主观的对所从事职业的未来前景的认知和感受，也包括个体职业成长的速度和内容。

高等教育研究者在已有职业成长的理论研究基础上，结合大学教师的工作特性对大学教师的职业成长进行了界定。周喜华认为“高校青年教师职业成长由职业素养、职业待遇、职业目标和职业发展四个方面构成”[②]。畅肇沁则认为，“教师的职业成长包括教师个体的专业性发展和教师群体的能力融合两个方面”[③]。

---

① Argyris, C., “The Individual and Organization: Some Problems of Mutual Adjustment”, *Administrative science quarterly*, 1957, 2(1), p.124.

② 周喜华：《高校青年教师职业成长：问卷编制及特点研究》，《黑龙江高教研究》2016 年第 7 期。

③ 畅肇沁：《教师专业发展视域下新任教师的职业成长》，《教学与管理》2011 年第 36 期。

在本书中，职业成长主要是指个体在组织内或组织间的职业能力和职业进展情况，既关注个体主观的对所从事职业的未来前景的认知和感受，也关注晋升、收入等客观指标；既关注职业成长的速度，如职业能力增长的速度、职位或职称晋升的速度、收入增长的速度等，也关注职业成长的内容，如责任的增加、工作经验和业绩的增长等。在本研究中，将主要聚焦青年教师在大学组织内部的职业成长状况，探究大学青年教师在其工作单位内的职业能力发展、职业目标进展和职业回报等。

2. 职业成长的测量

伴随着对职业成长内涵认识的多元性出现了多种的职业成长测量工具，既有直接采用具体问题进行的测量，也有划分不同维度开展的测量，且从单维到多维不一而足。测量重心也存在很大差异，有的强调目前工作与职业目标的关联程度，有的强调个体职业能力的发展状态，也有的兼顾两者。二维论观点，如 Bedeian 等的研究，他们采用两个问题测量个体在组织中的职业成长机会，“我觉得现在的工作将有助于我未来职业目标的实现”“我现在正在做的工作与我的职业成长和职业发展相关”[①]。三维论观点，如Tharenou 等人的研究，他们将职业成长概念操作化为管理层级提升、薪资水平提升和职位晋升三个指标。[②] 四维论观点，如翁清雄和席西民的研究，他们从职业目标、职业能力、报酬增长和晋升速度四个方面定义职业成长。[③]

---

① Bedeian, A. G., Kemery, E. R., Pizzolatto, A. B., “Career Commitment and Expected Utility of Present Job as Predictors of Turnover Intentions and Turnover Behavior”, *Journal of Vocational Behavior*, 1991, 39(3), pp.331-343.

② Tharenou, P., “Is There a Link between Family Structures and Women’s and Men’s Managerial Career Advancement?” *Journal of Organizational Behavior*, 1999, 20(6), pp.837-863.

③ 翁清雄、席西民:《企业员工职业成长研究：量表编制和效度检验》,《管理评论》2011 年第 10 期。

就教师职业成长而言，学者们结合教师的职业特点也开发了相应的测量工具。与多元的职业成长测量维度相类似，在教师职业成长测量上也同样存在不同的维度。如顾剑秀等从客观职业表现和主观职业满意度两个层面来测量学术职业成就、职业进展以及未来发展潜力，其中“职业表现分为组织回报表现和职业素养表现，前者包括职称、收入，后者是教师自身所拥有的从事学术职业的能力，以文章发表、主持课题、授课等量化指标进行测量；职业满意度包括教师对自身职称薪酬、目标实现、能力发展等方面的满意度”[①]；周喜华则从职业目标、职业素养、职业发展和职业待遇四个方面构建了高校青年教师职业成长问卷。[②]

本书主要参照翁清雄、席酉民编制的“职业成长量表”[③]，结合大学青年教师的职业特点，将大学青年教师职业成长划分为三个维度，分别是职业目标进展、职业能力发展和职业回报增长。职业目标进展主要是目前的工作与自己的职业理想、职业目标的相关程度；职业能力发展主要是教师教学能力和科研能力的发展情况；职业回报增长主要包括职称、收入的增长及增长潜力。

3. 针对职业成长潜在影响因素的已有研究

影响个体职业成长的因素有很多，主要可以分为两类，一类是前因变量，主要包括个体自身因素和个体所在组织环境因素等；一类是后果变量，主要涉及职业成长与个体其他心理特征变量之间的关系。

---

① 顾剑秀、韩霜、罗英姿：《研究型大学青年教师职业成长影响机制：人与环境匹配的中介作用》，《中国高教研究》2021 年第 11 期。

② 周喜华：《高校青年教师职业成长：问卷编制及特点研究》，《黑龙江高教研究》2016 年第 7 期。

③ 翁清雄、席酉民：《企业员工职业成长研究：量表编制和效度检验》，《管理评论》2011 年第 10 期。

第一，关于职业成长的前因变量。目前关于职业成长前因变量主要有个体因素、组织因素和环境因素。就个体因素而言，已有的研究涉及性别、婚姻状况、学历、学缘关系、专业背景、职称、年龄、教龄、个人职业动机等变量。组织因素主要有组织环境、组织支持、组织激励和组织文化等，对于教师群体而言，组织层面的职称、职务晋升制度对个体职业目标的实现具有核心指导意义。顾剑秀等人分析了研究型大学青年教师的个人特征和所处的组织环境对其职业成长的影响路径，发现“个人特征中的性别、身份特征、国际留学经历以及工作投入，组织环境中的高校层级、类型、学缘关系、组织支持、学术评价制度等显著影响教师的职业成长，人与环境匹配在其中具有完全或部分中介效应”①。

第二，关于职业成长的后果变量。员工的职业成长状况不仅会对个体主观层面的职业满意度、工作倦怠、职业效能感、职业自我概念、职业承诺等产生影响，也对于客观层面的个体工作绩效、组织承诺、离职倾向等发挥作用。“从个人因素来看，职业成长较快的员工，职业满意度高，职业自我概念会更加清晰和明确，产生较高的职业效能感和职业承诺；从个人对组织的影响来看，职业成长越快，员工的工作绩效越高，对组织的承诺越高，会有越低的离职倾向和行为。”②

（三）职业成长与工作投入、教学投入的关系

从已有文献情况看，针对企业员工、科研人员职业成长与工作投入关系的研究丰富，涉及的变量包括工作动机、工作绩效、组织承诺、

---

① 顾剑秀、韩霜、罗英姿：《研究型大学青年教师职业成长影响机制：人与环境匹配的中介作用》，《中国高教研究》2021 年第 11 期。

② 翁清雄、席酉民：《企业员工职业成长研究：量表编制和效度检验》，《管理评论》2011 年第 10 期。

组织认同、离职倾向等方面；而针对大学教师教学投入与职业成长关系的深入研究较为缺乏。研究者们从不同的角度解释了职业成长与工作投入的关系，普遍认同两者存在关联，但在对于两个变量谁是前因变量谁是后果变量的判断上存在分歧。

有的研究强调职业成长影响工作投入，即良性的职业成长有利于员工高水平的工作投入。还有一些研究强调工作投入对职业成长的影响。目前直接探究大学教师教学投入与职业成长关系的研究并不多，多数情况下将教学作为大学教师职能的一个方面来探究其与教师发展、职业成长等的关系，还有一部分研究是在研究大学教师教学与科研关系的过程中涉及教学投入与职业成长的相关内容。在论及大学教师教学和科研工作在职业成长中的作用关系时，从已有的研究成果看，教学投入在教师职业成长中所起到的正向作用并不明显，更多的情况下反而起到反向作用，且对于大学青年教师来说这种反向作用尤为突出。

综上所述，有关大学青年教师教学投入与职业成长的相关研究主要表现出以下特征：

第一，有关大学青年教师教学投入的研究存在差异的研究旨趣。国内对大学青年教师教学投入的关注热情在逐步增加，相关研究主要从教学与科研的关系、教学质量、教师时间分配、教学投入现状及其影响因素等方面切入，缺乏对大学青年教师教学哲学观、教学投入意愿、教学投入动机、教学投入与职业成长关系的研究。国外有关大学教师时间和精力分配的研究丰富，研究普遍认为教师时间的分配与教师所在学校类型、性别、职称、婚姻状况等因素密切相关；在处理教学和科研的关系方面，呈现出多元且变动的特征；在青年教师教学能力发展方面，研究对象偏重于作为助教身份的教师（研究生）教学能力的提升上。在与教学投入有关的教师教学能力发展方面上，国内外研究旨趣略有不同。国内偏重于从整体上研究教师教学能力结构和培养；国外则从教师的认知、情感、身份建构、课堂评估等微观方面来开展研究。“教学学术”为研究教师教学发展提供了新视角，国内研究方兴未艾，但实证研究较缺乏，已有研究主要侧重在概念和内涵的梳理、国外研究介绍方面；国外理论成果和实践案例丰富，但对于教学学术内涵、结构、评价机制的理解存在差异。

第二，有关大学青年教师职业成长的研究相对缺乏。大学青年教师群体是研究者们的一个重要关注点，已有研究涉及教育学、管理学、心理学等诸多学科，有关大学青年教师发展的研究涵盖青年教师群体特征、知识特征、职业特征、心理特征及其对专业发展、教学胜任力、身份建构、学术发展、心理健康、职业满意度、生涯规划等诸多方面的影响，但有关职业成长的研究多关注企业员工，针对大学青年教师的研究相对缺乏。

第三，有关大学青年教师教学投入与职业成长的关系研究继续深化。目前针对企业员工、科研人员职业成长与工作投入关系的研究丰富，涉及的变量包括工作动机、工作绩效、组织承诺、组织认同、离职倾向等方面，尚缺乏对大学教师教学投入与职业成长关系的深入研究。目前无论是关于大学青年教师教学投入还是职业成长方面的研究均侧重于单一方面，较少探讨大学青年教师的教学投入与其职业成长的关系。并且在研究方法上，有关大学青年教师教学投入和职业成长的研究多以理论经验描述为主，实证研究相对不足，虽然已有学者运用问卷调查和质性研究的方法开展相关研究，但研究的主题和范围仍需扩大。

三、研究方法与研究思路

根据研究目标和研究问题的特性，本书在研究方法上采用混合方法开展研究。混合方法研究是一种研究者或研究团队整合质性和定量研究方法要素（如使用质性和定量的研究视角，数据收集、分析和推断技巧）的研究类型，旨在拓展理解和证实的广度和深度。[①] 在具体研究方法上，本研究采用的是混合方法设计中的解释性时序设计。解释性时序设计（也叫解释性设计），也称为质性后续设计，包含两个彼此独立又相互作用的阶段；这种设计一开始先收集、分析定量数据，然后根据定量阶段的研究结果进行质性研究设计。[②] 这种混合研究方法设计，在定量研究阶段采用后实证主义视角，而进入质性研究阶段，则需要衡量多种视角并进行深入描述，常采用建构主义的前提假设。因此，在具体的研究方法选择上，本书选择运用定量研究的问卷调查法和质性研究的案例研究法来开展。

（一）问卷调查法

本研究围绕核心概念共采用四个量表开展问卷调查。在大学青年教师教学投入测量上，选择并修订 Klassen 等人针对教师工作特性开发的“教师投入量表”[③] 并增加“教学投入时间占总工作时间的百分比”作为测量量表；在大学青年教师职业成长测量上，主要参照翁清雄、席酉民编制的“职业成长量表”，结合大学青年教师的职业特点，对大学青年教师职业成长状况进行测量；以 Greenhaus 等编制的“职业满意度量表”[④] 为基础，结合教师的教学和科研工作特点，形成“大

---

① 〔美〕约翰·W. 克里斯韦尔、〔美〕薇姬·L. 查克：《混合方法研究设计与实施》（第 2 版），游宇、陈福平译，重庆大学出版社 2017 年版，第 3 页。

② 〔美〕约翰·W. 克里斯韦尔、〔美〕薇姬·L. 查克：《混合方法研究设计与实施》（第 2 版），游宇、陈福平译，重庆大学出版社 2017 年版，第 49 页。

③ Klassen, R.M., Yerdelen, S. Durksen, T. L., Measuring Teacher Engagement: Development of the Engaged Teachers Scale (ETS), *Frontline Learning Research*, 2013, 1(2), pp. 33-52.

④ Greenhaus, J. H., Parasuraman, S., Wormley, W. M., Effects of Race on Organizational Experiences, Job Performance Evaluations, and Career Outcomes, *Academy of Management Journal*, 1990, 33(1), pp. 64-86.

学青年教师职业满意度量表”。此外，还参考了顾剑秀等开发的“个人—环境匹配量表”[①]来测量个人—环境匹配度情况，以构建大学青年教师教学投入、职业成长、个人—环境匹配度和职业满意度之间的关系模型。

（二）案例研究法

按照罗伯特·K. 殷对案例研究的理解，“案例研究首先是一种实证研究，侧重于深入研究现实生活环境中正在发生的现象（即案例），尤其是待研究的现象与其所处环境背景之间的界限并不十分明显；案例研究方法需要通过多渠道收集资料，并把所有资料汇合在一起进行交叉分析，因此需要实现提出理论假设，以指导资料收集和分析，减少研究工作量，避免走弯路”，案例研究可以使研究者原汁原味地保留现实生活有意义的特征，适合的情况是：研究的问题类型是“怎么样”和“为什么”，研究对象是目前正在发生的事件，研究者对于当前正在发生的事件不能控制或极少能控制。[②]在本研究中，有关大学青年教师教学投入和职业成长的问题也存在“怎么样”和“为什么”的情况，适合采用案例研究法开展深入的研究。通过深度访谈，真正走入大学青年教师的世界，通过细致的观察和倾听，发现更有意义的问题，并对这些问题做出更深入的回答。在研究过程中，将综合使用现场笔记、访谈、交谈、照片以及有关备忘录等多种研究手段，收集一手资料，在大学青年教师丰富生动的教学和工作场景中去挖掘他们复杂的内心世界，并试图寻找他们思想和行为背后的结构性原因。本研

---

① 顾剑秀、韩霜、罗英姿：《研究型大学青年教师职业成长影响机制：人与环境匹配的中介作用》，《中国高教研究》2021 年第 11 期。

② 〔美〕罗伯特·K. 殷：《案例研究：设计与方法》（第 5 版），周海涛、史少杰译，重庆大学出版社 2017 年版，第 21、22 页。

究将通过目的性抽样和方便抽样的方式邀请符合研究要求的参与者进入研究之中，尽量保证研究参与者在性别、学历和授课课程类型上的多样性。

本书的研究思路将分为三个基本步骤：第一部分是研究问题聚焦和研究设计阶段，包括研究的缘起、文献综述、研究方法、理论基础和研究设计等；第二部分是实证调查阶段，遵从实用主义视角下的混合研究方法，具体包括后实证主义视域的定量研究以及建构主义视域的质性研究；第三部分是在研究理论和实证调查基础上，归纳研究结论和应对策略。研究的基本框架如图所示。

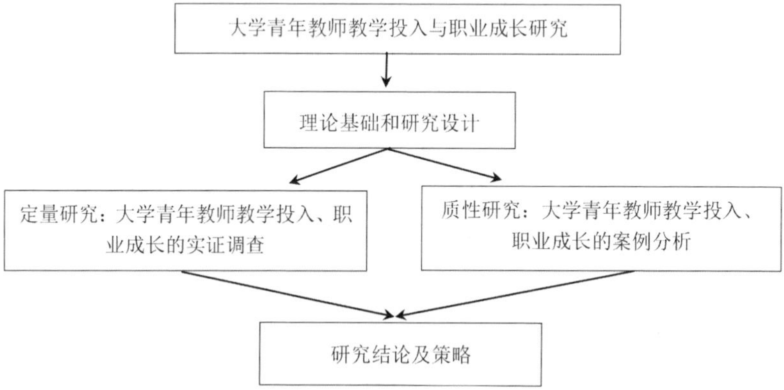

图 0.1 研究框架设计示意图

四、理论基础与理论框架

（一）能动性理论

能动性是个体做出选择、调控过程、调整自我以逐渐达成目标的能力；是个体通过积极的、有目的的反思，作用于行动的能力。能动性是动态的，既受制于社会文化结构、个体能动能力，又能反过来影响社会文化结构和个体能动能力。

教师能动性是教师在对自身专业能力和外部环境判断、反思的基础上，有目的地调整、选择和实施教学行动的过程，被认为是“教师的核心专业能力，这种能力使他们能够有目的地行动、决策并对其行为的影响进行彻底的反思”[①]。“教师能动性与教育变革如影随形，呈现‘互构’的关系。”[②]教育变革对教师教学提出新的要求，教师需要发挥能动性来面对教育变革所带来的各种影响。从已有的研究成果看，有关教师能动性的研究多与教学和课程改革相关，涉及宏观教育政策、中观组织管理和微观课堂教学实践等多个方面。

在有关教师能动性影响因素的研究方面，研究者普遍认为教师能动性受到教师个体情况和社会环境的共同影响。

概括来讲，本研究认为教师能动性是生态系统的一部分，既与教师个体的能动能力及其动态转化过程和结果有关，也与教师所处的社会文化、国家政策、学校管理制度、课堂教育教学实践等交融在一起，呈现出复杂性、中介性、系统性、动态性和生态性的特点。以往的研究多着重于教育教学改革中教师能动性问题的探讨，本书将更偏重于探究在当前学术锦标赛制下科研挤压教学的宏观背景下，大学青年教师如何发挥能动性来实现其职业成长和职业发展的问题。

（二）给养理论

给养（affordance）一词最早由生态心理学家 Gibson 在研究知觉系统的感知中提出。目前，教育研究领域有关给养的研究已经逐步超

---

① Ruan, X., Zheng, X., Toom, A., “From Perceived Discrepancies to Intentional Efforts: Understanding English Department Teachers’ Agency in Classroom Instruction in a Changing Curricular Landscape”, *Teaching and Teacher Education*, 2020, 92, p.103.

② 石艳：《“停课不停学”期间教师能动性的表征与延续》，《教育发展研究》2020 年第 8 期。

越了认知心理学的研究范式，多从生态视角来认识给养。生态视角下，学习环境（context）并不仅仅是影响学习效果的一个前因变量，更会在学习过程中起着中介作用，对学习的效果产生强大的影响。

随着 AI 技术在教学中的应用，尤其是生成式人工智能的快速发展，越来越多的研究开始关注给养与教学、学习、教师发展等的关系问题。在这些相关研究中，给养通常被视为“教师工作环境中的各种机会，为他们提供支持，同时让他们参与专业实践和职业发展”[①]。

概括而言，给养概念从起点上就带有生态理论的视角，能动者和环境之间的关系不是孤立的，而是相互作用、相互影响的。就大学青年教师而言，其职业成长自然也是教师个体与所处环境之间相互作用、相互影响的产物，其间离不开教师个体能动性的发挥，同样也与所处环境互构。

（三）认同理论

认同（identity）及其相关议题是社会心理学的核心概念之一，备受社会学家和心理学家的关注。围绕认同，在社会学和心理学的社会心理学方向中形成了多种相应的理论，经历了“从结构主义向建构主义的变化，从单一、不变、统一的自我认同转变为互动、发展、多元的自我认同，个人在认同发展过程中由原来的消极客体转变为积极的能动主体，社会结构由简单的个体行为的集合转变为结构与能动者之间的动态、持续不断的、互动的建构过程”[②]。在诸多认同理论中，主要有两种不同的研究侧重。一方面，有些研究侧重于个体的能动作用，

① Little, J. W., *Professional Community and Professional Development in the Learning-centered School*, Arlington, VA: Education Association National, 2006.

② 刘熠：《叙事视角下的大学公共英语教师职业认同建构研究》，外语教学与研究出版社 2011 年版，第 12 页。

主要研究个体进行自我身份选择、建构和认同的过程。另一方面，还有一些研究偏重制度—结构（institutional-structural）方面的，主要考察社会对其成员身份的期望、配置和安排，比较有代表性的是社会认同理论（social identity theory）和认同理论（identity theory）。

本书将主要从教师专业身份认同和制度认同两个层面来分析大学青年教师的职业成长和教学投入中的认同情况。从个体层面看，教师的专业身份认同影响着他们的效能感和职业发展，同时也影响着教师在教学实践中实施革新的能力与意愿；从制度层面看，一项组织管理制度能够有效实施，主要取决于制度接受者对制度的认同程度，“一种行为准则，即一种国家意志的表达，如果得不到执行，实际上就什么也不是，只是一纸空文”[①]。可以说，教师专业身份认同是动态的、多元的，需要通过其在特定环境中的参与和实践来构建，教师不仅需要在教学实践中获得必要的专业知识、规范和经验，还要根据教师职业的社会需求和专业要求来采纳、调整、培养自己的信念、价值观、个性和看法。

教师专业身份认同是教师对“我是谁”“我应该做什么”“我能获得怎样的发展”等一系列有关自我和组织及其相互关系的命题的反思与回答。教师对于这些问题的回答与不同时期的教师身份和教师职业成长密切相关，是教师内在自我（如职业认识、职业信念、职业价值观、职业认同等）与组织文化环境之间进行互动和协商的过程。

制度认同主要是指“人们对特定的政治、经济、社会制度有所认知且肯定而产生的一种感情上的归属感，是一种发自内心的对制度的信任和肯定”[②]。制度要求或规定往往会被个体当作评估自己认同的信念与价值的标准，“通过对一些价值原则的排斥和认同，行动者产生

---

① 陈先哲：《学术锦标赛制下大学青年教师的制度认同与行动选择》，广东人民出版社 2017 年版，第 56 页。

② 孔德永：《和谐社会构建中的制度认同分析》，《求实》2008 年第 5 期。

了自我利益和身份的定义，即形成了分类后的自我形象，而后，他们将自己定位在某一种角色（规则的）类别上”[①]。事实上，如果个体对制度所蕴含的信念与价值产生了认同，那么也就意味着个体认可了制度中隐藏的基本价值原则，也愿意接受制度预先为个体所设定的专业角色期待。阿夫纳·格雷夫是新制度经济学的重要代表人物之一，参照阿夫纳·格雷夫对制度构成的观点，“制度是共同作用于行为秩序（regularity of behavior）的社会要素结合在一起的系统，规则、信念、规范和组织都是其组成要素，这些要素共同激励、促使和引导个体的行为”[②]。因此，制度认同主要包括规则认同、信念认同和组织认同。其中，规则认同是个体对所处环境中的制度规则或规范的了解、判断，在此基础上，个体评估遵循制度与否将可能产生的结果及其对自身发展的影响。具体到大学组织环境中的规则，主要涉及考核、评估、晋升、待遇回报等方面。信念认同是个体对于自己遵守制度行为预期及他人遵循规则的信念。信念和规范激励人们遵守制度化的规则。组织认同是“个体对于自己所处的组织环境中制度执行保障机制的认同，组织的产生和规则的传播使信念和规范更具持久化”[③]。

前文有关能动性和给养的研究文献表明，这两个概念都具有生态的倾向，生态视角下的个人和周围环境是动态关联的，这种关联需要借助个体发挥能动性感知环境中的给养来构建，环境中的资源虽然可以为个体行动提供机会，但这种行动并非自然发生的，个体不仅需要

---

① 张静：《身份认同研究：观念、态度、理据》，上海人民出版社 2006 年版，第 80 页。

② 〔美〕阿夫纳·格雷夫：《大裂变：中世纪贸易制度比较与西方兴起》，郑江淮等译，中信出版社 2008 年版，第 22 页。

③ 〔美〕阿夫纳·格雷夫：《大裂变：中世纪贸易制度比较与西方兴起》，郑江淮等译，中信出版社 2008 年版，第 22 页。

具有感知给养机会的能力，还需要能够判断给养的有用性，才能保证给养的最终实现。“能动个体依据其能力获取的给养又有助于他们进一步采取能动行为并促成更高层次、更为顺利的（人与环境、感知与行动）互动。”① 在此动态过程中，个体需要首先具备感知给养的能力，判断给养的有用性，然后才能做出有利于自身发展的选择；个体的行动又转而影响其能动性和周围的环境。因此，能动性绝不是一个静态的状态，而是一个与环境密切相关的动态系统。

大学青年教师的职业成长过程也是个体教师判断给养状况、发挥自身能动性的一个过程，教师既受制于自身的能动能力，也受到所处环境的影响；既受到环境的限制又得益于环境，个体能动能力与环境呈现一种动态循环状态。因此，本书将在已有研究的基础上，从生态视角出发构建能动性—给养理论框架（图 0.2），并在此框架下探究大学青年教师教学投入、职业成长的现实情况及其影响因素。

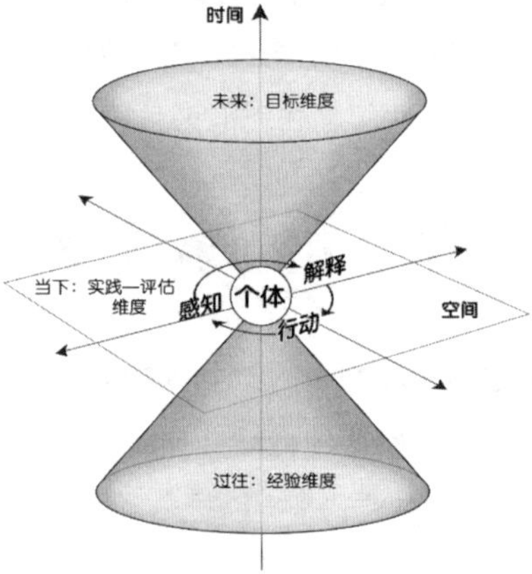

图 0.2　教师能动性—给养生态关系模型图

① Van Lier, L., *The Ecology and Semiotics of Language Learning a Sociocultural Perspective*, Boston, Kluwer Academic Publishers, 2004.

该框架参照Emirbayer和Mische[①]，Priestley等[②]以及徐锦芬、张姗姗[③]提出的能动性生态模型和框架，构建教师职业成长能动性和环境给养的生态关系模型。该关系模型从时间和空间两个方面来搭建。在时间轴上，主要包括影响教师能动性的过往经验、当下实践—评估、未来目标三个层面。过往经验主要是指教师在进入当下工作环境前所具有的工作和生活经历以及对教师职业的认知、情感、信念、能力等；当下实践—评估主要是指教师对当下工作环境状况的评估，包括其所处的宏观学术职业文化、中观学校管理制度、微观课堂教学实践等的感知、反思、评估和解释；未来目标是教师对未来职业发展的短期目标、中期目标和长期目标的规划。时间、空间交汇于当下层面，体现的是受到过往经验、未来目标影响的教师在当下环境中，通过感知、解释环境给养，与所处的空间环境进行动态互动、博弈，最终采取相应的能动行为。在此过程中，“教师个体能动行为是时间维度和空间维度共同作用的结果。环境并非仅仅是个体行动的背景因素，同时还调节个体的行动；个体行动的结果又会反过来影响环境给养，继而会导致更高、更成功的互动水平”[④]。

个体能动性与环境给养关系在本质上是一种行动者和制度之间的关系。因此，在具体分析其关系时可以借鉴制度分析中新制度主义分析路径的理论视角和框架，该分析路径常被用来解释制度环境对于

---

① Emirbayer, M., Mische, A., “What is Agency?” *American Journal of Sociology*, 1998, 103(4), pp.962-1023.

② Priestley, M., Biesta, G., Robinson, S., *Teacher Agency: An Ecological Approach*, London, Bloomsbury Publishing, 2015, p.3.

③ 徐锦芬、张姗姗：《生态视角下EMI学科教师语言教学能动性研究》，《现代外语》2022年第3期。

④ Van Lier, L., *The Ecology and Semiotics of Language Learning a Sociocultural Perspective*, Boston, Kluwer Academic Publishers, 2004.

组织行为和个体行为的影响。新制度主义分析路径通常被进一步划分为以行动者为中心（agency-centered）的新制度主义和以结构为基础（structure-based）的新制度主义。本研究从整体上立足于生态视角，关注大学青年教师在教学投入和职业成长过程中的能动性和给养，因此，自下而上的以行动者为中心的分析路径更为适合。就绝大多数大学教师而言，无论在工作内容、工作方式或是工作时间上，客观上都具有极大的自主性，但与这种极大自主性如影随形的是制度和学术文化上有形或无形的约束，既有来自大学组织层面的制度规范，也有来自学术共同体的无形压力，教师通过对这些有形或无形的规范或压力的感知和解读，继而产生源自自身的压力，实施自我监管。具体到教师的教学投入、职业成长实践中就会表现出既强调自主又紧追制度，既有差异又趋雷同的矛盾景象。因此，要探讨这种矛盾景象，从大学青年教师的“底层视角”出发可以更有效地把握问题的本质和根源。

在具体分析路径上，阿夫纳·格雷夫的制度分析框架可以为本研究的概念操作化提供重要指导。“规则为人们提供了行为指示，指出了合乎道德、能为社会接受的行为，产生了共有认知，协调了社会行为；信念和规范激励人们遵守制度化的规则；信念又可以区别为内化信念和行为性信念，前者能够激发个人的行为，后者是有关他人行为的信念；组织的产生和规则的传播使信念和规范持久化，影响可行的行为信念集，起到关联性的作用；组织既是制度，又是制度要素。”[①] 这种基于博弈过程内生的制度，将不同背景下的交易作为分析的基本单元，重视研究个人交往层面上产生的秩序，将激励问题作为内生变量，为人们的行为提供了认知、规范、信息、协调等方面的微观基础，引导并激励人们按特定的方式行事。格雷夫认为，“现实中的制度是作为个

① 徐捷、张伟如：《诺斯与格雷夫制度变迁理论的比较》，《经济纵横》2012 年第 3 期。

体行动空间限制模型而存在的，制度为行动者的行为构造了激励结构，通过形塑与影响行动者的动机及其对环境的辨识能力来影响行动选择的社会结果”[①]。在自我实施的制度中，每个人都会对他人的行为和预期中隐含的制度要素做出反应并采取相应的行动，同时这些行动又会反过来推动新的制度要素的产生。因此，在分析大学青年教师的工作环境给养情况时，格雷夫的制度分析框架可以提供重要的分析思路。具体来讲，本研究将着重从以下三个方面展开分析：

第一，大学青年教师过往经历和未来职业目标。过往经历主要包括其生活经历、学习经历、工作经历、职业认知、职业情感、职业信念等，未来职业目标包括短期目标和长期目标；

第二，大学青年教师对工作环境给养情况的感知和解释。包括对大学组织管理制度、学院或系管理制度、学术共同体文化、师生关系等制度 / 规则的感知、解释与认同；

第三，大学青年教师的职业认同及在教学投入、面向职业成长时的行动选择。包括做出的积极行动选择和消极行动选择。

五、研究设计

（一）混合研究设计流程

本书在研究方法上采用混合方法设计中的解释性时序设计。具体分为两个研究阶段：

第一阶段，采用横截面调查设计，通过在线方式对目标对象进行问卷调查。围绕大学青年教师教学投入、大学教师职业成长、大学教

---

① 陈先哲：《学术锦标赛制下大学青年教师的制度认同与行动选择》，广东人民出版社 2017 年版，第 44 页。

师职业满意度和问卷调查共使用了四个量表，分别是“教师教学投入量表”“大学青年教师职业成长量表”“大学青年教师职业满意度量表”和“个人—环境匹配量表”，此外，还调查了研究对象的个人基本信息，包括调查对象的个人特征（如性别、年龄、教龄、职称、学历、

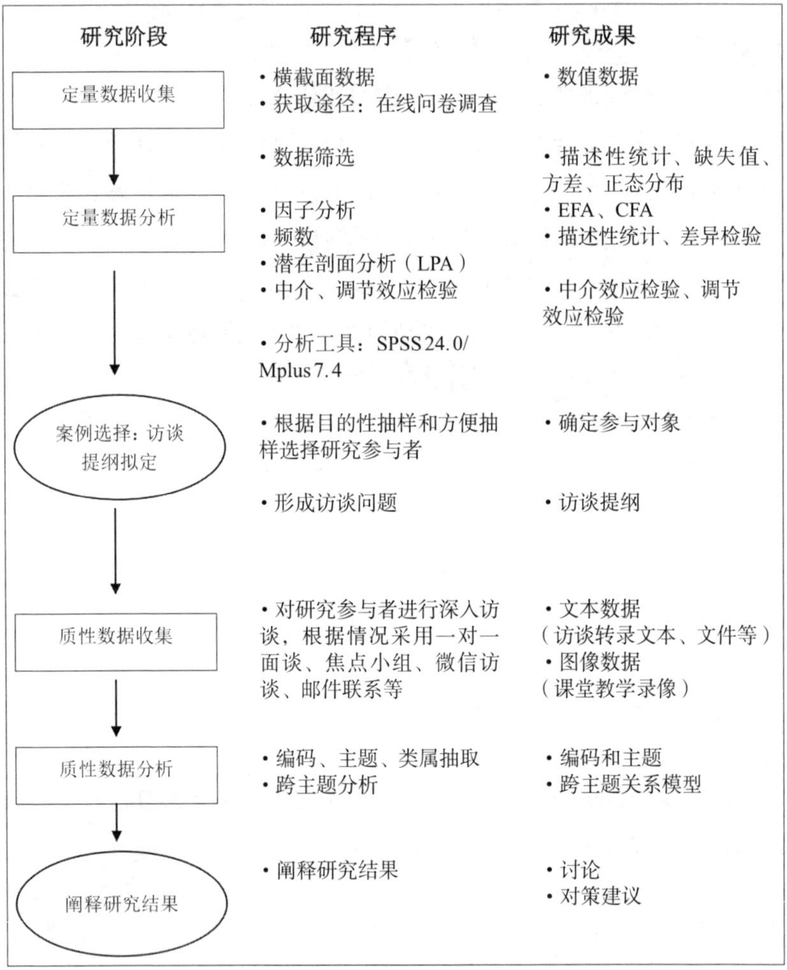

图 0.3　研究设计流程图

获得最高学历的院校、是否有海外留学经历等）和环境特征（如任职的院校、课程类型、学科、政策和评价制度等）。

第二阶段，完成定量研究之后，接下来开展质性研究。根据第一阶段反映出来的数据信息，通过目的性抽样和方便抽样的手段锁定研究参与者，根据访谈提纲，对研究参与者进行一对一访谈或焦点小组访谈。除了访谈形式的资料，还通过课堂观察、书面答复、电子邮件等方式收集数据。对于两个研究阶段而言，质性研究阶段更为重要，因为目的在于更深入地解释第一阶段的定量研究结果，而且数据有多个来源。图 0.3 是本研究的研究设计流程图，参考克里斯韦尔和查克《混合方法研究设计与实施》一书的设计流程绘制。①

（二）定量研究设计

大学青年教师的教学投入、职业成长问题影响着其职业发展进程，也必然影响到其职业满意度。那么，从普遍意义上来讲，要理清和解决大学青年教师教学投入与职业成长的问题，首先需要把握大学青年教师的教学投入、职业成长的实际情况如何，受到哪些因素的影响，又会产生什么样的影响。因此，定量研究部分将主要探究大学青年教师的教学投入、职业成长及相关影响因素的情况，以便为后续研究的深入开展提供必要的数据支撑。

1. 调查对象选择

本研究面向 40 岁及以下的在大学中主要从事教学和科研工作的教师发放问卷。教师通过问卷星平台填写问卷，回答全部问题后方可提

① 〔美〕约翰·W. 克里斯韦尔、〔美〕薇姬·L. 查克：《混合方法研究设计与实施》（第 2 版），游宇、陈福平译，重庆大学出版社 2017 年版，第 83 页。

交问卷，回答全部问卷所需时间5—10分钟。共回收517份问卷，删除答题时长少于150秒以及规律性作答的问卷后共获得481份问卷作为本研究的分析样本。如表0.1所示，男性青年教师样本占总样本的41.4%，女性占58.6%；其中30岁及以下占17.2%，31—35岁（含）占41.8%，36—40岁（含）占41.0%；初级职称的教师占19.8%，中级职称的教师占54.1%，副高职称的教师占20.8%，正高职称的教师占5.3%；以讲授公共课为主的教师占总样本量的27.9%，以讲授专业课为主的教师占总样本量的72.1%；教龄4年及以下的占47.8%，5—8年的占21.6%，9—12年的占17.7%，13年及以上的占12.9%。从最高学历毕业院校来看，“985工程”建设高校34.5%，“211工程”建设高校17.3%，国外（境外）高校20.2%，省属重点高校16.8%，一般本科大学（学院）11.2%。从任职院校类型来看，“985工程”建设高校8.7%；“211工程”建设高校14.6%；国外（境外）高校38.2%；省属重点高校28.9%；一般本科大学（学院）9.6%；从学科类型上看，来自人文社会科学的占比61.1%，自然科学的占比15.9%，工程技术科学的占比13.9%，农业科学的占比1.2%，医药科学的占比2.5%，艺术的占比5.4%。

表0.1　被调查大学青年教师基本情况

个体特征					
性别（%）		年龄（%）			
男	女	30岁及以下		31—35岁（含）	36—40岁（含）
41.4	58.6	17.2		41.8	41.0
职称（%）				授课类型（%）	
初级（或相当）	中级（或相当）	副高（或相当）	正高（或相当）	公共课为主	专业课为主

续表

19.8	54.1	20.8	5.3	27.9	72.1
教龄（%）					
4年及以下		5—8年	9—12年	13年及以上	
47.8		21.6	17.7	12.9	
毕业学校类型（%）					
“985工程”建设高校	“211工程”建设高校	国外（境外）大学		省属重点高校	一般本科大学（学院）
34.5	17.3	20.2		16.8	11.2
工作学校类型（%）					
“985工程”建设高校	“211工程”建设高校	国外（境外）大学		省属重点高校	一般本科大学（学院）
8.7	14.6	38.2		28.9	9.6
学科类别（%）					
人文社会科学	自然科学	工程技术科学	农业科学	医药科学	艺术
61.1	15.9	13.9	1.2	2.5	5.4

2. 调查变量

本研究调查问卷主要包括调查对象的个人基本信息、个人与环境匹配情况、教学投入、职业成长和职业满意度五个部分。为了确保本研究中所使用的测量量表的信效度，主要选择国内外的相关成熟量表，并结合大学教师职业特点和青年教师发展情况对部分题目进行修订。本研究涉及的变量如表0.2所示，调查的离散型变量主要包括教师个人特征和环境特征两个层面。个体层面的解释变量包括：性别、年龄、教龄、职称、最高学历、获得最高学历的院校、是否有海外留学（访学）经历、教学时间投入情况、科研时间投入情况、行政时间投入情况；学校环境层面的解释变量包括所任职的学校特征、教授的课程类型、学科特征、奖惩制度、评价制度和支持制度。调查的连续型变量主要包括教学投入、职业成长、职业满意度、个人—环境匹配度，均通过量表进行测量。

表 0.2 变量说明

维度	变量	变量操作化定义
离散型变量		
个人特征	性别	1= 男；2= 女
	年龄	1=30 岁及以下；2=31—35（含）；3=36—40（含）
	教龄	1=4 年及以下；2=5—8 年；3=9—12 年；4=13 年及以上
	职称	1= 初级（或相当）；2= 中级（或相当）；3= 副高（或相当）；4= 正高（或相当）
	最高学历	1= 本科；2= 硕士研究生；3= 博士研究生
	获得最高学历的院校	1= “985 工程”建设高校；2= “211 工程”建设高校；3= 国外（境外）高校；4= 省属重点高校；5= 一般本科大学（学院）
	是否有海外留学（访学）经历	1= 是；2= 否
	教学时间投入情况	每周在教学方面（如备课、上课、指导学生等）投入时间占总工作时间比例：1=30% 以下；2=30%—50%（不含 50%）；3=50%—70%（不含 70%）；4=70% 及以上
	科研时间投入情况	每周在科研方面（如阅读、思考、交流、实验、写作等）投入时间占总体工作时间比例：1=30% 以下；2=30%—50%（不含 50%）；3=50%—70%（不含 70%）；4=70% 及以上
	行政时间投入情况	每周在行政方面（如会务、院系事务、经费报销、表格填写等）投入时间占总体工作时间比例：1=30% 以下；2=30%—50%（不含 50%）；3=50%—70%（不含 70%）；4=70% 及以上

续表

维度	变量	变量操作化定义
环境特征	任职的院校	1=“985工程”建设高校；2=“211工程”建设高校；3=国外（境外）高校；4=省属重点高校；5=一般本科大学（学院）
	教授的课程类型	1=公共课为主；2=专业课为主
	所属学科	1=自然科学；2=农业科学；3=医药科学；4=工程技术科学；5=人文社会科学；6=艺术
	惩罚政策	“学校会对不完成规定任务的情况予以惩罚”：1=很不符合；2=不太符合；3=一般；4=比较符合；5=很符合
	奖励政策	“学校各项奖励政策都能很好执行”：1=很不符合；2=不太符合；3=一般；4=比较符合；5=很符合
	学术评价	“当前学术评价不合理；存在急功近利的现象”：1=很不符合；2=不太符合；3=一般；4=比较符合；5=很符合
	专业培训	“学校会提供工作需要的各种培训”：1=很不符合；2=不太符合；3=一般；4=比较符合；5=很符合
连续型变量		
教学投入	通过教学投入量表测量，包括教学情感投入（EE）、教学认知投入（CE）、同事关系投入（SEC）、师生关系投入（SES）四个维度	
职业成长	通过职业成长量表测量，包括职业目标进展、职业能力发展、职业回报增长三个维度	
职业满意度	通过6个题项来测量，如“我对我在教学上取得的成绩感到满意”，“我对我在科研上取得的成绩感到满意”等	
个人—环境匹配	通过“个人—环境匹配量表”测量，包括互补性匹配和一致性匹配两个维度	

3. 测量工具选择

（1）教师教学投入量表

受到对工作投入、教学投入内涵理解差异的影响，出现了多种教学投入测量量表。在综合比较的基础上，本研究选择Klassen等人开发的“教师投入量表”作为测量大学青年教师教学投入的主要工具。该量表开发者认为，“与其他职业相比，教师需要在工作中投入大量的精力与学生进行交流，因此在考虑教师工作投入时，需要考虑教师在处理与学生的社会关系上的投入程度”[①]。该量表是在Schaufeli 等开发的“Utrecht 工作投入量表”基础上针对教师工作特性进行开发的，ETS 量表将社会关系纳入教师工作投入之中，共包含行为、认知、情感和社会四个维度，共 16 个题项。其中，认知投入指教师在工作任务中投入的努力；情感投入指教师对工作正向的情感反应；社会投入包括教师与同事和学生之间的关系。在此基础上，本研究增加了“教学投入时间占总工作时间的百分比”作为教学投入调查的补充。该量表具有良好的信效度，具体题目如表 0.3 所示。

表 0.3　教师投入量表（ETS）

维度	题目
教学情感投入（EE）	我热爱教学 我对教学感到兴奋 我在教学时感到快乐 我觉得教学充满乐趣
教学认知投入（CE）	教学时我很注意自己的表现 教学时，我全身心地投入 教学时，我的工作很紧凑 教学时，我尽自己最大努力来教好
同事关系投入（SEC）	在学校，我珍视与同事建立的关系 在学校，我愿意帮助同事 在学校，我乐于关心同事遇到的问题 在学校，我与同事关系融洽

① Klassen, R. M., Yerdelen, S., Durksen, T. L., “Measuring Teacher Engagement: Development of the Engaged Teachers Scale (ETS)”, *Frontline Learning Research*, 2013, 1(2), pp.33-52.

续表

维度	题目
师生关系投入（SES）	课堂上，我关心学生遇到的问题 在课堂上，我对学生有同理心 在课堂上，我能体会学生的感受 在课堂上，我对学生表现出热情

资料来源：Klassen, R. M., Yerdelen, S., Durksen, T. L., "Measuring Teacher Engagement: Development of the Engaged Teachers Scale (ETS)", *Frontline Learning Research*, 2013, 1(2), pp.33-52.

（2）大学青年教师职业成长量表

与多元的职业成长测量维度相类似，在教师职业成长测量工具上同样存在多种选择（如表 0.4 所示）。本研究主要参照翁清雄、席酉民编制的"职业成长量表"，结合大学青年教师的职业特点，从三个维度对大学青年教师职业成长状况进行测量，分别是职业目标进展、职业能力发展和职业回报增长。其中，职业目标进展主要测量目前的工作与自己的职业理想、职业目标的相关程度，如"目前的工作使我离自己的职业目标更近一步""目前的工作与我的职业理想相关"等；职业能力发展主要测量教师的教学能力、科研能力的发展情况，如"教师工作使我不断地更新自己的知识""教师工作使我积累了更丰富的工作经验"等；职业回报增长则主要测量教师在职称、职务、收入方面的增长情况及增长潜力，如"入职以来我的职称得到了提升""与同事相比我职称提升的速度较快"等。

表 0.4　职业成长和教师职业成长测量汇总

测量概念	研究者	维度	测量指标
职业成长	Latack（1986）	单维度	· 我觉得现在的工作将有助于我未来职业目标的实现 · 我现在正在做的工作与我的职业成长和职业发展相关

续表

测量概念	研究者	维度	测量指标
职业成长	Bedeian（1991）	单维度	·我觉得现在的工作将有助于我未来职业目标的实现 ·我现在正在做的工作与我的职业成长和职业发展相关
	Chay& Aryee（1999）	单维度	·我觉得我目前从事的工作是职业目标实现的基础 ·我目前的工作与我的整个职业生涯的发展相关
	Ang（2000）	二维度	客观职业成长、主观职业成长
	Carmeli（2005）	二维度	职业流动、职业前景
	Weer（2006）	二维度	结构性成长、内容性成长
	翁清雄、胡蓓（2009）	三维度	职业发展、职业能力发展、晋升机会
	Weng& McElroy（2012）	三维度	职业能力发展、职业目标进展和职业回报增长
	Liu 等（2015）	三维度	职业目标、职业能力、职业机会
	项凯标等（2017）	三维度	职业目标、职业能力、职业回报
	翁清雄、席酉民（2011）	四维度	职业目标进展、职业能力发展、晋升速度、报酬增长
教师职业成长	顾剑秀（2021）	二维度	客观职业表现、主观职业满意度
	周喜华（2016）	四维度	职业目标、职业素养、职业发展和职业待遇
	李从欣（2015）	四维度	教学科研地位进展、教学科研能力发展、晋升速度、报酬增长

资料来源：Christian, M. S., Garza, A. S., Slaughter, J. E. “Work Engagement: A Quantitative Review and Test of its Relations with Task and Contextual Performance”, *Personnel Psychology*, 2011, 64(1), pp. 89-136. 在其基础上整理。

（3）大学青年教师职业满意度量表

已有的研究表明，职业成长与职业成功存在一定的相关性。职业成长是一个增量的概念，而职业成功则是与职业成长相对应的存量概念。对于职业成功的标准和测量方法在学术界有多种不同的理解和界定。根据评价主题的不同，职业成功主要被区分为客观成功和主观成功。客观成功包括职位、薪资、管理层级等的提升，主观成功涉及职业满意度、职业承诺等。[①] 鉴于在职业成长量表中已经测量了有关青年教师职称、职务、收入等的提升情况，因此，关于教师职业成功的测量将主要通过职业满意度来进行。本研究以 Greenhaus 等编制的“职业满意度量表”为基础，结合教师的教学和科研工作特点，形成“大学青年教师职业满意度量表”。该量表共包括 6 个题项，分别是“我对我在教学上取得的成绩感到满意”“我对我在科研上取得的成绩感到满意”“我对职业总体目标进展感到满意”“我对我的工作收入感到满意”“我对我在职称上的晋升（或晋升前景）感到满意”“我对在工作中学到的知识和技能感到满意”。

（4）个人—环境匹配量表

本研究采用顾剑秀等开发的“个人—环境匹配量表”来测量大学青年教师的个人—环境匹配度。职业心理学和管理学研究领域对于人与环境交互作用的关注由来已久。个人—环境匹配（person-environment fit）强调个体的态度、行为和其他个体表现并非由个体本身或者其所处的环境单独决定，而是取决于此两者之间的关系。[②] 在该量表中，个人—环境匹配划分为互补性匹配（complementary fit）和一致性匹配（supplementary fit），其中互补性匹配是指个体与环境的相关特征相互弥补，进而形成了良好的匹配，包括需求与能力匹配

① 翁清雄、席酉民：《企业员工职业成长研究：量表编制和效度检验》，《管理评论》2011 年第 10 期。

② Edwards, J. R., “An Examination of Competing Versions of the Person Environment Fit Approach to Stress”, *Academy of Management Journal*, 1996, 39(2), pp.292-339.

（demands-abilities fit）[①]、需求与供给匹配（needs-supplies fit）[②]，主要通过“学校提供个人需要的专业发展支持”“学校为青年教师提供经费支持”“个人能力符合工作要求”“个人精力满足工作要求”等题项进行测量；一致性匹配是指个体与其所处的环境特征一致时所达成的匹配，主要通过“当前学术氛围宽松自由”“当前学术环境能让人专心教学科研”等题项进行测量[③]。

（三）质性研究设计

1. 案例选择

质性研究部分的主要目的是解决大学青年教师职业成长和教学投入的“怎么样”和“为什么”问题，案例研究法是适合的方法。具体到案例选择上，在数量上既可以选择一个案例也可以选择多个案例。通常来讲，“多个案例研究的实施能更好地促进研究者对研究对象的理解或者更好地基于多个案例在更大范围内对研究发现进行理论化处理”[④]。

鉴于本部分的研究采用的是质性研究的方法，目的是获得最大限度的信息，案例选择时选择多案例来进行。在具体分析策略上将以依据理论支持观点的策略为主，辅以其他策略。在结果呈现方式上，对每个案例和案例主题进行深描，做案例内分析，然后再对多个案例做

---

① Muchinsky, P. M. Monahan, C. J., “What is Person Environment Congruence? Supplementary versus Complementary Models of Fit”, *Journal of Vocational Behavior*, 1987, 31(3), pp.268-277.

② Kristof Brown, A. L., “Person Organization Fit: An Integrative Review of its Conceptualizations, Measurement, and Implications”, *Personnel Psychology*, 1996, 49(1), p.149.

③ 顾剑秀、韩霜、罗英姿：《研究型大学青年教师职业成长影响机制：人与环境匹配的中介作用》，《中国高教研究》2021 年第 11 期。

④ 郑杰：《质性研究中案例研究方法的应用与误用》，载朱军文编：《教育实证研究方法应用与误用》，华东师范大学出版社 2022 年版，第 56、73 页。

跨案例的主题分析，最终修正、丰富已有的理论。

质性研究的抽样不同于定量研究的概率抽样，多采用目的性抽样的方式，即“按照研究的目的抽取能够为研究问题提供最大信息量的研究对象”①。本部分研究主要运用目的性抽样的方式获取相关研究信息，在具体方式上采用方便抽样、机遇式抽样和滚雪球抽样。在调查初期，采用方便抽样的方式选取少量研究对象联系并进行访谈，之后再请他们介绍其他一些研究对象，滚雪球般地丰富样本的多样性。此外，还利用外出学习、开会的机会，寻找合适的访谈对象。

虽然质性研究不强调样本的代表性，但在研究设计阶段还是力求能获取更丰富、多元的研究对象信息，以便更好地勾勒出大学青年教师的群体图像。在研究对象年龄限定时，并未完全遵循被访者在被访时处于 40 岁以下，对于部分年龄略超过 40 岁的被访教师，访谈主题和内容仍限定在 40 岁之前。放松年龄限制的原因主要是：第一，在进行大规模的定量研究时，并未发现年龄在教师教学投入、职业成长上的显著差异。前文定量研究的数据结果显示，影响大学青年教师职业成长和教学投入的人口统计学信息变量主要有：性别、学历、是否具有国外或境外学历教育经历、主要承担专业课还是公共课。第二，相对于刚刚入职的青年教师，接近青年教师年龄划分上限的教师，即被访时接近 40 岁的教师的职业成长轨迹相对更完整，而且他们是亲历中国学术制度变迁和教师管理制度更迭的最直接体验者。按照上述标准，最终选取了 14 位教师作为单独访谈的对象（研究对象的详细个人信息见表 0.5），尽量做到访谈对象在性别、学历、是否在国外或境外接受过学历教育、承担的课程类型等方面上的均衡性。

此外，在国外访学期间，笔者组织同期访学的国内大学青年教师

---

① 陈向明:《质的研究方法与社会科学研究》，教育科学出版社 2000 年版，第 103 页。

进行了焦点小组研究。焦点小组研究是“在一组志愿参与者中，围绕某个特定主题开展的半开放式讨论”[①]。这种研究法“主要用来获取某些新话题，解释某些意外的结果，产生一些新的设想，评估一些方法或项目，或者从深度和广度上来解释某个特定人群的态度、信念或经验”[②]。焦点小组访谈的发起契机是恰逢国内各高校组织申报国家社科项目、省部级项目的节点时期，同在访学群的教师在群里非正式讨论课题申报的相关事项和经历。鉴于本人主持或参与过多项各级各类科研项目，具有一定的申报经验，故而组织了一次科研项目申报交流会，同时在群里说明了自己目前正在承担的此项研究，邀请感兴趣的老师自愿参加此次焦点小组访谈。在本次焦点小组访谈中，共有 8 名大学教师自愿参与活动，所有参与活动的教师均为来自国内高校的访问学者，且事先已了解访谈的主题，并都表示对该研究话题感兴趣。地点选择在访学高校孔子学院的一间圆桌式会议室。访谈共持续 3 个小时，本人担任主持人，以确保小组讨论不偏离研究主题。

表 0.5　研究对象情况简介

姓名	性别	学历	国（境）外攻读学位经历	职称	授课类型
阿星	女	博士在读	否	教授	专业课为主
阿辰	女	博士	是	副教授	专业课为主
阿达	女	博士	否	教授	专业课为主
阿海	男	博士	否	教授	专业课为主
阿雅	女	硕士	否	讲师	公共课为主

① Robson, C., *Real World Research: A Resource for Social Scientists and Practitioner Researchers (2nd ed.)*, Malden, MA: Blackwell, 2002.

② 吴波：《我们这样长大成人：青年人的自我认知及社会因素的影响》，社会科学文献出版社 2015 年版，第 38 页。

续表

姓名	性别	学历	国（境）外攻读学位经历	职称	授课类型
阿学	女	博士在读	是	副教授	公共课为主
阿贯	女	博士在读	否	教授	专业课为主
阿中	女	博士在读	是	讲师	公共课为主
阿西	女	博士	否	副教授	专业课为主
阿明	女	博士	是	讲师	专业课为主
阿德	男	硕士	是	副教授	公共课为主
阿尚	女	硕士	否	讲师	公共课为主
阿行	女	博士在读	否	讲师	专业课为主
阿兴	男	博士	否	教授	专业课为主

2. 资料收集

质性研究的资料收集和分析是一个连续、反复、逐步累积的过程，贯穿从研究之初到研究报告完成的整个研究过程，两者相互联系、相互构建，前一步的资料分析为后一步的资料收集提供基础。本研究资料收集的主要方法是开放式深入访谈和焦点小组访谈。研究期间，我对研究对象分别进行了 1.5—2 小时的面对面正式访谈（个别研究对象进行了多次访谈），通常与研究对象协商来选择合适的采访地点，如办公室、图书馆、咖啡厅等。疫情期间的访谈以及远距离的访谈则主要采用网络视频或微信语音聊天的方式进行。访谈前，我会将访谈提纲（附录 3）提前发给被访教师，说明访谈的主要目的，以明确访谈的方向。在实际访谈过程中，会根据被访者的实际情况对话题进行随时随地的调整。在正式访谈进行前，会在征得被访者同意后进行全程录音，并在访谈结束后及时将录音逐字逐句地转录成文字。所有访谈均用汉语进行。在整理过程中，对自己的访谈技巧和访谈全程进行反思、调整，努力让下一次访谈达到更为理想的效果。为了再现被访谈者的非语言行为和情境特点，每次访谈后都会及时撰写备忘录。根据研究需要，还参与观察了部分访谈对象的课堂，在事前征得被访谈教师同意的情况下，对课堂教学进行录音、录像或录屏（网课期间）。作为非参与式观察者，我尽量减少对课堂教学的干扰，减少研究者效应，通常会选择在上课前从教室后门进入并坐在后排角落，需要录音的课堂，将录音笔放在讲台的角落，以不干扰被观察教师为最基本前提。

除以上正式访谈、课堂观察之外，本研究还收集了部分高校的教师管理制度文件以及部分访谈对象的教案、课件等。并根据被访谈教师网络使用的偏好，对其微信朋友圈发布的信息进行观察，在适合的时机跟部分访谈对象进行多次非正式的面对面交谈、微信聊天等，以建立良好的互动关系，获得更多的补充信息。除此之外，还收集了网络和学术电子数据库中的一些公开的有关高校教师教学与职业发展、个人职业成长叙事探究的材料。

3. 资料分析

通过访谈、参与观察、文本分析等手段和方法收集证据（evidence）后，接下来最重要的工作是证据分析。案例研究的证据分析主要通过检查、归类、检验收集到的各类资料来验证最初提出的理论假设。罗伯特·K. 殷在《案例研究设计与方法》一书中指出，"分析证据时既可以对案例作整体分析，也可以对案例的某些方面作嵌入式分析，并介绍了四种主要策略和五项具体技术"[①]。四种策略分别是：依据理论假设、整合原始资料、进行案例描述、检验与之相反的竞争性解释（craft rival）。第一种依据理论假设策略，其出发点是因为案例研究的

① 〔美〕罗伯特·K. 殷：《案例研究：设计与方法》（第5版），周海涛、史少杰译，重庆大学出版社2017年版，第161—167页。

初衷和方案设计都是以理论假设为基础的，理论假设可以帮助研究者把注意力集中到某些资料上，有助于研究者组织整个案例研究进程，并帮助研究者提出其他可能的解释并对之进行检验，其中有关因果关系的理论假设对指导案例研究的分析过程尤其有用，特别是对“怎么样”“为什么”类问题的解释；第二种策略与第一种完全相反，主张从资料入手，而不考虑任何理论假设，通过对资料的不断解读和分析，研究者会发现一些资料指向一两个概念，这一发现是分析路径的开端，将引导研究者深入挖掘资料，解释其他关系；第三种分析策略是根据描述性框架组织案例研究。此策略不仅可以满足那些研究初衷就是描述性的案例研究，还有助于帮助那些最初目的不是描述性的研究的开展，有助于确定需要分析的适切的因果联系，确定复杂的总体模型，然后用模型来“解释”方案实施成效。第四种分析策略是确立和检验竞争性解释。其目的是让研究者能充分考虑并一一验证、排除各种竞争性解释，使研究结论更具有说服力，竞争性解释包括两类，一种是技术方面的竞争性解释，如零假设、效度干扰、研究者的偏见；一种是实际生活中的竞争性解释，如直接的竞争性解释、混合的竞争性解释、实施中的竞争性解释、竞争性理论、超级竞争性解释、社会的竞争性解释。

在具体分析技术上，主要有五种[①]：① 模式匹配，将建立在实证基础上的模式与建立在预测基础上的模式相匹配，如果相互之间达成一致，案例研究结论的内在效度会更理想；② 建构性解释，目的在于通过建构一种关于案例的解释来分析案例研究的资料，其中很重要的一个方面是要考虑看上去似乎有说服力的、相互竞争的解释；③ 时序分

① 〔美〕罗伯特 · K. 殷：《案例研究：设计与方法》（第 5 版），周海涛、史少杰译，重庆大学出版社 2017 年版，第 169、195 页。

析，其内在逻辑是把数据资料的趋势与三个趋势进行比对，即在调查开始前明确下来的某种理论性趋势、前期确定的某种相反趋势、其他任一有损于内在效度的趋势；④ 逻辑模型，这是一定时期内各事件之间复杂而精确的链条，这些事件能展现“原因—结果—原因—结果”的反复与循环，前一阶段的因变量（事件）成为下一个阶段的自变量，运用该模型分析技术，需要将实际观察到的事件与理论预测到的事件相比对，其关键是建立一个因果循环的事件序列，且各个事件能联结成一个整体；⑤ 跨案例聚类分析，对一系列单个研究的结果进行综合。

当访谈工作结束后，将收集到的访谈录音转写成访谈文本。在资料分析的步骤上，主要按照“阅读原始资料、登录、寻找‘本土概念’、建立编码、归类和深入分析的步骤来进行”[①]。首先，通过深入细致阅读原始访谈材料，力求完成对访谈内容的整体理解和把握；其次，在阅读过程中采用选择式编码（selective coding）和开放式编码（open coding）相结合的方式进行，一方面借助前文构建的教师能动性—给养生态关系模型框架中的核心概念对访谈资料进行编码，确定与研究主题相关的部分；另一方面则积极寻找材料中其他有意义的“本土概念”，将每位教师的访谈形成个案数据；最后，综合运用因果分析、归纳分析、比较分析和系统分析的手段，关注每位被访谈大学青年教师职业成长、教学投入故事内在的连贯性和一致性，并比较不同的教师职业成长之间的共同点和差异性，寻找类属，关联类属，丰富、修正、完善理论。

4. 成文方式

本研究属于理论前置的质性研究，将生态系统理论作为分析框架

① 陈向明：《质的研究方法与社会科学研究》，教育科学出版社 2000 年版，第 257 页。

应用到研究之中，因此，在写作方式上适合采用“主题性叙事”的方式。“主题性叙事是基于一个主要思想或论点，以归纳的方式建构而成的，这一主要思想或观点又是由几个具体的解析性的主题整合出来的，贯穿整个论文且需要作者对主要思想进行详细的描述，包括导论、理论分析框架与研究方法、解析性工作、讨论与结论。”①

在质性研究成文方式上，克里斯韦尔将之分为两种方式：“一种是注重整体的写作方式，称为‘总体修辞结构’，另一种可是注重局部的写作方式，称为‘嵌入式修辞’。”② 在嵌入式修辞中，“深描”（thick description）手法具有非常重要的作用，因为它可以展现更多的故事细节。自我民族志方法指出，“作品的有效性意味着作品不断逼近真实，且会唤起读者的一种感觉，使读者认为那些被描绘的经历体验是栩栩如生的、可信的和可能的”③。“优秀的案例研究者总能以故事为主线，把所有分析和解释恰当地贯穿在故事之中。把严肃的学术和优美的文学风格结合起来，并以故事体（narrative）的方式撰写研究著作。”④

此外，在质性研究中，研究者本人是作为最主要的研究工具存在的。因此，研究者本人的反思是不可或缺的一个部分。作为一名博士毕业后就在高校从事教学和科研工作的大学教师，无论对于自己的职业成长之路还是对于身边同事、同学和朋友的职业成长之路都非常熟

① 陈先哲：《学术锦标赛制下大学青年教师的制度认同与行动选择》，广东人民出版社 2017 年版，第 75—76 页。

② 〔美〕约翰 · W. 克里斯韦尔：《质的研究及其设计》，余东升译，中国海洋大学出版社 2009 年版，第 58 页。

③ 〔美〕诺曼 · K. 邓金、〔美〕伊冯娜 · S. 林肯：《定性研究：经验资料收集与分析的方法》（第 3 卷），风笑天等译，重庆大学出版社 2007 年版，第 800 页。

④ 张俊超：《大学场域的游离部落：大学青年教师发展现状及应对策略》，中国社会科学出版社 2009 年版，第 69 页。

悉且对于职业成长中碰到的诸多问题都能感同身受。为了更好地展示案例的信息，我选择采用第一人称来记叙，将被访者的故事与自己的分析和反思整合在一起呈现。当然，这种反思自我的方式也在一定程度上可以增加研究的效度。叙事探究方法认为，“研究者的在场对参与者产生了实际的影响，所以要求把研究者的实际影响写到文本中，希望通过认真地剖析并坦诚地交代自己在研究中可能产生的交互影响来提高研究的效度”[①]。

5. 研究的质量标准

与定量研究对于信效度质量标准的要求不同，质性研究无法实现重复资料收集并得到相同的资料和结果。关于质性研究的信度讨论最终落脚到在双重意义上做到明确化（explikation）：“一是应该明确说明资料的产生，让人可以区分和检验，什么是受访者的陈述，什么是研究者的诠释；另一方面，应该通过培训和检查明确说明研究者在实地或访谈中的做法以及处理文本的做法，以便于提高不同访谈者或观察者在其做法上的可比性。”[②] 因此，为提高信度，在研究过程中我会及时记录，并随时反思自己的身份和角色。

质性研究效度受到比信度更多的关注，效度即“研究者是否看到了他自认为看到的东西”，“检验质性研究效度的一个根本问题在于确定某种关系，即研究者所研究的相互关系与研究者提供的有关这些相互关系的描述版本”[③]。Wolcott 曾提出提高质性研究效度的建议：“① 研究者在实地中应该自己少发言，尽量多倾听；② 研究者应该尽可能

---

① 张俊超：《大学场域的游离部落：大学青年教师发展现状及应对策略》，中国社会科学出版社 2009 年版，第 68—69 页。

② 〔德〕伍德・弗里克：《质性研究导论》，孙进译，重庆大学出版社 2011 年版，第 312 页。

③ 〔德〕伍德・弗里克：《质性研究导论》，孙进译，重庆大学出版社 2011 年版，第 312 页。

准确地做记录；③ 研究者应该尽早开始写作；④ 研究者做记录和写作的形式应该让读者能够自己阅读记录和报告，即研究者应该提供足够多的资料让读者可以自己从中得出结论以及理解研究者得出的结论；⑤ 研究报告应当尽可能完整；⑥ 研究报告应该尽可能坦率；⑦ 研究者应该请研究实地中的人或请自己的同事对自己的研究结果及其表述提供反馈；⑧ 研究者的表述应该做到能够平衡不同的观点；⑨ 研究者的写作应当准确。”①

具体到本研究中，参照 Wolcott 的上述建议，主要通过以下途径来提升本研究的效度：第一，访谈结束后及时整理材料并撰写备忘录，反思、回顾访谈中出现的问题，力争在下次访谈中避免犯同类错误，将访谈稿交给研究对象，了解其对于访谈内容的反应和看法，并针对其中的一些问题进行下一步追问；第二，跟研究者建立长期友好的信任关系，以便获得更可信的资料，在本研究开展的近 5 年时间里，与多个被访者经常进行各种方式的互动，也见证了他们在这段时间的职业成长变化，有的从讲师成长为副教授，有的从副教授成长为教授，也有的离开工作单位选择继续读博深造……这些对青年教师来讲的重要人生事件在短期内是无法观察到的，持续的友好信任关系可以适度弥补这方面的不足；第三，运用三角互证法从多方面检验研究结果的可靠性，增加正式访谈之外的其他获取信息的途径，如观察、闲聊、浏览朋友圈，并在可能的情况下，与被访者利益相关者，如领导、同事、学生等进行交流，并将从多元途径获得的资料和信息进行比较和判断。当然，效度最终取决于研究的结论与真实世界的关系，而且没

---

① Wolcott, H. F., *On Seeking and Rejecting Validity in Qualitative Research//Eisner*, W., Peshkin, A., *Qualitative Inquiry in Education: The Continuing Debate*, New York, Teachers College Press, 1990, pp.121-152.

有任何方法能够完全保证自己已经正确地理解了这种关系。“效度只是相对的，它只能在研究的谜底与情境的关系中进行评价，而不是一个脱离情境的方法或终结性特征。”①

6. 研究伦理

研究伦理问题是开展学术研究的基本要求，对于质性研究而言更为突出，因为研究过程中涉及更多有关被研究者的个人信息。在开展质性研究时，应该遵循一定的伦理道德原则：“自愿和不隐蔽原则、尊重个人隐私和保密原则、公正合理原则、公平回报原则。”② 具体到本研究过程中，研究对象全部都来自于与自己无利益关涉的熟人或是经熟人介绍。在获得他们同意后，通过面对面沟通或添加微信好友的方式取得进一步联系，建立联系后会告知研究对象有关本研究的目的和计划以及对于访谈、观察的相关要求，并做出严格保密个人信息的承诺。因此，所有参与本研究的研究对象均属于自愿参与且对于访谈或观察的主题、流程及要求有事先的了解。

确定研究对象后，我会在正式访谈前把电子版访谈提纲发给被访者，并约定双方合适的访谈时间、地点。面对面访谈前，我会再次把纸质版的访谈提纲交给被访者，并进一步阐明访谈的目的和要求，并征求被访者意见是否可以对访谈过程进行录音。只有在获得研究对象同意后才会开启录音。在进行课堂观察时会提前向研究对象了解课程的主题、教学组织形式以及是否可以录像等信息，一般会在学生已经落座后且课程未开始前从教室后门进入教室，通常选择教室后排角落的位置，既可以全方位观察课堂教学的情况，也能对课堂教学的影响

① 〔美〕约瑟夫·A. 马克斯韦尔：《质的研究设计：一种互动的取向》，朱光明译，重庆大学出版社 2007 年版，第 81 页。

② 陈向明：《质的研究方法与社会科学研究》，教育科学出版社 2000 年版，第 426 页。

降到最低程度。

当然，在整个访谈或观察过程中，我会时刻提醒自己的研究者身份，避免过度参与或过度疏离，以便让被研究对象能够更真实、更主动地表达其个人想法和描述个人经历。访谈结束后，在获得被访者同意的情况下会继续保持友好的关系和必要的联系。

第一章　定量调查研究

第一节　测量量表的信效度检验

一、“教师教学投入量表”的信效度检验

本研究主要采用探索性因素分析的方法来检验“教师教学投入量表”的结构效度，信度则采用内部一致性信度 Cronbach’s α 系数来检验。探索性因素分析的数据结果显示：“教师教学投入量表”的 KMO 值为 0.928，Bartlett’s 球形度检验在 0.001 水平上显著，近似卡方值为 6794.622，自由度为 120。根据 Kaiser 的观点，KMO 指标值大于 0.8 表明该样本数据适合进行因素分析。[①] 采用主成分分析法提取因子，运用 Kaiser 正态化最大方差法对初始因子进行旋转，根据因素分析题目筛选的标准[②]，删除有交叉载荷题项和题项载荷小于 0.55 的题项，最终提取出四个因子，累积解释总变异量为 81.542%（表 1.1）。经验证，本量表各因子包含的题项内容与量表的理论维度一致，分别为：（1）教学情感投入维度（a1—a4），主要测量教师对教学工作正向的

---

① Kaiser, H. F., Rice, J., “Little Jiffy, Mark IV”, *Educational and Psychological Measurement*, 1974, 34 (1), pp.111-117.

② 吴明隆：《问卷统计分析实务 SPSS 操作与应用》，重庆大学出版社 2018 年版，第 200—201 页。

情感反应，包含 4 题；（2）教学认知投入（a5—a8），主要测量教师在教学工作任务中投入的努力，包括 4 题；（3）同事关系投入（a9—a12），主要测量教师在教学工作中为了维系与同事的关系所投入的努力，包含 4 题；（4）师生关系投入（a13—a16），主要测量教师在课堂教学中为了维系与学生的关系所投入的努力，包含 4 题。

表 1.1　高校教师教学投入量表探索性因素分析摘要表

量表项目	教学情感投入	教学认知投入	师生关系投入	同事关系投入	共同性
a1 我热爱教学	.855				.826
a2 我对教学感到兴奋	.895				.882
a3 我在教学时感到快乐	.883				.882
a4 我觉得教学充满乐趣	.860				.855
a5 教学时我很注意自己的表现		.768			.780
a6 教学时，我全身心地投入		.778			.817
a7 教学时，我的工作很紧凑		.781			.753
a8 教学时，我尽自己最大努力来教好		.771			.811
a9 在学校，我珍视与同事建立的关系				.808	.808
a10 在学校，我愿意帮助同事				.830	.836
a11 在学校，我乐于关心同事遇到的问题				.845	.803
a12 在学校，我与同事关系融洽				.787	.771
a13 在课堂上，我关心学生遇到的问题			.749		.785
a14 在课堂上，我对学生有同理心			.816		.829
a15 在课堂上，我能体会学生的感受			.824		.811
a16 在课堂上，我对学生表现出热情			.767		.798
特征值（总计）	8.626	1.098	1.232	2.092	13.048
解释变异量（方差的 %）	53.910	6.860	7.698	13.074	81.542
累积解释变异量（累加 %）	53.910	81.542	74.682	66.984	
KMO=0.928，近似卡方值 =6794.622，df=120，$p<0.001$					

表 1.2 信度 / 会聚效度和区别效度分析表

维度	信度	会聚效度	区别效度			
	Cronbach's α	AVE	教学情感投入	教学认知投入	同事关系投入	师生关系投入
教学情感投入	0.946	0.763	0.873			
教学认知投入	0.909	0.600	.557	0.775		
同事关系投入	0.913	0.669	.397	.588	0.818	
师生关系投入	0.918	0.624	.497	.654	.610	0.790

注：区别效度的对角线为 AVE 的均方根值；下三角区域为维度之间的皮尔逊相关系数

此外，对数据开展内部一致性信度检验，数据结果显示，四个维度的内部一致性信度 Cronbach's α 系数均在 0.9 以上，如表 1.2 所示。根据 Hair 等提出的信度判断标准，该信度系数达到了较高的信度水平。[①] 此外，各维度的平均方差萃取量（AVE）的值均高于 0.5，表示维度具有会聚效度，平均方差萃取量的均方根大于各成对变量间的相关系数，表示维度与维度之间具有区别效度。[②]

概括而言，通过以上信度、效度检验可知，本研究所采用的“教师教学投入量表”具有良好的内部一致性信度和结构效度，可以作为大学青年教师教学投入情况的测量工具。

二、“大学青年教师职业成长量表”的信效度检验

本研究参照翁清雄、席酉民编制的“职业成长量表”，结合大学青年教师的职业特点，从三个维度对大学青年教师职业成长状况进行测量，分别是职业目标进展、职业能力发展和职业回报增长。探索性

① Hair, J. F., Black, W. C., Babin, B. J., et al., *Multivariate Data Analysis: A Global Perspective (7th ed.)*, Upper Saddle River, NJ: Pearson Prentice Hall, 2010.

② 张伟豪、卓英洁、苏荣海：《论文写作不求人：SPSS 数据分析指南》，中国石化出版社 2021 年版，第 144—145 页。

因素分析的数据结果显示，KMO 值为 0.888，Bartlett's 球形度检验在 0.001 水平上显著，近似卡方值为 5205.674，自由度为 78。根据 Kaiser 的观点，KMO 指标值大于 0.8 表明该样本数据适合进行因素分析。① 在因素分析中，主要采用主成分分析法提取因子，运用 Kaiser 正态化最大方差法对初始因子进行旋转，然后根据因素分析题目筛选的标准②，删除有交叉载荷题项和题项载荷小于 0.55 的题项，最终提取出三个共同因子，累积解释总变异量为 78.356%（表 1.3）。探索因素分析所提炼出的各因子与原量表的维度一致，共包含 13 个题项，分别为：（1）职业目标进展（b1—b4），包含 4 题；（2）职业能力发展（b5—b7），包括 3 题；（3）职业回报增长（b8—b13），包含 6 题。

表 1.3　高校教师职业成长量表探索性因素分析摘要表

量表项目	职业目标进展	职业能力发展	职业回报增长	共同性
b1 目前的工作使我离自己的职业目标更近一步	.804			.796
b2 目前的工作与我的职业理想相关	.812			.762
b3 目前的工作为我职业目标的实现打下了基础	.812			.834
b4 目前的工作为我提供了较好的发展机会	.744			.763
b5 教师工作使我不断地更新自己的知识		.829		.801
b6 教师工作使我积累了更丰富的工作经验		.857		.814
b7 我的教学能力得到不断的提升和锻炼		.851		.807
b8 在现在的学校我的职称提升的可能性很大			.701	.637
b9 与同事相比我的职称提升的速度较快			.800	.713
b10 在现在的学校我的薪资增长的可能性较大			.864	.791

① Kaiser, H. F., Rice, J., "Little Jiffy, Mark IV", *Educational and Psychological Measurement*, 1974, 34 (1), pp.111-117.

② 吴明隆：《问卷统计分析实务 SPSS 操作与应用》，重庆大学出版社 2018 年版，第 200—201 页。

续表

量表项目	职业目标进展	职业能力发展	职业回报增长	共同性
b11 与同事相比我的薪资增长的速度较快			.891	.814
b12 在现在的学校我的职务提升的可能性很大			.901	.828
b13 与同事相比我的职务提升的速度较快			.901	.826
特征值（总计）	3.007	.890	6.290	
解释变异量（方差的 %）	23.128	6.847	48.381	78.356
累积解释变异量（累加 %）	71.509	78.356	48.381	
KMO=0.888，近似卡方值 =5205.674，df=78，p<0.001				

表 1.4　信度 / 会聚效度和区别效度分析表

维度	信度	会聚效度	区别效度		
	Cronbach's α	AVE	职业目标进展	职业能力发展	组织回报增长
职业目标进展	0.909	0.630	0.794		
职业能力发展	0.881	0.715	0.628	0.846	
职业回报增长	0.934	0.716	0.464	0.167	0.846

注：区别效度的对角线为 AVE 的均方根值；下三角区域为维度之间的皮尔逊相关系数

此外，本研究采用内部一致性信度检验该量表的信度情况。数据结果显示，三个维度的内部一致性信度 Cronbach's α 系数均在 0.8 以上，如表 1.4 所示。根据 Hair 等提出的信度判断标准，所得内部一致性信度系数达到了较高的信度水平。[①] 此外，各维度的平均方差萃取量的值也均高于 0.5，表示维度具有会聚效度；平均方差萃取量的均方根值大于各成对变量间的相关系数，表示维度与维度之间具有区别效度。[②]

---

① Hair, J. F., Black, W. C., Babin, B. J., et al., *Multivariate Data Analysis: A Global Perspective (7th ed.)*, Upper Saddle River, NJ: Pearson Prentice Hall, 2010.

② 张伟豪、卓英洁、苏荣海：《论文写作不求人：SPSS 数据分析指南》，中国石化出版社 2021 年版，第 144—145 页。

因此，高校教师职业成长量表具有良好的信度和结构效度，可以作为大学青年教师职业成长情况的测量工具。

此外，因为“大学青年教师职业满意度量表”仅包含一个维度，没有进行结构性设计，故无须进行结构效度的检验，其内部一致性信度 Cronbach's α 系数为 0.860，达到了较高的信度水平。“个人—环境匹配量表”被划分为互补性匹配和一致性匹配两种类型，其 Cronbach's α 系数分别为 0.718 和 0.814，具有较高的信度水平。

第二节　定量研究结果与分析

一、描述性统计

本部分将主要汇报所调查数据的基本情况，包括描述性统计信息和相关情况，人口统计学变量、教学投入、职业成长、职业满意度、个人—环境匹配度各变量的均值、标准差及相关系数如表 1.5 所示。从表 1.5 的数据可以看出，教学投入、职业成长、职业满意度和个人—环境匹配度相互之间均显著相关，且个人—环境匹配度、职业成长、职业满意度三者之间呈中高强度的正相关关系。此外，职业满意度、个人—环境匹配度与性别均呈显著负相关，教学投入与性别呈显著正相关；年龄、教龄与个人—环境匹配度呈显著负相关；职称与职业满意度、职业成长呈显著正相关；最高学历与职业满意度、职业成长、教学投入呈显著负相关；海外留学（访学）背景与职业成长呈显著正相关；所属的学科与职业满意度存在显著负相关；教授的课程类型与职业满意度呈正相关，教授专业课程的教师的职业满意度更高；教学投入时间与职业满意度、职业成长呈显著负相关，与教学投入呈显著正相关；科研投入时间与职业满意度、职业成长和个人—环境匹配度呈显著正相关。

二、教学投入现状及其影响因素的差异检验

为了把握大学青年教师教学投入的整体情况，本研究以“距离平均数一个标准差”为划分标准，将教师教学投入水平划分为四组，详见表 1.6 和表 1.7。从表中数据可知，教学投入的单题平均数为 4.25（1 为很低，5 为很高），标准差为 0.52，处于“较高”“高”水平的教师共占总样本数量的 47.2%，处于“较低”水平的占比为 42.4%，说明大学青年教师整体在教学投入上处于中等以上水平，但仍有很大的提升空间。此外，对各维度进行相依样本 t 检验，结果显示（表 1.8），教学情感投入、教学认知投入、师生关系投入和同事关系投入之间均存在显著差异，其中师生关系投入最高（$\bar{X}$=4.38）而教学情感投入最低（$\bar{X}$=4.07）。可能的原因是，青年教师，尤其是新入职教师尚处于职业生涯的早期阶段，在入职之前没有或者很少从事过真正的教学工作，教学经验匮乏；同时，也普遍缺乏完善的教师培训过程，较少接受有关教育学、心理学和课堂授课等方面的专业系统培训，对于课堂教学、学生学习缺乏系统性的学习。恰如艾德格顿（Edgerton）所指出的，“大学教师在学科知识方面比较强，但在以学习理论和教学策略为基础的教育知识方面则比较弱；如果谈到学科知识，大学教师是站在巨人的肩膀上，如果谈到教学知识，他们则是站在地面上”[①]。对于很多青年教师，尤其是新入职的教师来讲，职业生涯早期首当其冲的挑战是如何“站稳讲台”，加之其在年龄上与学生相差无几，因此，在教学投入方面，加大“师生关系投入”可能会成为首选。

---

① 吴振利：《美国大学教师教学发展研究》，教育科学出版社 2012 年版，第 60 页。

表 1.5 描述性统计及相关分析结果

变量	$\overline{X}$/%	SD	1	2	3	4	5	6	7	8	9	10	11	12	13	14	15	16	17	18	19	20	21
1. 性别	男：41.4；女：58.6		1																				
2. 年龄	30 岁以下：17.2；31—35 岁：41.8；36—40 岁：41.0			1																			
3. 教龄	4 年及以下：47.8; 5—8 年：21.6; 9—12 年：17.7; 13 年及以上：12.9				1																		
4. 职称	初级：19.8；中级：54.1；副高：20.8；正高：5.3		−.26**	.54**	.48**	1																	
5. 最高学历	2.59	.61	−.14**	.21**	−.09*	40**	1																
6. 海外留学（访学）经历	1.52	.50	.06	−.07	.03	−.22**	−.32**	1															
7. 最高学历的院校	2.56	1.47	.09	−.18**	−.07	−.30**	−.32**	.09	1														
8. 任职的院校	3.26	1.28	.10*	−.16**	−.01	−.27**	−.42**	.25**	.31**	1													
9. 学科	4.20	1.51	.25**	.00	.05	−.24**	−.12**	.03	.10*	.09*	1												

续表

变量	$\overline{X}$/%	SD	1	2	3	4	5	6	7	8	9	10	11	12	13	14	15	16	17	18	19	20	21
10. 教授的课程	1.72	.45	-.08	-.00	-.09*	.13**	.21**	-.18**	-.02	-.06	-.03	1											
11. 教学投入时间	2.15	.87	.18**	.02	.07	-.13**	-.09	-.06	.08	.01	.11*	-.03	1										
12. 科研投入时间	1.94	.91	-.15**	.04	.01	.18**	.24**	-.05	-.09*	-.21**	-.10*	.14**	-.19**	1									
13. 行政投入时间	1.42	.72	.04	-.10*	.10	-.07	-.26**	.08	.09*	.18**	.01	-.11*	-.02	-.15**	1								
14. 惩罚政策	3.61	.92	-.08	.03	-.03	.03	.00	.00	.01	-.08	-.05	-.02	.05	.06	-.09*	1							
15. 奖励政策	3.46	.80	.07	-.03	-.01	-.04	-.15**	.07	.04	.00	.02	-.03	.02	-.03	-.09	.27**	1						
16. 学术评价	3.10	.92	.01	-.07	-.06	-.04	-.19**	.13**	.08	.01	-.02	-.01	-.06	-.03	-.02	.12**	.56**	1					
17. 专业培训	3.49	.88	.06	-.11*	-.12*	-.10*	-.08	.06	.06	.04	.03	-.01	-.00	.00	-.05	.11*	.48**	.50**	1				
18. 职业满意度	17.00	3.31	-.10*	-.02	.01	.13**	-.10*	.05	.02	-.02	-.10*	.10*	-.12**	.14**	-.04	.13**	.42**	.52**	.40**	1			
19. 个人—环境匹配	21.22	3.81	-.10*	-.09*	-.091*	.02	-.08	.06	.01	-.01	-.02	.04	-.08	.13**	-.11*	.17**	.58**	.61**	.64**	.65**	1		
20. 教学投入	67.96	8.31	.10*	.05	.06	-.02	-.10*	.07	.08	.02	.04	-.08	.14**	.00	.04	.11*	.22**	.18**	.24**	.25**	.29**	1	
21. 职业成长	46.16	8.12	-.05	-.06	-.05	.11*	-.13**	.11*	.02	.03	-.04	.07	-.11*	.15**	.00	.11*	.42**	.52**	.41**	.73**	.64**	.43**	1

注：N=481，* 表示 $p<0.05$，** 表示 $p<0.01$

表 1.6　大学青年教师教学投入的描述性统计结果

	教学情感投入	教学认知投入	同事关系投入	师生关系投入	教学投入
单题平均值	16.26（4.07）	17.28（4.32）	16.90（4.23）	17.52（4.38）	67.9（4.25）
标准差	3.08（0.77）	2.44（0.61）	2.51（0.63）	2.22（0.55）	8.31（0.52）
个案数	481	481	481	481	481

表 1.7　大学青年教师教学投入水平分布情况

	教学投入		教学情感投入		教学认知投入		同事关系投入		师生关系投入	
	频率（个）	百分比（%）	频率（个）	百分比（%）	频率（个）	百分比（%）	频率（个）	百分比（%）	频率（个）	百分比（%）
低	51	10.7	82	17.0	33	6.9	59	12.2	50	10.4
较低	196	40.7	209	43.5	231	48.0	201	41.8	204	42.4
较高	141	29.3	73	15.2	81	16.8	97	20.2	64	13.3
高	93	19.3	117	24.3	136	28.3	124	25.8	163	33.9
总计	481	100	481	100	481	100	481	100	481	100

表 1.8　大学青年教师教学投入各维度差异检验（相依样本 t 检验）

	$\overline{X}$	SD	t
教学情感投入—教学认知投入	-1.02	2.66	-8.39^{***}
教学情感投入—同事关系投入	-0.63	3.10	-4.45^{***}
教学情感投入—师生关系投入	-1.26	2.76	-9.99^{***}
教学认知投入—同事关系投入	0.39	2.25	3.77^{***}
教学认知投入—师生关系投入	-0.24	1.95	-2.69^{***}
同事关系投入—师生关系投入	-0.63	2.11	-6.52^{***}

注：*** $p<0.001$

此外，本研究还对大学青年教师教学、科研和行政工作时间投入占工作总时间的比例进行了调查，调查数据显示（表 1.9），47.8% 的青年教师的教学时间占总工作时间的比例处于 30%—50%（不含）之间，也有 8.5% 的青年教师的教学工作时间超过了总工作时间的 70%。通过对教学、科研和行政工作时间占比情况进行弗里德曼等级方差检验（表 1.10），自由度为 2，卡方值为 194.49，$p=0.00<0.01$，达到了显著性水平，说明青年教师教学、科研和行政工作所占总工作时间的情况存在显著差异，教学工作所投入的时间在所有工作时间中占比最高。这在一定程度上说明，大部分大学青年教师的教学时间投入在其工作中占据较大的比重。

表 1.9　大学青年教师工作时间投入情况

	教学时间投入		科研时间投入		行政时间投入	
	频率（个）	百分比（%）	频率（个）	百分比（%）	频率（个）	百分比（%）
30% 以下	109	22.7	186	38.7	330	68.6
30%—50%（不含 50%）	230	47.8	167	34.7	112	23.3
50%—70%（不含 70%）	101	21	100	20.8	26	5.4
70% 及以上	41	8.5	28	5.8	13	2.7
合计	481	100	481	100	481	100

表 1.10　大学青年教师工作时间投入情况差异检验（弗里德曼等级方差检验）

	秩平均值	卡方	自由度	渐近显著性
教学时间投入占比	2.32	194.49	2	0.00
科研时间投入占比	2.11			
行政时间投入占比	1.57			

本部分内容主要考察大学青年教师教学投入各影响变量的情况，

从影响青年教师教学投入的个人因素和组织因素两个方面开展调查。调查数据显示，在大学青年教师教学投入上，存在着性别、最高学历、最高学历毕业学校、工作学校类型、授课类型等方面的显著差异，未发现年龄、教龄、职称、海外留学（访学）经验和学科的显著差异。以下内容为具有显著差异的影响变量的具体结果。

（一）性别对大学青年教师教学投入的影响

对不同性别教师的教学投入情况开展独立样本 t 检验，数据结果显示（表 1.11），女教师在整体教学投入（均值差=0.52，t= −2.15，p=0.013<0.05，η^2=0.013）和师生关系投入分维度（t= −2.49，p=0.032<0.05，η^2=0.010）上均显著高于男教师。按照 Cohen 对于效果量 η^2 的判断标准，大于 0.06 且小于 0.14，属于中度关系。① 说明不同性别教师在教学投入和师生关系投入上均存在显著差异且其差异的实用显著性均处于中等水平。

表 1.11　不同性别大学青年教师教学投入的差异检验

	师生关系投入				教学投入			
	$\bar{X}$	SD	t	η^2	$\bar{X}$	SD	t	η^2
男	17.22	2.23	-2.49*	0.013	67.00	8.31	-2.15*	0.010
女	17.73	2.19			68.64	8.25		

注：*p<0.05

此外，围绕教学投入时间在工作总时间上的占比，对不同性别的青年教师开展卡方独立性检验，结果显示（表 1.12），不同性别的青

① Cohen, J., *Statistical Power Analysis for the Behavioral Sciences*, Hillsdale, NJ: Lawrence Erlbaum Associates, 1988.

年教师在教学时间占工作时间比例上也存在显著关联（χ^2=18.365，df=3，p=0.000<0.001）。具体而言，在较低的教学投入时间占比上，男教师比女教师的比例更高，也就是，女教师在教学时间投入上比男教师高。

表 1.12　大学青年教师教学时间投入的卡方独立性检验列联表（n=481）

		教学时间投入占比				行总计
		30% 以下	30%—50%（不含 50%）	50%—70%（不含 70%）	70% 及以上	
男	计数	54	104	35	6	199
	期望计数	45.1	95.2	41.8	17	
	组内 %	27.14%	52.26%	17.59%	3.01%	
女	计数	55	126	66	35	282
	期望计数	63.9	134.8	59.2	24	
	组内 %	19.50%	44.68%	23.40%	12.41%	
观测个数列总计		109	230	101	41	481

上述结果与已有的诸多相关研究如王昕昕[①]、阎光才[②]、郭建鹏等[③]的研究结论完全一致。同时，与国外学者的相关研究也一致，如 Winslow 针对大学教师有关教学和科研时间分配的调查发现，“无论是对于期望花在教学上的时间还是实际花在教学上的时间，女性教师均

① 王昕昕：《大学教师教学信念、教学投入和教学方式的关系研究》，厦门大学 2018 年硕士学位论文。

② 阎光才：《高水平大学教师本科教学投入及其影响因素分析》，《中国高教研究》2018 年第 11 期。

③ 郭建鹏、唐祯、吕帅：《什么因素影响了中国高校教师的教学投入——基于个体与环境两水平变量的分层线性模型分析》，《教育发展研究》2022 年第 9 期。

高于男性教师，女性教师期望将 52% 的时间花费在教学上，而男性教师则期望48.6% 的时间在教学上”[1]；Link 等的研究也发现，“女性教师较之男性教师在教学上花费更多的时间，而男性教师则将更多的时间花费在科研上”[2]。针对这一现象，目前已有的解释主要集中为两种取向。第一种取向是偏向功能主义的解释，如 Hakim 提出的偏好理论，认为“男女在职场上的时间分配差异是天然的性别差异偏好的结果”[3]，具体到高等教育领域的表现就是，“女性青年教师的先天女性气质和特点使得她们更擅长表达、沟通和交流，会更偏爱教学，也具有更强的教学动机”[4]。另一种取向是带有批判主义色彩的解释，将原因归结为目前男性主导的学术文化和制度文化，迫使女性在学术职业生涯中处于相对的弱势和不平等位置，使其不得不将更多的精力投入教学工作之中，如“女性教师拥有博士学位的比例低于男性，其职称也多是助教或讲师且更多的在以教学为主的院校工作等”[5]。

（二）最高学历对大学青年教师教学投入的影响

针对大学青年教师的最高学历情况在教学投入及各分维度上的差异进行方差分析，方差分析的结果显示，拥有不同学历的教师在教学投入（$F=7.71$，$p=0.001<0.01$）、教学情感投入（$F=4.67$，$p=0.01<$

---

① Winslow, S., “Gender Inequality and Time Allocations among Academic Faculty”, *Gender& Society*, 2010, 24(6), pp.769-793.

② Link, A. N., Swann, C. A., Bozeman, B., “A Time Allocation Study of University Faculty”, *Economics of Education Review*, 2008, 27(4), pp.363-374.

③ Hakim, C., “Lifestyle Preferences as Determinants of Women’s Differentiated Labor Market Careers”, *Work and Occupations*, 2002, 29(4), pp.428-459.

④ Bailey, J. G., “Academics’Motivation and Self-efficacy for Teaching and Research”, *Higher Education Research and Development*, 1999, 18(3), pp.343-359.

⑤ Winslow, S., “Gender Inequality and Time Allocations among Academic Faculty”, *Gender &Society*, 2010, 24(6), pp.769-793.

0.05）和师生关系投入（F=4.21，$p=0.015<0.05$）上均存在显著差异（表 1.13）。具体表现为，最高学历为硕士的青年教师无论在教学情感投入、师生关系投入还是整体教学投入上均显著高于拥有博士学位的青年教师，在教学投入上也高于具有本科学历的教师。可能的原因是，虽然近些年来教师队伍结构持续优化，拥有博士学位的教师占比逐步增多，但教学工作的主力军仍是具有硕士研究生学历的教师。从全国高校情况看，截止到 2020 年，“拥有博士学位的教师占比为 41.78%，且多集中在一流大学建设高校和一流学科建设高校，前者具有博士学位的教师占比超过八成，后者占比近七成，普通本科高校和新建本科高校的占比分别是 43.52% 和 15.48%”[①]。

表 1.13　大学青年教师教学投入在学历上的差异情况

	教学投入				教学情感投入				师生关系投入			
	$\bar{X}$	SD	F	事后检验	$\bar{X}$	SD	F	事后检验	$\bar{X}$	SD	F	事后检验
本科	15.94	3.62	7.71**	硕士 > 博士；硕士 > 本科	17.74	2.11	4.67*	硕士 > 博士	68.32	7.60	4.21*	硕士 > 博士
硕士研究生	17.14	2.89			17.99	2.10			69.67	8.14		
博士研究生	15.93	3.03			17.30	2.25			67.21	8.36		

注：*$p<0.05$，**$p<0.01$

（三）最高学历毕业院校对大学青年教师教学投入的影响

针对大学青年教师的最高学历毕业院校情况在其教学投入及各分维度上的差异进行方差分析，方差分析的结果显示（表 1.14），毕

① 编委会:《全国普通高校本科教育教学质量报告（2020 年度）》，高等教育出版社 2021 年版。

业于不同院校的大学青年教师在教学投入以及各分维度上均存在显著差异。在教学投入上，毕业于国内各类型高校的教师均较之国外或境外毕业的教师高（$F=4.44$，$p=0.00<0.001$）；在教学情感投入上，毕业于“211 工程”建设高校、省属重点高校的教师均比国外或境外毕业的教师高（$F=2.22$，$p=0.04<0.05$）；在教学认知投入上，毕业于省属重点高校的教师比国外或境外毕业的教师高（$F=2.49$，$p=0.022<0.05$）；在同事关系投入上，毕业于“211 工程”建设高校的教师比毕业于“985 工程”建设高校、国外或境外高校的教师高，毕业于国内各类高校的教师均高于毕业于国外或境外高校的教师（$F=4.34$，$p=0.000<0.001$）；在师生关系投入上，毕业于“211 工程”建设高校、省属重点高校的教师均比国外或境外毕业的教师高（$F=3.76$，$p=0.001<0.01$）。

海归教师的职业发展和适应问题是近些年来高等教育研究领域的一个重要研究议题。许美德曾提出，“海归教师在教学方面存在的困难主要表现为三个方面：一是缺乏合适的教科书及教学资料；二是同事尤其是年老教师对教学改革的不支持；三是国内学生对新式教学方法的排斥”[①]。史兴松从环境因素、自身因素和组织因素三个维度分析总结影响海归教师归国适应的各项因素，指出“海归教师在人际沟通模式上、教学上均存在较难适应的情况，在教学上主要表现为教师试图将西方鼓励批判性思维、提倡互动教学、强调在‘做中学’等教学方式和教学理念移植到国内课堂，但国内传统教学更接受以教师为主体的‘传道一授业一解惑式’的教学模式，有部分学生不能很好适应海归教师的教学方式，在课程评教时给出负面评价，部分教师因此被迫调

① 许美德：《中国大学：1895—1995—— 一个文化冲突的世纪》，许洁英译，教育科学出版社 2000 年版，第 232—233 页。

整教学模式"[①]。朱佳妮对人文社科青年海归教师进行质性研究后发现，"在教学方面，青年海归教师普遍缺乏一定的教学经验和基本的教学技能，在课堂上面对着和自己年龄相近的学生显得有些被动"[②]。当然，也有学者的研究未发现海归教师与本土教师在教学上的显著差异，如马莉萍、张心悦以国内某"双一流"建设研究型大学为研究对象，将学生评教数据作为衡量教师教学质量的指标，比较了海归教师与本土教师在本科生教学质量方面的差异，认为"海归教师与本土教师在教学态度、教学方法、教学效果以及总体评价方面并不存在显著差异"[③]。概括而言，海归教师，尤其是青年海归教师回国任教后的适应问题是现实存在。尤其是目前在高校教师招聘过程中，各高校均对拟引进教师的科研能力提出明确要求且抱有非常高的期待，而对教学能力并无明确标准，这种情况下入职的大学青年教师在职业发展初期可能都将面临教学和科研的双重挑战。

表 1.14 不同毕业院校的大学青年教师教学投入的差异情况

	"985 工程"建设高校		"211 工程"建设高校		国外（境外）高校		省属重点高校		一般本科大学（学院）		F	事后检验
	$\bar{X}$	SD	$\bar{X}$	SD	$\bar{X}$	SD	$\bar{X}$	SD	$\bar{X}$	SD		
教学投入	67.52	8.03	69.34	7.46	65.39	9.01	69.11	8.07	68.48	8.37	4.44***	A>C，B>C，D>C，E>C

① 史兴松：《高校海归教师归国适应情况调查研究——以北京高校为例的分析》，《华侨华人历史研究》2017 年第 2 期。

② 朱佳妮：《"学术硬着陆"：高校文科青年海归教师的工作适应研究》，《复旦教育论坛》2017 年第 3 期。

③ 马莉萍、张心悦：《研究型大学海归教师与本土教师本科教学质量的比较研究》，《中国高教研究》2020 年第 10 期。

续表

	"985 工程"建设高校		"211 工程"建设高校		国外（境外）高校		省属重点高校		一般本科大学（学院）		F	事后检验
	$\bar{X}$	SD	$\bar{X}$	SD	$\bar{X}$	SD	$\bar{X}$	SD	$\bar{X}$	SD		
教学情感投入	16.24	3.04	16.54	2.73	15.56	3.12	16.56	3.05	16.36	3.63	2.22*	B>C，D>C
教学认知投入	17.15	2.51	17.34	2.55	16.82	2.39	17.6	2.39	17.52	2.09	2.49*	D>C
同事关系投入	17.07	16.78	17.54	2.16	16.08	3.04	17.02	2.38	17.12	2.72	4.34***	A<B，A>C，B>C，D>C，E>C
师生关系投入	17.35	2.11	17.92	2.02	16.93	2.58	17.93	2.09	17.48	2.16	3.76**	B>C，D>C

注：*p<0.05，** p<0.01，*** p<0.001；

A-"985 工程"建设高校，B-"211 工程"建设高校，C- 国外（境外）高校，D- 省属重点高校，E- 一般本科大学（学院）

（四）工作学校类型对大学青年教师教学投入的影响

本研究调查了在不同类型高校工作的青年教师的教学投入及各分维度的情况，通过进行单因子方差分析发现，在"211 工程"建设高校和省属重点高校工作的青年教师在同事关系投入上均高于国外（境外）高校工作的教师（F=2.32，p=0.032）（表 1.15），也就是差异主要表现在国内高校与国外（境外）高校之间，未发现国内不同类型大学青年教师在教学投入及各分维度上的显著差异。高校类型是有关教师教学投入的一个重要影响变量，在已有的对于不同类型高校教师教学投入的研究中，目前的结论尚未达成一致。如胡何琼、郭丽君的研究未发现学校类型对于教师教学投入的显著影响[①]；而郭建鹏等的研究发现"一流大学教师的教学投入显著高于其他类型高校的教师，且呈现出学校精英化程度越低，教学投入越低的趋势"[②]；刘振天通过调查发现"985大学教师的备课时间、教学内容更新和情感投入高于地方高校"[③]。

表 1.15 不同类型大学青年教师教学投入的差异情况

	"985工程"建设高校		"211工程"建设高校		国外（境外）高校		省属重点高校		一般本科大学（学院）		F	事后检验
	$\bar{X}$	SD	$\bar{X}$	SD	$\bar{X}$	SD	$\bar{X}$	SD	$\bar{X}$	SD		
同事关系投入	16.93	2.87	16.43	2.87	17.27	2.28	16.68	2.48	15.63	3.16	2.32*	B>C，D>C

注：* $p<0.05$；B-"211工程"建设高校，C-国外（境外）高校，D-省属重点高校

（五）授课类型对青年教师教学投入的影响

针对教师的授课类型情况在教学投入及各分维度上的差异进行独立样本t检验，结果显示（表1.16），以教授公共课为主的教师和教授专业课为主的教师在师生关系投入上存在显著差异（$t=2.55$，$p=0.011<0.05$，$\eta^2=0.13$），按照Cohen对于效果量η^2的判断标准，"大于0.06且小于0.14，属于中度关系"[④]。说明不同授课类型的教师在师生关系投入上存在显著差异且其差异的实用显著性处于中等水平。

---

① 胡何琼、郭丽君：《基于潜在剖面分析的高校教师教学投入分型及相关因素分析——以湖南省高校为例》，《中国农业教育》2021年第5期。

② 郭建鹏、唐祯、吕帅：《什么因素影响了中国高校教师的教学投入——基于个体与环境两水平变量的分层线性模型分析》，《教育发展研究》2022年第9期。

③ 刘振天：《高校教师教学投入的理论、现况及其策略》，《中国高教研究》2013年第8期。

④ Cohen, J., *Statistical Power Analysis for the Behavioral Sciences*, Hillsdale, NJ: Lawrence Erlbaum Associates, 1988.

可能的原因在于，在此次调查对象群体中涉及公共课的教师主要是从事大学英语教学的教师，受到外语教学方式和特点的影响，语言教学更依靠课堂互动方式提升学生目标语的输入及产出，教师在教学中扮演着更为关键的角色，他们在师生关系上也会相应地投入更多。

表 1.16　大学青年教师教学投入在授课类型上的差异情况

	师生关系投入				
	$\bar{X}$	SD	t	p	η^2
教授公共课为主	17.93	1.97	2.55	0.011	0.13
教授专业课为主	17.36	2.29			

（六）教学时间投入对大学青年教师教学投入的影响

针对大学青年教师的教学时间投入情况在其教学投入及各分维度上的差异进行方差分析，方差分析的结果显示（表 1.17），具有不同教学时间投入的青年教师在教学投入（F=3.82，p=0.01<0.05）、教学情感投入（F=2.83，p=0.038<0.05）、教学认知投入（F=3.87，p=0.009<0.01）和师生关系投入（F=3.15，p=0.025<0.05）上均存在显著差异。事后检验的结果显示，教学投入时间占据工作总时间50%—70%（不含）的青年教师在教学投入、教学认知投入、师生关系投入上都显著高于教学时间投入低于此时长比例的教师；在教学情感投入上，教学时间投入占据工作总时间 50%—70%（不含）的青年教师显著高于教学时间在工作总时间 30% 以下的教师。该数据结果在一定程度上说明，教学时间投入是影响教师教学投入的必要条件，但非充分条件。因此，在教师教学工作量安排上需要寻求一个合适的平衡点才能真正提升教师的教学投入成效。

表 1.17 大学青年教师教学投入在教学时间投入上的差异情况

	教学时间投入								F	事后检验
	30% 以下		30%—50%（不含）		50%—70%（不含）		70% 及以上			
	$\overline{X}$	SD	$\overline{X}$	SD	$\overline{X}$	SD	$\overline{X}$	SD		
教学投入	68.29	7.87	65.39	9.01	69.24	8.25	69.20	8.55	3.82*	A<C，B<C
教学情感投入	15.68	3.24	16.23	3.03	16.89	2.97	16.49	2.95	2.83*	A<C
教学认知投入	16.73	2.52	17.25	2.54	17.85	2.04	17.51	2.30	3.87**	A<C，B<C
同事关系投入	16.69	2.54	16.8	2.54	17.15	2.35	17.37	2.6	1.19 n.s.	
师生关系投入	17.18	2.29	17.4	2.18	18.03	2.11	17.83	2.3	3.15*	A<C，B<C

注：n.s. $p>0.05$，* $p<0.05$，** $p<0.01$；
A-30% 以下，B-30%—50%（不含），C-50%—70%（不含），D-70% 及以上

三、大学青年教师职业成长分型及相关因素分析

本书采用“大学青年教师职业成长量表”来考察大学青年教师职业成长的情况，该量表主要包括三个维度，分别是职业目标进展、职业能力发展和职业回报增长。在以往有关职业成长水平分类的相关研究中，主要采用的是以变量为中心的统计方法，即根据统一的标准和各变量的具体得分情况来划分职业成长类型。然而，事实上，教师的职业成长受到个体因素、环境因素以及其间交互作用的多重影响，其模式存在较大的群体异质性。常规的这种以变量为中心的统计方法可能在一定程度上会忽略教师群体内部在职业成长不同维度上存在的异质性。因此，本研究尝试采用以个体为中心的方法来区分大学青年教师职业成长的群体异质性。潜在剖面分析（Latent Profile Analysis，LPA）是“通过连续的潜变量来解释外显指标间的关联，使外显指标

间的关联通过潜在变量来解释，进而维持其局部独立性的统计方法”①。其基本假设是，“外显变量各种反应的概率分布可以由少数互斥的潜在变量来解释，每种变量对各外显变量的反映选择都有其特定的倾向”②。本部分将采用探索性潜在剖面分析的方法区分职业成长的类别，并在此基础上进一步探索大学青年教师职业成长分型的相关问题。

探索性潜在剖面分析通常涉及四个步骤：“第一，假定只存在一个类别，即外显变量之间完全独立，也称为零模型或独立模型；第二，逐步增加潜在类别的个数，计算各模型的参数；第三，根据拟合评价指标进行模型比较，确定最佳模型；第四，进行分类和命名。”③具体来讲，本部分采用 SPSS 24.0 和 Mplus 7.4 对调查数据进行处理。首先，通过 SPSS 24.0 将“大学青年教师职业成长量表”所得数据转换为可以进行 LPA 分析的 .dat 数据格式；其次，使用 Mplus 7.4 软件以大学青年教师职业成长的 13 个条目为指标进行潜在剖面分析，对大学青年教师职业成长的异质性进行分型：对于潜在职业成长类别没有进行预先假设，全样本的初始模型由 1 类开始，后逐渐增加分类数量进行模型拟合估计，根据信息评价指标 AIC（Akaike Information Criterion）、BIC（Bayesian Information Criterion）、样本校正的 BIC（Sample size-adjusted BIC，aBIC）、基于 Boothstrap 的似然比检验、LMR（Lo-Mendell-Rubin LMR）和 Entropy 指数等进行分类模型间的比较。具体判断标准为：“AIC、BIC、aBIC 统计值都是通过比较期望值与实际值差异来判断模型拟合的优劣，因此统计值越小表示拟合得越好，选择

① 王孟成、毕向阳：《潜变量建模与 Mplus 应用 · 进阶篇》，重庆大学出版社 2018 年版，第 3 页。

② 王孟成、毕向阳：《潜变量建模与 Mplus 应用 · 进阶篇》，重庆大学出版社 2018 年版，第 6 页。

③ 王孟成、毕向阳：《潜变量建模与 Mplus 应用 · 进阶篇》，重庆大学出版社 2018 年版，第 12 页。

BIC 最小的模型作为最佳模型；Entropy 用于评价分类精确度，其取值范围为 0—1，越接近 1 表明分类越精确，Entropy=0.80 表明分类准确率超过 90%；LMR 和 BLRT 用于比较 k—1 和 k 组类别模型间的拟合差异，达到显著性（$p<0.05$）为最优分类模型的选择指标。”[①] 最后，在确定的最优类别模型基础上，加入大学青年教师的相关个体因素变量和环境因素变量，采用 R 3step 法和 BCH 法分别针对离散变量和连续变量构建多元 Logistic 回归模型，进行大学青年教师职业成长分型的相关因素分析。

（一）描述性统计结果

大学青年教师职业成长及其各维度的描述性统计结果详见表 1.18。从表中数据可知，职业成长的单题平均值为 3.55（1 为很低，5 为很高），标准差为 0.62；职业目标进展的平均值为 3.91，标准差为 0.73；职业能力发展的平均值为 4.22，标准差为 0.62；职业回报增长的平均值为 2.98，标准差为 0.90，除职业回报增长的平均值低于中间值“3”之外，其他的变量，如职业成长、职业目标进展、职业能力发展等都超过了中间值“3”，说明大学青年教师的职业成长情况尚可。此外，对各维度进行相依样本 t 检验，结果显示（表 1.19），职业目标进展、职业能力发展、职业回报增长之间均存在显著差异，其中职业能力发展最高（$\bar{X}=4.22$）而职业回报增长最低（$\bar{X}=2.98$）。这进一步说明大学青年教师在整体职业成长上处于中等以上水平，职业能力发展在职业成长中表现突出，而职业回报增长尚需进一步提升。这个结果与教师职业发展阶段相匹配，青年教师处于职业发展的初期阶段，无论在

---

① 王孟成、毕向阳:《潜变量建模与 Mplus 应用·进阶篇》，重庆大学出版社 2018 年版，第 3 页。

教学、科研还是其他工作方面都是处于不断学习和提升的阶段，而相应的组织回报，比如职称的晋升、职务的提升或者是薪酬的提升仍处于积累阶段。

表 1.18　大学青年教师职业成长的描述统计结果

	职业成长	职业目标进展	职业能力发展	职业回报增长
单题平均值	3.55	3.91	4.22	2.98
标准差	0.62	0.73	0.62	0.90
个案数	481	481	481	481

表 1.19　大学青年教师职业成长各维度差异检验（相依样本 t 检验）

	均值差	标准差	t
职业目标进展—职业能力发展	-0.31	0.59	-11.36^{***}
职业目标进展—职业回报增长	0.94	0.86	24.004^{***}
职业能力发展—职业回报增长	1.24	1.00	27.218^{***}

注：*** $p<0.001$

（二）潜在剖面分析

本部分将主要从大学青年教师职业成长中抽取 1—3 个类别进行潜在剖面分析，结果如下：将大学青年教师职业成长类型分为两类时，*p*LMR 和 *p*BLRT 均显著，但分成三类时，*p*LMR 未达到显著，且分成两类时 AIC 系数和 BIC 系数最低，Entropy 值大于 0.80。因此，本研究将两类（A1、A2）作为青年教师职业成长分型的最优模型（表 1.20）。根据潜在类别分类结果，绘制两个类别在职业成长量表的 13 个条目上的得分情况（图 1.1）。如图 1.1 所示，两个潜在类别在大学青年教师职业成长 13 个条目上的得分和趋势存在的差距明显，呈现出不同的模式。A1 类别在每个条目上的得分都低于 A2，样本中属于该类型的高校教师有 176 人，占比 39.9%，根据其得分特征，将该类别命名为“低职业成长组”；A2 类别在每个条目上的得分均高，呈现更好的职业成长状态，属于这一类的教师共有 265 人，占比 60.1%，将之命名为“高职业成长组”。这在一定程度上说明大学青年教师职业成长处于一个相对良好的状态。

表 1.20　大学青年教师职业成长的潜在剖面分析拟合信息

模型	K	AIC	BIC	aBIC	Entropy	*p*LMR	*p*BLRT	类别概率
C1	26	13665.953	13772.269	13689.757				
C2	40	12625.715	12789.277	12662.336	0.855	0.005	<0.001	0.399/0.601
C3	54	11815.207	12036.016	11864.645	1.000	0.172	<0.001	0.218/0.574/0.208

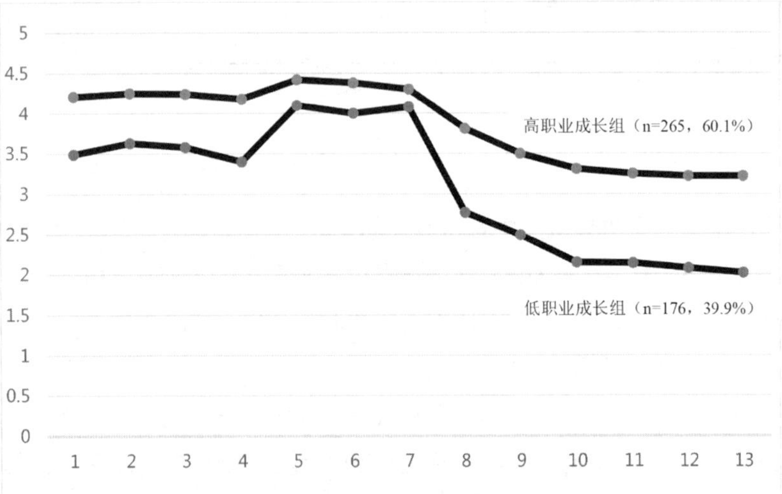

图 1.1　大学青年教师职业成长的不同亚型图

（三）个体因素、环境因素等离散变量与职业成长亚型的关系

本部分采用 R 3step 法，以“高职业成长型”类别为因变量，“低职业成长型”为参考类别，将性别、年龄、教龄、职称、最高学历等作为自变量进行多元 Logistic 回归分析。数据结果显示（表 1.21），大学青年教师的最高学历毕业院校、教学时间投入、科研时间投入有助于预测其职业成长所属的类别组，其他变量对大学青年教师职业成长潜在类别分组无显著影响。最高学历毕业院校（1—5 分别代表：“985 工程”建设高校、“211 工程”建设高校、国外［境外］高校、省属重点高校和一般本科大学 / 学院）、科研时间投入与“低职业成长型”教师负向关联，而教学时间投入与“低职业成长型”教师正向关联。也就是说，大学青年教师最高学历毕业的院校层次越高、科研时间投入越多，教师的职业成长倾向于更好；教学时间投入越少，教师职业成长倾向于更好。

表 1.21　各因素对青年教师职业成长潜在类别预测的 Logistic 回归

自变量	偏回归系数	标准误	*p*
性别	−0.341	0.209	0.103
年龄	−0.046	0.141	0.743
教龄	−0.105	0.093	0.262
职称	0.034	0.131	0.795
最高学历	0.272	0.172	0.114
海外留学（访学）经历	−0.118	0.204	0.563
最高学历毕业院校	−0.167	0.070	0.016
任职的院校	−0.018	0.081	0.820
学科	−0.009	0.069	0.896

续表

自变量	偏回归系数	标准误	*p*
教授的课程	0.244	0.228	0.284
教学时间投入	0.313	0.121	0.010
科研时间投入	-0.175	0.114	0.046
行政时间投入	0.121	0.153	0.428

注：以高职业成长型为参考类别

（四）其他连续变量与职业成长亚型的关系

本部分采用BCH法，对惩罚政策、奖励政策、学术评价、专业培训、人与环境匹配、职业满意度等连续变量进行多元Logistic回归分析。数据结果显示（表1.22），高校的奖励政策、学术评价制度、专业培训制度、人与环境匹配度、职业满意度、教学投入、同事关系投入、师生关系投入等都与大学青年教师职业成长潜在类型有显著关联，以上变量得分越高，教师的职业成长越好；而惩罚政策、教学情感投入、教学认知投入对于大学青年教师职业成长潜在类别分组无显著影响。

表1.22 各因素对青年教师职业成长潜在类别预测的Logistic回归

	低职业成长		高职业成长		χ^2
	$\bar{X}$	SD	$\bar{X}$	SD	
惩罚政策	3.548	0.072	3.61	0.057	0.416 n.s.
奖励政策	3.148	0.061	3.618	0.046	34.700**
学术评价	2.653	0.062	3.363	0.052	70.358**
专业培训	3.143	0.066	3.712	0.051	43.106**
人与环境匹配度	18.761	0.228	22.673	0.195	157.452**
职业满意度	14.659	0.194	18.214	0.153	191.607**
教学情感投入	15.887	0.24	16.35	0.187	2.126 n.s.

续表

	低职业成长		高职业成长		χ^2
	$\overline{X}$	SD	$\overline{X}$	SD	
教学认知投入	16.969	0.184	17.386	0.142	2.963 n.s.
同事关系投入	16.39	0.197	17.146	0.145	8.824*
师生关系投入	17.14	0.168	17.653	0.133	5.266*
教学投入	66.385	0.626	68.534	0.476	6.876**

注：n.s. $p>0.05$，* $p<0.05$，** $p<0.01$

四、大学青年教师教学投入、职业成长、职业满意度的关系探索

在前面章节的文献综述中已经指出，与职业成长密切关联的概念主要有职业发展和职业成功。翁清雄、席酉民对三个概念的异同进行了归纳（图 1.2）："职业发展（career development）是一个系列过程，在这个过程中个人经历了一系列具有不同问题、主题和任务的生涯阶段，它是整个人一生中的职业变化过程，既包含在进入职业领域之前的职业探索、职业目标的形成和发展，也包括进入组织后在各个组织中的职业成长；职业成功是一个人职业经历的结果，是一个存量的概念，个人之前的职业成功会影响到当前职业成长，而当前职业成长将影响到下个阶段的职业成功。"[①] 袁庆宏等也指出，"职业成长与否及成长速度快慢是诱致知识型员工滋生离职意愿的重要因素"[②]。在前面章节中对职业成长的文献综述也表明，职业成长会影响到个体的职业满意度，因此，在本研究中我们采用了职业满意度量表来测量职业成功。

① 翁清雄、席酉民：《企业员工职业成长研究：量表编制和效度检验》，《管理评论》2011 年第 10 期。

② 袁庆宏、丁刚、李珲：《知识型员工职业成长与离职意愿——组织认同和专业认同的调节作用》，《科学学与科学技术管理》2014 年第 1 期。

结合以上分析，我们预期职业成长与职业满意度具有正向相关关系。

H1：大学青年教师的职业成长与职业满意度呈正相关。

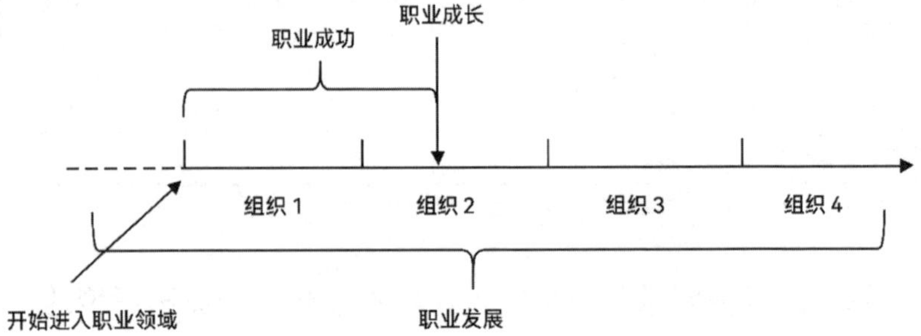

图 1.2 职业成长、职业成功和职业发展的关系图

人身处环境之中，与环境密切关联，并通过与环境交互作用塑造自我、影响环境。个体与其工作的组织环境之间的匹配情况影响着个体的职业成长和职业满意度。人与环境匹配理论认为，“人的职业发展是个人与职业环境之间各种匹配关系相互消长的结果”[①]。顾剑秀等的研究也验证了人与环境匹配要素在研究型大学青年教师职业成长影响因素中的中介作用。[②] 据此，我们推测大学青年教师职业成长与职业满意度之间的关系受到人与环境匹配的中介作用。

H2：人与环境匹配在大学青年教师职业成长与职业满意度之间起着中介作用。

教学投入属于工作投入的一种。在一般意义上，“工作投入高的

① Kristof Brown, A. L., Zimmerman, R. D., Johnson, E. C., “Consequences of Individuals’ Fit at Work: A Meta analysis of Person-job, Person-organization, Person-group, and Person-supervisor Fit”, *Personnel Psychology*, 2005, 58(2), pp.281-342.

② 顾剑秀、韩霜、罗英姿：《研究型大学青年教师职业成长影响机制：人与环境匹配的中介作用》，《中国高教研究》2021 年第 11 期。

员工会有更充足的精力和更积极的情绪，并在体力、认知和情感等多途径展现自我，实现工作角色所期望的绩效”[①]。Rich 等的研究也表明，“员工将体力、认知和情绪投入到自己的工作角色，可以提升对自身责任的关注度，增强对角色关系的情感连接，并投入更大的努力和更多的时间在角色任务的实现上，有利于实现高的工作绩效”[②]。然而，就高校教师来讲，其工作职能主要包括三个方面：教学、科研和社会服务，教学投入仅是其工作投入的一个组成部分。前文有关教学投入与职业成长的关系探讨中也发现，教学投入与职业成长呈现负相关的关系，也就是说，教学投入的增加并不必然促进青年教师职业成长，还可能在一定程度上起到相反的作用，这种情况在目前高校教师管理中“重科研、轻教学”的背景下尤为突出。因此，我们推测大学青年教师职业成长与职业满意度之间的关系受到教学投入的调节作用。

H3：大学青年教师的教学投入在职业成长与职业满意度之间起到调节作用。

综上，本部分将主要考察大学青年教师职业成长与职业满意度之间的关系，在此基础上进一步探讨个人—环境匹配度在两者之间的中介作用，以及教学投入在两者之间的调节作用。研究的理论模型如下（图 1.3）：

---

① 翁清雄、杨惠、曹先霞：《科研人员职业成长、工作投入与工作绩效的关系》，《科研管理》2017 年第 6 期。

② Rich, B. L, Lepine, J. A., Crawford, E. R., “Job Engagement: Antecedents and Effects on Job Performance”, *Academy of Management Journal*, 2010, 53(3), pp.617-635.

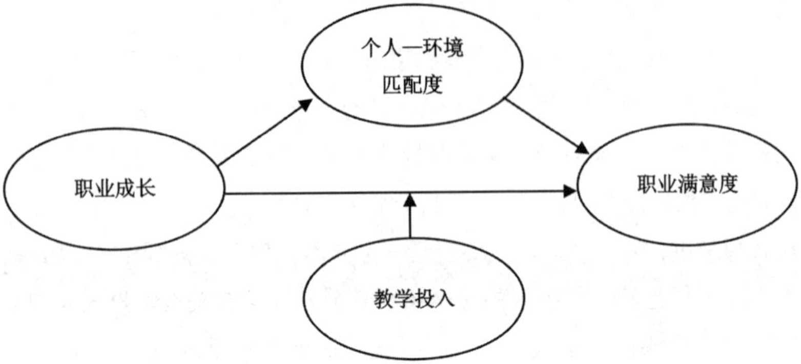

图 1.3　大学青年教师职业成长、教学投入、个人—环境匹配度和职业满意度关系图

（一）职业成长、职业满意度、教学投入、个人—环境匹配度的关系检验

通过对四个变量进行两两之间的 Pearson 相关检验，所得结果显示：大学青年教师职业成长、职业满意度、个人—环境匹配度、教学投入之间均存在正相关，且均达到了显著水平（$p<0.01$），相关系数如表 1.23 所示。这为后续研究的开展提供了必要的前提。在此基础上，为更进一步探究变量之间的关系，本研究采用阶层回归分析方法对它们之间的关系进行检验，共分为两步：首先，以职业成长为自变量、职业满意度为因变量做回归分析；其次，加入个人—环境匹配度变量后，考察职业成长对职业满意度在总体上的解释水平的变化。由表 1.24 所示的阶层回归分析结果可知，在第一步中，大学青年教师职业成长可以显著预测职业满意度（$\beta=0.725$，$p<0.001$）；在第二步中，加入个人—环境匹配度变量后，职业成长对职业满意度的解释力增加了 5.7%，且解释效果显著（$\beta=0.525$，$\Delta R^2=0.057$，$p<0.001$）。因此，假设 1 得到了验证，即大学青年教师的职业成长与职业满意度正相关，且职业成长可以正向预测职业满意度。

表 1.23　大学青年教师职业成长、职业满意度、个人—环境匹配度、教学投入的 Pearson 相关

	职业成长	职业满意度	个人—环境匹配度	教学投入
职业成长	1			
职业满意度	.725**	1		
个人—环境匹配度	.643**	.649**	1	
教学投入	.433**	.254**	.293**	1

注：**$p<0.01$

表 1.24　阶层回归分析结果

		职业满意度					
模型	自变量	B	SE	β	F	R^2	R^2 变化
第一步	职业成长	0.640	0.028	0.725	530.921***	0.526	0.057
第二步	职业成长	0.463	0.034	0.525	333.673***	0.583	
	个人—环境匹配度	0.271	0.034	0.312			

注：***$p<0.001$

（二）个人—环境匹配度的中介效应检验

在探究了大学青年教师职业成长、职业满意度和个人—环境匹配度之间的关系后可知，大学青年教师职业成长对职业满意度的影响可能至少是部分地通过个人—环境匹配度来实现，即青年教师职业成长会影响到个人—环境匹配度，而后者则进一步地影响到其职业满意度。在此关系模型中，个人—环境匹配度起到了中介变量的作用。因此，本部分将对个人—环境匹配度可能存在的中介效应进行检验。

在中介效应的检验中，本部分主要采用 Bootstrap 方法进行检验。主要操作流程如下：在 SPSS 24.0 中运用 Process 插件；对收集到的

调查数据进行分析，模型序号选择4，Bootstrap样本量设置为5000，偏差校正的置信区间设置为95%。运行结果见表1.25和1.26。由表1.25数据结果可知，个人—环境匹配度在职业成长自变量对职业满意度因变量的影响中，其中介效应95%置信区间内均不包含0，中介效应显著（R^2=0.583，F=333.673，p=0.000<0.01）。通过表1.26的数据结果可知，大学青年教师职业成长对于其职业满意度的直接效应显著（t=13.592，p=0.000<0.01），且直接效应呈正向显著，效应大小为0.640；间接效应的结果显示，在95%置信区间BootLLCI和BootULCI之间不包含零值，说明个人—环境匹配度在大学青年教师职业成长对于其职业满意度中的中介效应显著，且呈正向显著的部分中介效应，效应大小为0.177。由此，假设2得到了验证，即个人—环境匹配度在大学青年教师职业成长与职业满意度之间起着中介作用，除大学青年教师的职业成长会直接影响到其职业满意度外，还通过个人—环境匹配度间接影响到其职业满意度。

表1.25　大学青年教师职业成长、职业满意度、个人—环境匹配度的中介效应模型检验

		B	SE	t	95%置信区间			
					LLCI	ULCI	R^2	F
个人—环境匹配度	常数	1.217	0.128	9.50***	0.965	1.468	0.414	338.144***
	职业成长	0.653	0.036	18.389***	0.584	0.723		
职业满意度	常数	0.231	0.103	2.248*	0.029	0.432	0.583	333.673***
	职业成长	0.463	0.034	13.592***	0.396	0.531		
	个人—环境匹配度	0.271	0.034	8.077***	0.205	0.337		

注：*p<0.05，***p<0.001

表 1.26　个人—环境匹配度的中介效应检验

	Effect	SE/BootSE	t	*p*	LLCI/BootLLCI	ULCI/BootULCI
总效应	0.640	0.0278	23.042	.000	0.586	0.695
直接效应	0.463	0.0341	13.592	.000	0.396	0.530
间接效应	0.177	0.027	/	/	0.059	0.107

（三）教学投入的调节效应检验

为检验教学投入对大学青年教师职业成长和职业满意度的调节作用，本部分采用Bootstrap方法检验。主要操作流程如下：在SPSS 24.0中运用Process插件；对收集到的调查数据进行分析，模型序号选择1，Bootstrap样本量设置为5000，偏差校正的置信区间设置为95%，并将职业成长和教学投入进行均值中心化处理。具体数据结果见表1.27。由表1.27的数据结果可知，教学投入为调节变量，职业成长·教学投入对职业满意度的调节效果为0.153，在95%置信区间LLCI和ULCI之间（0.087—0.220）不包含零值，$p=0.000<0.01$，表示调节效应存在，代表教学投入每增加1个单位，职业成长对职业满意度的斜率会增加0.153个单位，调节效应对变异的贡献度为1.9%，职业成长、教学投入对职业满意度的可解释方差为54.9%（$F=20.324$，$p<0.01$），具有较强的解释能力。因此，假设3得到了验证，即教学投入在大学青年教师职业成长与职业满意度之间起着正向的调节作用。

为进一步验证教学投入的调节作用，将教学投入均值加减一个标准差分别作为高水平教学投入和低水平教学投入（表1.28），95%置信区间LLCI和ULCI的值均不包含零，显著性p值均小于0.001，由此可知，在调节变量教学投入正负一个标准差范围内，大学青年教师职业成长对其职业满意度均有正向影响。为了更直观地体现教学投入的调节效应，本研究通过在教学投入均值基础上加减一个标准差绘制了调节效应图（图 1.4）。由图 1.4 可知，高教学投入下的斜率明显大于低教学投入下的斜率，说明当大学青年教师教学投入处于较高水平时，大学青年教师职业成长对于其职业满意度的影响作用更强，即大学青年教师教学投入正向调节职业成长对其职业满意度的积极影响，假设 3 得到进一步验证。

表 1.27　教学投入在职业成长和职业满意度之间的调节效应检验

	Coeff	SE	t	*p*	LLCI	ULCI	R^2 改变	F
常数项	2.812	0.018	159.897	.000	2.777	2.846		
职业成长	0.656	0.030	21.699	.000	0.597	0.715		
教学投入	-0.043	0.037	-1.161	0.246	-0.116	0.029		
职业成长・教学投入	0.153	0.034	4.508	.000	0.087	0.220	0.019	20.324***

注：$^{***}p<0.001$

表 1.28　教学投入在职业成长和职业满意度之间的调节效应

教学投入	Effect	SE	t	*p*	LLCI	ULCI
-0.5191	0.576	0.036	15.859	.000	0.505	0.648
0	0.656	0.030	21.699	.000	0.597	0.715
0.5191	0.736	0.034	21.884	.000	0.670	0.802

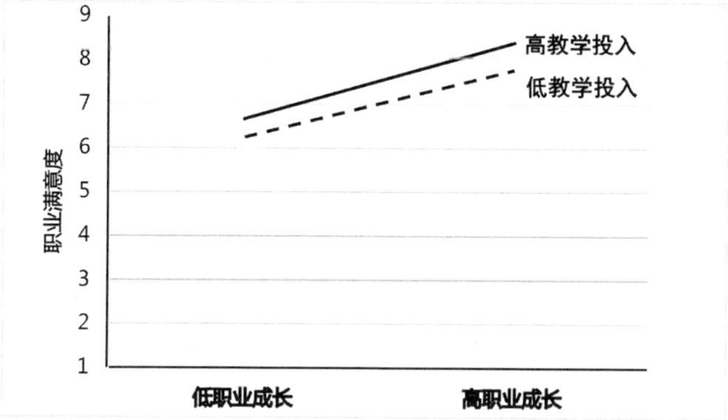

图 1.4　教学投入在大学青年教师职业成长和职业满意度之间的调节作用

小　结

通过运用问卷调查法对 481 名大学青年教师开展调查，调查了大学青年教师在教学投入、职业成长、个人—环境匹配度和职业满意度的情况及其影响因素。主要得出以下研究结论：

第一，大学青年教师的教学投入处于中等以上水平，但仍有很大的提升空间。教学情感投入、教学认知投入、师生关系投入和同事关系投入之间均存在显著差异，其中，师生关系投入最高，而教学情感投入最低。大学青年教师教学、科研和行政工作所占总工作时间的情况存在显著差异，教学工作所投入的时间在所有工作时间中占比最高。所调查的大学青年教师群体中，近半数教师的教学时间占总工作时间的比例处于 30%—50% 之间，也有少量青年教师的教学工作时间超过了总工作时间的 70%。这在一定程度上说明，对大部分大学青年教师来说，教学时间投入在其工作时间总投入中占据较大的比重。

第二，大学青年教师教学投入受到诸多因素的影响。不同性别教师在教学投入和师生关系投入上均存在显著差异且其差异的实用显著性均处于中等水平。具体而言，在较低的教学投入时间占比上，男教师比女教师的比例更高，也就是说，女教师在教学时间投入上比男教师高。最高学历为硕士的青年教师无论在教学情感投入、师生关系投入还是整体教学投入上均显著高于拥有博士学位的青年教师，在教学情感投入上也高于具有本科学历的教师，因此，对于该学历层次大学教师的职业发展问题需要引起关注。在教学投入、教学情感投入、教学认知投入、同事关系投入、师生关系投入上，毕业于国内各类型高校的教师均较之国外或境外毕业的教师高，海归教师的职业发展和适应问题需要开展进一步的研究。以教授公共课为主的教师和教授专业课为主的教师在师生关系投入上存在显著差异且其差异的实用显著性处于中等水平，本调查中主要表现为，以教授大学英语为主的公共课教师在师生关系投入上显著地高于教授专业课为主的其他教师群体。具有不同教学时间投入的大学青年教师在整体教学投入、教学情感投入、教学认知投入和师生关系投入上均存在显著差异。具体表现为，教学投入时间占据工作总时间 50%—70%（不含）的青年教师在教学投入、教学认知投入、师生关系投入上都显著地高于教学时间投入低于此时长比例的教师；在教学情感投入，教学投入时间占据工作总时间 50%—70%（不含）的青年教师显著高于教学时间在工作总时间 30% 以下的教师。这在一定程度上说明，教学时间投入是影响教师教学投入的必要条件，但非充分条件。因此，在教师教学工作量安排上需要寻求一个合适的平衡点才能真正提升教师的教学投入成效。

第三，大学青年教师职业成长处于一个相对良好的状态，职业能力发展在职业成长中表现突出，而职业回报增长尚需进一步提升。最高学历毕业院校、教学时间投入、科研时间投入有助于预测其职业成长所属的类别组，其中最高学历毕业院校、科研时间投入与“低职业成长型”教师负向关联，而教学时间投入与“低职业成长型”教师正向关联，即大学青年教师最高学历毕业的院校层次越高、科研时间投入越多，教师的职业成长倾向于更好；教学时间投入越少，教师职业成长倾向于更好。高校的奖励政策、学术评价制度、专业培训制度、人与环境匹配度、职业满意度、教学投入、同事关系投入、师生关系投入等都有助于预测大学青年教师职业成长的类别组，以上变量得分越高，教师的职业成长越好；而惩罚政策、教学情感投入、教学认知投入对于大学青年教师职业成长潜在类别分组无显著影响。

第四，大学青年教师职业成长、教学投入、个人—环境匹配度和职业满意度存在关联模型状态。大学青年教师的职业成长与职业满意度正相关，职业成长可以正向预测职业满意度。个人—环境匹配度在大学青年教师职业成长与职业满意度之间起着部分中介作用，除大学青年教师的职业成长会直接影响其职业满意度外，还通过个人—环境匹配度间接影响其职业满意度。教学投入在大学青年教师职业成长与职业满意度之间起着正向的调节作用。当大学青年教师教学投入处于较高水平时，大学青年教师职业成长对于其职业满意度的影响作用更强，即大学青年教师教学投入正向调节职业成长对其职业满意度的积极影响。

第二章　理性决策的“成功者”

按照前文对职业成功的理解，阿星、阿海和阿达无疑是大学青年教师群体里的成功者，40 岁左右即获得了教授的职称，教学、科研成绩斐然，承担着一定的行政职务。从职业成长的角度看，他们无论在职业目标进展、职业能力发展还是职业回报增长上无疑都是妥妥的“成功者”。

第一节　被访者基本情况

认识他们三位均是在一次质性研究分析软件暑期培训课的培训过程中。培训课为期三天，参加培训课的学员主要以大学青年教师为主，均以自愿原则自费参加。白天是紧张且密集的培训课程，晚上是自由支配时间，外地赶来参加培训的学员多数会选择三五成群地约着一起吃饭、聊天。在第一天培训课程结束后的晚饭聚餐时，我认识了阿星、阿海和阿达。在聚餐环节，除去初见的寒暄，有关学术研究和个人发展的话题是学员们的必聊话题。聊至各自的研究领域和研究方向时，谈到自己正在开展有关大学青年教师职业成长方面的研究，阿星的同事马上接过话题，“我们所长最适合做你的研究对象了，她在我们学校简直是神一般的存在”，接着便历数她的丰功伟绩：短短几年拿过所有级别的课题项目，发过N篇学术论文，敢跟学校或学院领导拍桌子……于是，当即便与阿星约定了第二天晚上的访谈。随着了解的深入，阿海和阿达也表示愿意参加我随后的访谈。除当时的访谈外，当时还互加了微信好友，方便了解他们此后的职业成长情况和动态，以丰富其各自的职业成长之路。

同事口中“神一般的存在”的阿星硕士毕业后选择在企业工作，为解决长期夫妻异地分居的状况，辞去工作数年的企业工作，调入到丈夫所在城市的一所北方地方普通高校工作。六年多的时间里，她实现了从无职称到破格晋升为副教授，且破格提升副教授时的成果总量超过破格要求的数倍；从对课题申报一无所知到横扫所在学科的所有级别的科研项目立项；从对所教课程零储备到教学评价排名常年前二；还担任了学校某研究所所长和杂志主编。此后的几年里阿星继续她在职业成长上的神话，到工作的第九个年头，获得了更多的成绩：顺利拿到了博士学位，晋升为教授，甚至首次访谈时严重影响其职业成长的基层学术管理组织也发生了变化，她自己成为新任院长，同时担任学校某学术期刊主编。阿星对自己的评价是“打不死的小强”，她将自己的职业成长之路戏称为“拐着弯的成长”。

跟阿星相比，阿海的职业成长起点要更高一些，985高校博士毕业后入职一所南方211高校的分校区。工作的第三年获得副教授职称；学术成果较多的年份，一年能够发表七篇学术论文，多篇学术论文发表在所属专业的国内外顶级期刊上。评上副教授之后，能够在保证学术论文发表的同时，连续几年保持一年一本著作或教材的产出率。获得副教授职称后的第七年，学术论文的数量已超过了评教授职称基本科研规定数量的四倍，当时仅缺一项科研课题即可申报教授。访谈结束后的第三个年头，他如愿获得了教授职称，具有了博导身份并担任系主任。看似顺利的职业成长之路，在阿海看来却充满了各种坎坷和曲折，他评价自己是先天“缺学术的钙”且是工作单位的“一尾鲶鱼”。

与阿星、阿海相比，阿达在三个人中是职业成长最快速且最顺利的，一路读书，985 高校博士毕业后进入一所南方省属重点高校工作。因为其工作单位所在省份对于博士毕业教师评定职称有“不限工作年限”的人才优惠政策，所以在阿达工作的第二年就获得副教授职称。在教学上，阿达获得过学校的“青年教学十佳”称号；在科研上，主持完成了两项国家社科项目，发表了多篇学术论文并出版两部专著，不到 35 岁就获得了教授职称，并担任了一定的行政职务。她对自己的评价是“忧患意识，结果导向”，认为其职业成长是“运气和贵人加持”。

第二节　个人能动性表征和职前准备

在工作环境中，个体的成就需要和成就动机状况影响着其职业发展和职业成长，也是职业成功的重要方面。按照戴维·C. 麦克莱兰的成就动机理论（achievement motivation theory）观点，具有强烈的成就需求的个体努力工作是为了在某一领域取得成功，而不是为了其他的奖励。高成就需要的个体通常具有三个重要特征：“第一，他们拥有强烈的个体责任感，更喜欢独立工作而不是与人合作，如果工作需要合作，他们往往会根据能力来选择合作者，喜欢那些需要他们承担个体责任和获得个体荣誉的工作；第二，高成就需要的个体倾向于设定适当难度的目标，冒适度的风险；第三，高成就需要的个体对绩效的反馈很看重，想要知道自己做得有多好，而且急于获得有关结果的信息，高成就需要的个体的特点是一心专注于完成任务。”[①] 从阿星、阿海和阿达的职业成长历程来看，他们在个人特质上都体现出高成就需要、高自我效能感的特点。对阿星访谈文本进行词云分析显示，“被认可”“自信”“专注”“孤傲”“内驱力强”“主动”“认真”等是其个性特征的主要方面，“被认可”一词出现的频率最高，体现了她具有较强的成就需要。

> 我到高校工作肯定不是为了钱，如果为了钱，我留在企业就可以了。我做科研不是为了钱，因为最开始做科研的时候，学校根本就没有奖励的政策。

此外，在其多次纠结是否离开工作的学校时，谈及最多的也是源自学校校级领导对其工作的认可。

> 校领导对我的工作是高度认可的。在学校科研骨干交流会上，我发完言后，校长说，“虽然我们学校平台特别弱，我没想到咱学校的老师有这样的思想，这科研和教学的思路说得这么好，就像在北大清华开会一样”。也就是他对我的发言特别认可。

此外，阿星在工作上的自我效能感很强。作为从企业转入高校工作的阿星来讲，虽然其前期在企业的工作经验无法或很少能够迁移到教师工作上，但这丝毫不影响其在教学上的自我效能感，她对于高校工作充满了自信。

---

① 〔美〕韦恩·K. 霍伊、〔美〕塞西尔·G. 米斯克尔：《教育管理学：理论·研究·实践》，范国睿译，教育科学出版社 2007 年版，第 141 页。

我进高校的时候，在工作上，我没想过会遇到什么困难，我觉得我自己将会很胜任，无论是教学还是科研。科研我认为我是有优势的，我是有自信的，科研我肯定能做好！我在硕士期间发表了20多篇文章，而我们那里只要求有2篇文章就可以。我研究生读的是××专业。后来我到了这个单位之后，实际上是我跨专业了，我不能再继续原来的方向，这样对我评职称也有影响，所以我又重新找研究方向。找这个方向实际上也是需要过程的，但我觉得不是很大的问题。我觉得做科研还是有诀窍，我会站在政策高层，他们可能想什么，我就去研究什么。

阿海的个性特征里最突出的是不服输、挑战极限和持之以恒。这种个性品质无论是他当年考研、出国访学、做科研还是指导研究生，都体现得淋漓尽致。

我当年考研，前两次考的时候数学差拖了后腿，到第三次我觉得一定要成功，必须要成功。到最后我把市面上所有的数学书都做了一遍，已经没有题做了。当时，随便拿一本书出来，我大概先算一下，我就知道大概的结果。然后我对一下答案，真跟我的结果一模一样。考研的那最后三个月，我自己给自己发明难题，我把几道最难的题放在一起。最后考完之后我说数学只有两种可能性，要么76分，要么就76+8分，因为我有个8分的题吃不准，考下来就76分。在所有考生中，第二名！出国访学时，我给自己定了个目标，一个月发一篇文章，我除了上课就是泡图书馆，所以访学8个月共发了7篇文章。在我们单位，他们总会把最不想带的研究生丢给我。我就下定决心把这些学生带出来，我有信心把起点最差的学生以最好的成绩送出去。

在职业准备上，阿海对自己的职业胜任力非常自信。

我读博士期间在外面一个单位里代过课，在外面代课的时候，代课老师的压力是比较大的，当时搞末位淘汰制，排名最后的五位会被淘汰掉。所以我原来代课的时候，还是积累了一些经验，就是知道怎么样调动学生的积极性，知道怎么样投学生之所好。所以我觉得把一门课上好，不光是老师自己讲的问题，还要去考虑一下学生想听什么。

阿达在成就动机和自我效能感上同样表现出较高的水平。

我求学生涯的早期都是读的很一般的学校，但读普通学校却有额外的收获，就是一直觉得自己还挺厉害的。读大学前基本上都能保持在班级前三，读大学时一直是专业第一，提前考研也顺利上岸，还争取到了保博的机会。也就是，我大学提前一年毕业，硕士提前半年毕业且保博，博士正常三年毕业。我一直读到博士毕业，虽然没有工作过，但我觉得对于大学工作还是挺有信心的。我觉得我的能力在所工作单位的要求之上，这也是我当初找工作的一个标准，就是尽量让自己的能力略高于单位的要求。科研上肯定没问题，都博士毕业了，没什么可担心的。教学嘛，博士都读完了，应对本科教学我觉得肯定没问题。

在职业成长上，阿达职业生涯早期不断成功的经历也在进一步加强其自我效能感。

我觉得我的忧患意识挺强的，我怕自己不合格被淘汰就尴尬了。我做事情比较喜欢动脑子，结果导向。入职后，我认真地研究了下学校发的教师管理手册，里面有关于职称评审和各种评优的规章制度。看完我就明白接下来需要做什么了。比如说申报课题，除了第一年策略失误失败，其他的每次申报都是成功的。当然，里面自然有运气的成分，但是我告诉你我是怎么做的，你就明白不只是运气。刚工作时，我觉得申报课题应该从级别最低的开始，所以我就用我的博士论文主题报了市厅级和省社科的项目，结果居然都没中。后来，我看了下当年获批的国家社科项目，竟然有跟我的博士论文选题几乎一模一样的题目中了。当时我马上就意识到我的申报策略错了。所以，第二年，我换了个申请的题目，直接申报了国家社科，一次就成功了。当然，这个换题目说起来容易，实际上还是用了心的，我把之前五年的所有国家社科选题都认真研究了一遍，然后又翻出之前读书时老师给的课题申报书，一句一句分析国家社科项目申报书的撰写规范。所以，有运气的加持，也有认真对待的成分。

第三节　职业成长与教学投入情况

一、职场初体验及能动性表现

虽然阿星对即将到来的高校工作充满了自信，但真正到了工作中，仍遇到一些困难，首当其冲的是教学内容和教学方式的选择。

我一进学校就让我教一门最难的“×× 谈判”，“×× 谈判”所有的教科书，实际上讲的那些谈判规则都是不太好的，我不想讲，我也不知道应该怎么去讲。所以，我就在百度搜这个课程，搜到很多老师的课件做得非常好。如果他留了Email，我就给他写信，留了办公室电话我就给他打电话。有一次有一个叫马×的老师，是湖南大学的，我就给他打电话过去，因为他的课件做得特别好，还留了办公电话。我晚上打的电话，竟然接了。然后我说我是××，今年刚刚进入学校教了这门课，我想向你请教一下，如何能上好这一门课程？你是怎么来设计的？他一听我是某省的，说，唉呦！咱俩老乡，你又这样通过网络找到了我的联系方式，又认可我的教学，所以，他用了一晚上的时间给我讲，“××谈判”应该怎么去做课件，应该去看哪些资料，整个课程怎么来设计。此外，我又问了很多其他的老师。这样，我就有了自己的想法。然后，抛开教科书，我就自己写了一本，所有的都是用自己的教案。此后，我就不看教科书了，因为所有的教科书我都看不上，因为所有的规则我认为都不准，就是都不实用，这样去给学生讲，他是受益不了的。

在科研上，阿星读研究生时的学科方向跟所在学院的主流研究方向并不一致，但是，她迅速明确自己未来的职业发展方向，并且发挥个体的能动性，及时完善信息盲区，在较短的时间内寻找到新的研究方向并取得丰硕的科研成果。当然，在科研上阿星也碰到了自己的盲区，即科研项目申报。

我以前就是写文章可以，但我不会写课题，咱没经验，一点经验没有。我对研究课题是一无所知，怎么写这个本子，然后这个本子批下来怎么去做，我都不会。然后也不知道结项报告长啥样，这些从网上也查不到。我做第一个课题的时候，一上来就是省级课题的底子，我从来没做过厅级课题，所以对我来说其实是一个挑战，我真的不会。

除对高校科研和教学工作的自信外，阿星也清楚地知道自己所面临的职业成长困难。面对职业成长的需求，阿星主动减少了所有的无效社交，通过疏离的方式来保障工作时间。

我进学校有点晚了，和我同龄的人可能发展快的已经是副教授、硕导、副院长这样的职位了。我需要在短时间内赶上来，就是怎么追上别人，不是超越别人。所以，在时间上肯定是比较用功的。我属于那种注意力特集中的。就是办公室有20多个人，我在那里工作，他们叽叽喳喳，我的脑子就在我的电脑里，谁和我说话，我也听不见，他们吵什么，我也听不见，我只专注于我的工作。

面对自己在科研课题申报方面的盲区，阿星选择有目的社交的方式来解决这一职业成长短板。

我有很多同学都进高校了，都是已经拿到过课题的。于是，我就经常请他们吃饭，然后一边吃饭一边聊课题是怎么弄的。因为跟同学没有竞争关系，她会毫无保留地教给你，就是这样，全是间接经验来的。我是个喜欢请教别人的人，也喜欢跟别人分享交流，所以，我经常出来开会，出来开会就有收获，你跟别人说人家就会教你，哪怕一句话对我有收获，这已经值了。

为了追赶同龄人，加速职业成长，牺牲休息时间、超负荷工作也成为阿星日常生活和工作的常态。

刚工作那会儿，我天天在办公室加班，我从来没有在晚上 12 点之前睡过觉。一般情况下是在凌晨 1 点前后，那三年就是这么过来的，现在也是，一直保持到现在……后来我累出了脊椎炎，我去医院看病，医生直接让我辞职，而我这人性格特倔强，让我辞职？刚上岗就辞职，绝对不行！于是从此不去医院！

阿海是博士毕业后入职的。入职后的阿海给自己留了一年的休息时间，以缓解下读博期间的辛苦，调整下状态。

我第一年也没有怎么想到发文章，跟其他新老师一样，都是上新课，上新课也没有什么概念，但因为之前也教过课，倒也没什么可担心的。到第二个年头时，我看了下大学的职称评审规定，发现评副教授的要求也没有想象的那么高，觉得自己需要把博士期间的存货赶紧发出来。所以，接下来的两年，我有一年发出来五篇论文，学校评副高的要求就是五篇。但当时还缺一个科研课题，所以到工作后第四年拿到课题后就评上副高了。

评上副教授后，阿海才逐渐发现自己的挑战反而越来越多了，突出表现在杂事骤然增多。

开句玩笑话，我觉得我在我们学校是活得最累的，被莫名其妙地选上做系副主任。其实就是干各种杂事的，开很多会，然后安排很多工作。因为我读博时当班长就一直是给大家服务的思想，结果一天到晚就是忙那些琐事。还有学术委员会，因为要有年轻人在嘛，总是需要开会，但我在里面又说不了话，我每次一提建议他们就说，“唉，你这个议题不合适”。所以，我变得好忙啊。

那时候我就想我要么就不发文章，要发就发顶级，主要是因为你在有限的时间之内，你只能发点顶刊才对得起自己挤出来的时间。

此外，阿海对自己的科研方法储备有些许不满意，他觉得读书的时候没有任何老师教他任何研究方法，所以自称“缺学术的钙”。

说到研究方法，我经常觉得自己特别惨，就是说你该学的方法都没学到，就特别苦，特别郁闷，所以我所有的研究方法，客观地讲是我工作以后开始学的。这也是为什么我来参加这次培训的原因，就是说我觉得我缺钙，缺什么我就补什么呗。我缺定量我就补定量的，缺质性的我就补质性的，关键我一直都在学。

相比于阿星和阿海，阿达的职场初体验是积极且快乐的。她觉得自己运气特别好，总能踩到关键的职业发展节点上。

我进的是比较新的学院，当时还没有本科毕业生，第一届学生当时刚读大三。我入职的时候，又碰上了学院领导层换届，院领导也都是从其他学院过来的且刚拿到博士学位。对学院来说，我们都是新人且都是新鲜出炉的博士，有天然的共通性。的确，新的院领导非常强调职业规划、重视青年教师的职业成长。新院长当时的一条管理理念是：不折腾。也就是，不必要的会不开，不必要的见面不见，希望把更多的时间留给老师们自由支配。他鼓励青年老师要把眼光放长远，做科研、评职称、提升学历。对其他老师来讲，这是重大的管理改革，对我来说，这就是最熟悉的读博时的体验。所以，我觉得我当时的运气真的很好。而且，学院的创始团队好几个主要成员刚好离职或退休了，所以，当时

> 比较缺专业课老师。系主任让我选自己擅长的专业课，我就挑了自己最熟悉的一门专业必修课。而且我们是小班上课，所以一门课讲多个班就可以完成教学工作量了，也就是，只需要安排一整天的课就可以完成教学工作量要求了。所以，我当时的教学工作量是一门课上一天，偶尔有半天开会，也就是一周我至少有5天半的时间自由支配。

面对教学，第一次真正登上讲台的阿达多少有些忐忑不安，这种不安主要表现在对具体教学组织形式的不熟悉，在教学内容上因为是自己比较熟悉的专业必修课，倒是充满了自信。

> 刚开始，我对具体上课的形式还没太大把握，就去听其他老师的课，她们都非常热情地答应。听了几位老师的几次课后我就大概知道要怎么组织课堂了。当然，毕竟还是没有教学经验，所以，备课还是会备得很细，PPT上密密麻麻写好要讲什么话，哪里停顿等。此外，我每次上完课都会继续待在办公室里3个多小时给学生答疑，一般会在办公室待到晚上9:40，坐最后一班校车回家。没有功劳也有苦劳嘛，学期末学生评分也还可以。当然，第二年我就把教材换了，是我自己主动换的，我觉得最开始用的教材上起来太枯燥，自己都觉得无聊。虽然要重新备课，但至少上课的心情好一些。至于教学组织方式，一个学期后已经基本摸清楚了。

之后的教学生涯，阿达的确更为游刃有余，还获得了大学的“青年教学十佳”称号。在科研上，阿达表示没有遇到什么困难，因为毕业于985高校，读书时已经熟悉了研究型大学教师的工作状态。

我读书时我们学院的老师压根就没有假期和周末的说法，老师们都早出晚归地泡在办公室。我博导老师早就功成名就了，但是他还是基本上每天过着两点一线的生活。出差外的时间，除了年三十，基本上都在办公室。大年初一拜年打办公室电话准没错。所以，当我入职后，我觉得自己简直进了“世外桃源”，大家仍处于热火朝天搞教学而不谈科研的阶段。学校科研管理政策是鼓励但不惩罚，只要有科研成果就奖励，不做科研没有惩罚。此外，博士期间投稿的好几篇论文，受到出版周期的影响，在工作期间竟然都发表出来了。这样，科研成果也有了现成的，当时一下子居然还成了学院的科研小达人。这一开头就给戴了这么个帽子，以后也不好“躺平”了。于是就研究了下学校的职称评审规定，发现我当年就够了评副高的条件。于是，第二年，我就申报了副教授并且顺利通过了。

二、职业发展定位、目标及能动性表现

对于高校教师的职业成长，阿星有着非常清晰的定位和目标，她对于教学、科研以及教学和科研的关系都有着自己独到的见解。

作为一个老师，首先肯定得得到学生认可。如果你在课堂里站不住讲台肯定很难过，一天心情都不好，学生低头看手机咱都心里不舒服。第二呢，科研你必须不能弱，弱了我是看不上的。我出来开会交的朋友，基本科研都非常好，你喜欢什么样的人，你的群体就是那样的人。

在一次学校科研骨干交流会上，阿星向学校的校长、书记陈述了自己对于高校教学和科研关系的认识，并直言不讳地指出了作为教学

型高校在关于教学和科研管理及认识上的误区。

> 关于教学和科研的关系，我们这样的学校是分不清教学和科研的关系的，因为我们一直侧重于教学。而且，我们在侧重教学的时候还有一种误区，就是把教学仅仅限制在课堂上。其实，教学不仅仅是课堂教学，课堂仅仅是教学一部分的呈现，你还要在你的课堂之外形成你的研究成果，也就是教学成果。我们说的教改和教研课题，这才叫教学成果。人家怎么评价一个学校的教学好，他不能去听你每一个老师的课堂，他只能看看你的教学成果好不好。此外，教学和科研本来就不是矛盾的。一个学校的科研带动了学校的学科发展，学科的发展又带动了专业的发展，科研是很重要的。没有科研，学校也就没有创新能力，学生就没有创新能力。教学是全部学校人才培养的立命之本，所以我不否认教学很重要，而科研是我们拔高的，是带动学校和学科发展的动力。所以教学和科研是一驾马车的两个轮子，谁也离不开谁，要融合发展。一个课堂教学好的老师若不能形成他自己的教学成果，就不能说他是一个教学好的老师，他为什么不能把他这么好的教学模式提炼出来，让大家来学习呢？他最多算个教书匠，就是像个匠人一样不停地讲，讲熟了，甚至可以说他只看眼前，他不去考虑别人，他也不想去发文章，就是逃避自己进入不舒服的那种状态。

阿星关于教学和科研的观点深得学校主要领导的赏识和认可。而对她自己而言，也在职业成长过程中不断践行着此观点。她非常注重将教学和科研融合发展，在工作后短短的几年间，已经获得了多项教学和教改类成果，每年的评教成绩也稳居学院前二。而且在工作的第三个年头考取了博士研究生。

> 我觉得教学名师不能仅仅是课堂教学好，还要思考什么是好的教学。比如我教的“×× 谈判”，教完后我发了一篇论文，论文级别是比较低，我们学校的那个校报，但是我发出来了，我把我当时在课上用的那些新方法写出来发表了，这是对这个课程做的总结，我没白教。而且，你这个发表出来可以使更多的人从里面获益，而不是仅仅沉浸在我自己的课堂里。

阿海的职业成长目标非常明确，即尽快评正高并在学术圈里做出自己的成就。从阿海的职业成长情况看，评副教授的成果主要是博士期间成果的延续和展现，之后的发展更多地表现为其主动努力和争取。评上副教授后的第二年，阿海获得了前往美国访学的机会，美国访学期间，他给自己定下的目标是一个月完成一篇论文。所以，在访学的八个月时间里，除了听课，阿海几乎所有的时间都是泡在图书馆，阅读、写作和构思。八个月的访学结束后，阿海共发表了七篇论文，且此后的学术发表越发高效，平均每年出版一本专著或教材。而且，访学的经历让其在成果发表上面开始着眼于发表国际期刊。在国际期刊发表初期，阿海几经拒稿挫折，但屡败屡战并在自我成长几年后，通过主动寻求外部力量帮助和引导，实现了国际发表的突破，开启了职业成长的新篇章。

> 我并不怕英文，甚至对英文还有些自信，因为之前曾经准备过托福。但是真正到了写英文论文，还是很痛苦的，经常睡不着觉。最开始我的目标只是发很低端的英文论文，但努力几年都没有成效。后来我就想着去请教我们专业的大牛才行。我找到大牛

的邮箱，跟他约时间去拜访。然后他就告诉我什么能做，什么不能做，告诉了我投稿的技巧，并给了我很多鼓励。我后面将要发出的三篇国际顶刊中有两篇都受益于他当时的那个指导。后来还出了几篇文章，包括我后面可能还出的都跟他有很大关系。所以，在职业成长上，我的经验是你自己在摸索科研这条路上，可能会走很多弯路，但走弯路的时候，你不要老撞南墙，对吧？有时候需要有人给你打开门，或者有人在黑暗里面给你打个手电筒，告诉你这条路应该这样走。在十字路口的时候，你不能老是在黑暗里面撞，摔跤的周期太长，没有这个必要。所以，需要请教大牛给你指路。很多时候，实际上你自己一直在练空拳，当你练功练很久的时候，只要有一个人给你指点，你一下子眼睛就明亮了，可以加快进程。

此后，阿海的教学、科研工作进入了稳定发展期。在后期的工作时间和精力分配上，基本上教学和科研精力的投入是 3 ： 7，即用 30% 左右的工作时间做教学，70% 左右的时间做科研。

受到学习生涯中教师们职业成长经验和工作状态的影响，阿达入职前就已经对大学教师职业成长目标有了一定的认识，即尽快评上教授。在此目标下，阿达主要采用的能动策略是“课题驱动职业成长”“教学、科研互相促进”。

进高校工作肯定要关注职称。一入职我就认真研究了下学校发的教师管理手册，大概清楚了自己离副教授和教授有多大距离，规划了一下，感觉当时学校的职称评审条件不高，只要不是太过于懈怠，完全可以在 35 岁之前评上教授，也就是给自己留出七年左右的时间完成从副教授到教授职称的变化。这个目标不算很难的，平均下来一年1—2篇论文足矣。为了让目标不至于太虚，我通过申报课题的方式来给自己设立标准和时间。因为课题是有完成时间和成果要求的，有了课题不就相当于找了个官方组织来督促完成任务嘛，而且还有经费支持。做什么研究、出什么成果、什么时候必须完成，都已经限定好了。总结一下就是，课题驱动职业成长。

读书的时候，导师教育我们，在有限的时间内应该让工作更有效率，做一件事情要产生多个成效。比如说教学，它可以跟科研有效结合起来，一种结合是教学中发现研究问题，另一种结合是教学的内容本身就是科研的一部分。我是两种都进行了尝试。比如说我的一个研究课题的选题就是从教学实践中直接凝练出来的。此外，做科研需要科学的研究方法，为了让研究方法更规范、精进，我就干脆开设了一门研究方法类课程。教别人是最好的学习方式，通过教研究方法课，我对于我们学科的研究方法的掌握越来越熟练，这对于研究的开展无疑是如虎添翼。同时，我的科研实践又会转化成教学的内容。教学和科研的这种结合，既减少了精力的耗费，还使得教学成效和科研成果都朝着良性方向发展。

第四节　组织给养及能动行为

关注“行动者与环境之间的互动关系”[①]的给养理论，强调能动者和环境之间的关系不是孤立的，而是相互作用、相互影响的。对大学

---

① Gibson, J. J., *The Ecological Approach to Visual Perception*, New York, Taylor & Francis Group, 1986.

青年教师而言，其职业成长也是教师个体与所处环境之间相互作用、相互影响的产物，其间离不开教师个体能动性的发挥，同样也与所处环境互构。通过访谈发现，在与大学青年教师职业成长相关的诸多影响因素中，来自学校管理层面、学院管理层面以及同事关系层面的给养情况对教师的职业成长影响明显。

一、学校管理层面给养及能动性表现

教师个体处于学校组织之中，学校通过制度供给、管理约束来完成对于个体行为的规范，同时也通过组织文化来影响着个体的行为模式。在阿星的职业成长过程中，深刻体会到了个体能力与学校环境不匹配带来的种种冲突和矛盾。此外，还有来自学校管理不同层级在管理目标和风格上的冲突：一方面是来自学校校领导层面的支持和认可；另一方面是来自学校管理中层领导和职能部门管理带来的阻碍和困扰。

> 我刚进我们学校时，学校层次太低了，没有学术，没人懂学术，学校压根没有对科研的奖励文件。所以我们学校每一个项目都是我先去蹚路，都是零突破。而且学校不仅不给资助，我还得和科研处处长搞好关系。因为我年轻，而且刚来学校，我怕他不推我，报项目要先出校门才行。我得向他证明，我一定能给你零突破。那时候我签了张军令状：如果课题拿不下来，下次再申报学校就不推了。所以，我每一次报项目不光没有奖励，我都是带着压力的。他不光不给你奖励，他还要你必须出成绩，如果你不出成绩，那下次就不推你了。这毕竟会牵扯到他的政绩。

此后，运用同样的自荐手段，阿星拿到了所在专业几乎所有层次的科研课题，多次实现学校课题申报的零突破。屡次的成功让学校主管科研的领导对她刮目相看，在之后的课题申报以及科研发展方面给予了她极大的重视和认可。当然，阿星的成功也让学校校领导注意到了她。

有次开会碰到书记，他说一直关注我，而且他能把我所有的科研成果报出来。他不是搞专业的，但是他把我的成果全看了。这说明他很重视我。

这种来自校领导的重视让她体会到了“被认可”。“被认可”是在访谈中阿星不断谈及的一个词，她认为她工作并不在乎钱，如果在乎钱她不会从企业到高校工作，也不会在完全没有科研奖励的情况下主动做科研，她更在乎“被认可”。正是这种源自学校主要管理者的“认可”感受使得阿星在博士毕业后也没有选择离开这所学校。

在获得“被认可”的感受的同时，阿星同样感受到职能部门科层管理在教师职业成长方面不可避免的弊端。其冲突主要是由科层管理与学术管理的本质差异以及组织存在的合法性导致的，科层管理强调劳动分工、权力体系、规章制度、非人格化以及职业导向，科层管理文化下的组织合法性同样需要通过其工作业绩来体现，这在高校管理中就表现出行政权力与学术权力的冲突。

比如说教案就要有一个模板，你必须按照他的模板搞出来，然后还有大纲的模板、教学进度表、课程介绍等。如果我们应付上级检查，刚好你有一个模板，就不要动了，统一就好。但是它年年在调，不断地在调，它一调，去年我做的就白做了，今年又得重做，就是你每个学期都在做材料。期中考试材料好不容易检查完了，这面临着马上要考试了，考试你得先出试卷，试卷不能和去年的试卷重复10%。如果你重复10%又是教学事故，所以说整套试卷你要挖空心思出题都出不了了，因为重点就是这么多。我们就都没法出这个题，整个教学卡得特别死，一点儿都不灵活。当然，行政管理部门不做这个怎么体现他的工作呢？如果三年一点儿改革没有，就说明他没有政绩，他没有政绩，他怎么晋升？当然，改革也有很多种方式，但这种对他来讲可能是比较容易的。

对阿海来说，学校管理层面对于其职业成长的影响并不大。学校给予学院的管理自主权很大，无论是职称评审、评优、评先的权力都下放到了学院层面。但学校并没有给阿海这样的国内毕业博士生编制，他们在住房政策上也处于劣势。也可以说，在学校层面并没有针对普通青年教师群体的特殊政策。生存和生活的压力在一定程度上也成为加快青年教师职业成长的催化剂。

我们所在的城市住房非常紧张，学校当时给前面进的人分了几十套福利房，我们后面来的老师不管怎么努力都没有机会了，因为前面的人还在住着，它不是按照老师的优秀程度动态调整的。另外，还有编制问题，学校的编制很少，前面的不退出后面的无法补充。我去美国那八个月，我拼命发文章还有一个原因就是怕扣钱。

在这种学校管理大环境下，阿海的职业成长目标之一是尽快评上教授，跳槽到一个更好的发展平台，实现职业成长的组织间流动。

与阿星和阿海不同，阿达认为其所在的大学为教师职业成长提供了足够的组织支持。大学成立了教师发展中心，为教师发展提供菜单式的培训清单供教师选择，培训清单中既有提升科研能力的也有提升教学能力的选择。学校层面的服务型行政管理为阿达的职业成长提供了重要的组织支持。

> 我对我们学校的行政管理还是非常满意的。学校整体行政管理干部偏年轻化，服务意识很强。早些年，因为学校的学科发展特色，职称评审的要求在同等学校中是非常低的，尤其是在我评职称的时候，我个人觉得要求很低，博士毕业的延续成果评副教授绰绰有余。即便现在标准也水涨船高了，实事求是地讲，评审标准在同类院校中还算是合理的。而且学校给提供了非常多的机会，我们学校成立了教师发展中心。这个中心真的是从教师发展的角度来开设各种培训和打造精品课程，比如为了提升教师的英文学术写作能力，每年都会邀请英国剑桥那边的专家过来做几天的培训，教学能力培训也是如此，这些培训都是含金量很高的那种，不是形式主义。另外，我们现在的科研项目申报真的是学校在保驾护航，科研处至少组织三轮项目指导会，一轮一轮地请专家把关，最近几年还增加了专家一对一服务。

二、学院管理层面给养及能动性表现

学院是教师职业成长的最基层管理组织，其给养情况对教师职业成长影响最为直接。谈及学院层面管理对其职业成长的影响，阿星情绪有些激动，上不完的新课、难课，开不完的会议，填不完的表格，还有怎么做都不满意的领导，疲惫感和“不被认可”的感受让她时常处于“留还是走”的纠结之中，几度想离职。

作为大学青年教师，入职之后第一个挑战主要有教学经验不足却要承担大量教学工作量；工作时间紧张却还要参加各种无意义的会议。阿星感慨，“我的精力被消耗得太多了”。

我们那边杂事太多了，你想我去的时候毕竟是新老师，我到目前为止上了十几门课，我把所有我们那个专业的课全上了一遍。我有一个学期你知道崩溃到什么程度，三门课全是新课，并且一共九大节课，这三门我要写教案，我要做材料，我们那个时候还要在网上把一门课程建立成精品课，要补充很多材料。教学的任务很重，快要崩溃了。

此外，阿星所在的学院在其职业成长过程中不仅无法提供支持而且还会生出很多阻碍，让她觉得在工作的前几年非常不顺畅，不被认可的情绪强烈，她将自己的职业成长戏称为“拐着弯的成长”。

我觉得学校的中层干部是我们学校的人才引进和发展的最大阻力。一是很难引进人才，二是他们也害怕引进的是真人才，因为这样他们的处长、院长位子也坐不住了。所以有些人就故意给别人发展制造一些校内的阻力。前几年，单位做材料需要填报学科带头人。我的各方面条件都适合，也只有我适合，他们却把我放在最后一位，而且把我的成果放在学科带头人名下。我指出他们的错误，他们各种狡辩，生生地想把真的材料做成假的材料，反正就是不让我出头。很长一段时间，只要是需要学院来推的项目，我都出不了学院。为什么呢？因为我之前冒头太多。他们连续申请多年研究所都没成功，我申报一次就成功了，院长直接在大会上骂我，说我无论成果多好，科研多好，做人不对；学院都拿不下来的事情，你凭什么拿下来？你拿下来，我这做院长的脸往哪里搁？

在饱受学院管理层面阻碍的情况下，阿星一方面自我宽慰，一方面另辟蹊径，想办法越过学院层面求职业发展。

> 我个人认为我就是一只打不死的小强。我经常开导自己的是：当上天给你关了窗又关了门的时候，我自认为他一定是要给我开空调，让我凉快凉快。我拐个弯，我还能达到自己的目的。院内也只是院内的阻力，外面你阻不住。我不是所有的东西都在院内实现的。比如我申请下来的研究所，它是校级研究所，是跨学科的，我们一共15个人，来自八个学院。我们学院掌控不了，他没法掌控，并且是所长说了算，我们院长根本参与不进来。

阿海在学院里的成长也不是很顺畅。他说他就是单位的“一尾鲶鱼”。因为他所在的单位是一所老牌211学校，无论是学校层面还是学院层面，在论文发表方面主要以国内期刊为主。所以，在国际期刊发表论文的先例并不太多，相关的奖励制度也不完善。因他频频在国外期刊上发论文，学院不得不因此制定相应的科研奖励条例。但是制定奖励政策的过程和结果都没有让阿海满意，反而让他觉得自己“不被认可”。

> 我觉得现在的环境真的不适合年轻人发展。就是我们的一些老人很喜欢打压年轻人。比如就说科研奖励吧，我们学校别的学院一篇顶级期刊奖励是20万，从高水平大学建设开始之后的2015年开始，就已经制定了政策一篇顶刊奖20万，已经执行了很多年。我们单位从2016年我发第一篇顶级期刊开始，我就开始提建议说应该给科研奖励。学院拖了整整两年，之后才制定政策，一篇奖励5万。另外，只要是报项目需要通过学院，一定没有我的名字。我在我们学院里面学术应该是最强的，但学术委员会里

面我排最后一位，只要是学院推荐项目，我一报，他们一评审，没有人会选我，因为我已经超过他们太多了。

三、与同事关系及能动性表现

作为单位的新人，阿星最开始的办公场所是一个20人左右的办公室。同事之间的非正式交流一般是新人融入环境的重要途径，但阿星并未选择这种常用方式，她选择的是主动疏离。在同事眼中，她属于不食人间烟火、不懂人情世故的特殊存在。

我是没有空闲时间的，谁叫我我都没有时间，谁约我我都没有时间，谁的事我都不讨论，我没有时间讨论。我没有精力关心别人家的这个家长里短，和同事们之间我从来不聊天。实话讲，我觉得他们很多人像“蚂蚱”，只有三季，你跟他没法谈四季，没法谈未来。人家都说我这人太高傲了，就是老是自己独来独往，不扎堆跟他们聊。此外，我还经常忽略掉一些事情。我是学校杂志的编辑，他们发文章有时候会来找我，让帮忙改一改，我经常就忘了，也没给人指导，也没通过，就得罪不少人。

阿海的优秀一方面不断促进其职业成长，但同时也给他带来了诸多挑战，尤其是他在高知名度国际期刊上频繁发表论文和高频率出版专著的表现，给领导和同事带来了压力，他自己深深地体会到了“木秀于林，风必摧之”的感受。

你知道他们给我取啥外号吗？说我就是金鱼缸里面的一尾鲶鱼。以前他们都是养尊处优的，就是在金鱼缸里慢慢吐着泡泡，慢慢游，游得很慢的。结果进来一条鲶鱼，文章噼里啪啦狂发，然后书也一直哗啦哗啦地出，这个节奏一下子整乱了别人的节奏，他们说我好像从工作来之后就没有歇着。的确，除了第一年休息了一下，之后确实没有歇过。为什么不停歇呢，一个原因就是，如果在这里待得不舒服了，我可以有资本去其他地方。良禽择木而栖嘛，如果要换单位，也要在学术最高峰的时候换，要不就贬值了。

阿达在学院的日子明显好过阿星和阿海。她觉得无论是领导还是同事都是非常友好的，而且基本上有求必应。

我觉得我们领导很亲民，跟大学的服务型管理风格类似，学院领导也是服务型领导。没有谁觉得自己高高在上，领导跟普通老师也都是打成一片。如果学院里谁有好的科研成果发表，领导估计要在各种会上说上一年。同事好像也不怎么攀比，各自在各自的领域里面精彩。有的在教学上参加全国性的比赛拿大奖，有的在科研上硕果累累，有的在外面兼职被充分尊重和认可。当然，也有一种可能就是，我们学院是交叉学科形成的学院，同事之间的学术方向差异很大，尤其是我所在的学科跟大部分老师的学科是完全不同的。学科不同，彼此之间也没有什么可比性，所以，大家其乐融融。

小　结

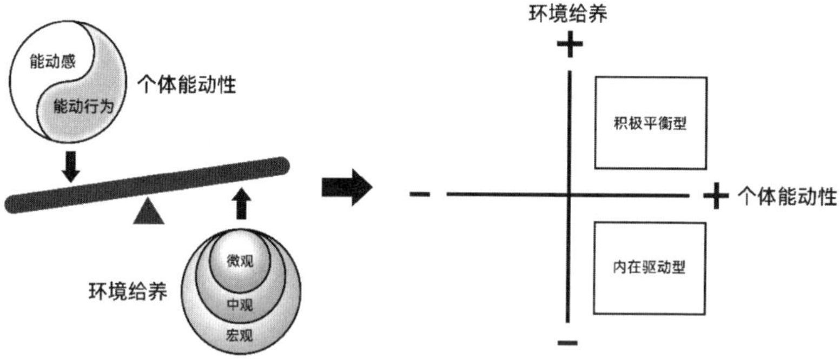

图 2.1　个体能动性与环境给养的关系模型图

结合个体能动性与环境给养的关系模型（图 2.1），从阿星、阿海和阿达的职业成长案例看，在职业成长结果上三位大学青年教师都获得了一般意义上的职业成功，且在个体特质上均具有良好的个体能动性品质，拥有较强的成就动机和效能感。然而，具体到其职业成长过程却大相径庭。阿星学术职业成长的起点最低，组织给予的支持相对匮乏，职业成长给养环境最具挑战性，其职业成长更多地依靠个体内在能动性驱动，并且通过个体的能动性行为和职业成长结果改善组织给养环境，我们可以称之为是“内在驱动型”职业成长之路。阿海虽在学术职业起点上较阿星更高，但所处的环境给养同样匮乏，其职业成长之路也是依靠其个体能动性来推动的，因此阿海也同样属于“内在驱动型”。与阿星和阿海不同，阿达具有较高的学术职业成长起点，且其职业成长中获得了足够的环境支持，属于个体能动性和环境给养俱佳的状态，我们可以称之为“积极平衡型”。

“内在驱动型”大学青年教师所处的是一种“个人—环境不匹配”

状态，而“积极平衡型”教师所处的是一种“个人—环境匹配”状态。个人—环境的匹配状态会直接影响大学青年教师的职业成长。一般来讲，良好的组织给养环境对于青年教师职业成长来说具有积极作用，不良的组织给养环境会阻碍青年教师的职业成长。在职业成长过程中，非科研投入对大学青年教师的职业成长具有明显的损耗，这一点在教师职业成长早期表现得尤为突出。此外，处于微观层面的学院给养环境对青年教师的职业成长影响最大也最直接。“职业成长与否及成长速度快慢是导致知识型员工滋生离职意愿的重要因素，知识型员工在组织中如果没有较好的职业成长机会，往往会萌发离职意愿并选择离职。”[①] 案例对象的经历进一步验证了职业成长与离职意愿的关系。

① 袁庆宏、丁刚、李珲：《知识型员工职业成长与离职意愿——组织认同和专业认同的调节作用》，《科学学与科学技术管理》2014 年第 1 期。

第三章　妥协与抗争的“转型者”

顺利的职业成长之路是相似的，曲折的职业成长之路各有各的不易。从教师职业成长的整体路径来看，阿中、阿学、阿贯和阿兴都经历了一番曲折，在妥协与抗争中努力地转型，转型前后的职业成长之路都发生了很大的变化。阿学、阿贯和阿中在职业生涯初期都是一腔热血投身教学，在经历了职业成长挫折后开始科研之路，目前阿贯已经如愿评上了教授；阿学仍继续身处教学和科研的撕扯之中；阿中则决然辞去教职全身心地攻读博士学位；阿兴则是在职业初期就已在科研上崭露锋芒，成果丰硕，评上教授后经历了一番内心挣扎，毅然决然地“放弃科研、回归教学”，寻找教师职业的价值感。

第一节　被访者基本情况

虽然将四位被访者都归为“转型者”，但他们无论是职业起点还是职业转折原因抑或是职业发展目标都迥然不同。阿中是海外硕士毕业后进入到一所地方普通本科高校工作的，在选择高校工作之前曾经在某知名报社实习过，也在教学培训机构做过教师。进入高校工作的前四年全身心投入教学，每学期平均 4—5 门课程，每周 20—22 节课的教学工作量，策划过多项学生活动，带学生参加各种比赛。在其工作的第四年，学校颁布新的职称评审方案，陡然发现自己全身心投入教学工作的四年，居然连讲师职称都遥不可及，跟自己最初的“成为一名好教师和一名好学者”的梦想更是相去甚远，而且身体状况也遭遇了重创。幡然醒悟后，阿中调整自己的工作投入状态，逐步减少教学投入、增加科研投入，继续工作两年后，毅然辞去工作，脱产攻读博士研究生。阿中的职业成长历程可以归纳为：从意气风发到崩溃失落，到角色转变，最后选择离开。

阿学曾经担任过中学教师，在高中工作三年后前往海外留学，以优秀硕士毕业生身份获得硕士学位并进入高校工作。她工作的学校是一所省属重点高校，且优势学科是阿学所在的学科。阿学进入高校后亦全身心地投入教学工作之中，参与过教材编写，参加过各级各类教学比赛以及各种教学改革实践，获得过多项教学类奖项和教学研究项目。但在一次校级优秀人才培养计划中期检查评审答辩中，其科研能力饱受批判，“我就觉得我一出门口眼泪就哗哗地流。太难受了那种感觉，那个时候我就决定一定要开始完成科研任务”。后来，学校启动了人事管理制度改革，采用聘用制，阿学在申请岗位晋级的过程中，再次受挫，倍感委屈。一方面是自己全力以赴地投入教学及相关事务，一方面是职业成长屡屡受挫，这让阿学反思自己近十年的职业成长之路。

> 我从入职后感觉一分钟都没有歇过，但是也没什么成果，怪我自己没有把力气用在刀刃上。还有就是，之前完全没有发展目标，评职称什么的压根没有想过。

痛定思痛之后，阿学对自己的职业成长进行了新的规划。目前，阿学已经拿到了博士学位，晋升为一名副教授，成为一名硕士生导师。

阿贯也曾在中学担任过教师，国内读研后进入高校工作并在职攻读博士学位。目前在一所“双一流”211 高校工作，其所在学科非学校的优势学科。在教学工作上，从中学教师到大学教师的角色转换曾让她倍感忐忑，全身心的教学投入给了她很强的精神愉悦感和价值感。

> 懵懵懂懂走过的这两年，是我心灵最放松的时候，因为我由衷地体会到教学的乐趣以及学生的点滴进步带给我的莫大喜悦，不过在年终发放课时补贴和奖金时，我发现同样的课时，讲师和副教授的待遇有着天壤之别，而我因没有完成科研任务，也被扣去相当一部分津贴。残酷的现实告诉我不得不为职称而奋斗了。

开展科研工作之初，无论是发表学术论文还是申报课题，阿贯都遭遇了很多的困难和曲折。在科研工作稍有起色之时，学院提供了在职博士班学习的机会，阿贯抓住了学习机会并最终获得了博士学位。经过十二年的“教研煎熬”，发表了系列论文、出版学术专著并获批多项省部级课题后，阿贯终于“修成正果”，如愿以偿地获得了教授职称和硕士指导资格。

阿兴硕士毕业后进入一所地方普通本科院校工作，工作期间在职攻读博士学位且完成了两期博士后工作，不到 40 岁就获得了教授职称和硕导资格。虽然，从职业成长的外显指标上来看，阿兴已经非常成功。然而，他却自认为是“滚滚红尘中微弱科研人”，他将自己的科研发展分为三个阶段：入局、苦战和败退。入局，是在职攻读博士期间，非常高产，每年能发表数篇核心期刊论文，读博的第二个年头就完成了副高职称的评定，当时对科研充满了期待，蓄势待发；苦战，博士毕业后，需要调整原来的研究方向，但整体成果稀疏，为此做了两期博士后，阶段目标是在国内和国际期刊上发表高水平学术论文，最终在六年时间内完成了教授职称的评定；败退，哀叹论文发表数量少、引用率低，反思自己的职业成长之路，感觉做科研再拼下去都很难有像样的成果，也不能对社会有价值，觉得“科研不好玩，教学可能更有趣”“教学能够满足自己的职业梦想感、职业幸福感和执着的逞能感”。于是，阿兴决定“放弃科研、投身教学”，虽在教学上也遇到了很多困难，但依旧“累并快乐着”。

第二节　个人能动性表征和职前准备

阿中在进入高校工作前曾担任过一年培训机构的教师，具有一定的教学经验。因此，对于教学工作来讲，其教学效能感较强。较强的教学效能感使得阿中进入高校工作后在教学上呈现出“来者不拒”“全身心投入”的状态。为弥补其非师范科班出身的不足，阿中在教学上投入了全部的时间和精力。

> 教学中每一个环节，我知道的所有东西都要告诉学生，我没有弄明白的，我又去弄，然后又搞了很多东西。讲一节课备课量非常的大，整个课本全部写满东西。其实我讲课也没有特别好，因为我不是师范科班出身嘛，我讲的也只是我能讲到的最好的那个地步。

与较高的教学效能感相比，阿中的科研效能感相对较弱。阿中觉得硕士毕业时自己对科研的认知才刚刚起步且意犹未尽，“感觉当时读研时刚读出点儿感觉，觉得我可以用力的时候，就猛然毕业了，还想继续读下去，当时我还问学校能不能转成学术型的，就是想再多半年的学术论文课程，但未能如愿。拿到毕业证之后，我还去开了个学术会议，回来之后还不断修改自己的毕业论文，虽然也不太清楚要改成什么样子，但反正就是还想继续做”。不完整的科研训练经历让阿中在工作后的科研工作上长期处于被动、无序成长的状态。在遭遇职业成长困境，不得不做出平衡教学和科研工作时，阿中发出了“再也回不去了”的感慨。此外，从整体上来看，阿中对于自己的学术积累的不自信自学生时代就已经存在。她硕士毕业找工作的时候，曾纠结是否去曾经实习过的某知名报社工作，她说：“我很想去报社，可是当时我想，曾经跟我一起实习的那些人都是 ×× 大学的（某知名 985 高校），感觉自己跟他们那个底蕴差距好大。我能跟别人比什么呢？只有我去读更多的书才能跟人家去比。”进入高校工作后，这种学术积累的不自信又进一步影响到其科研效能感上，使得她无论在论文发表还是课题申报上都畏首畏尾，“那些什么科研项目要提交的日期，对我来说它就是一个普通的通知而已，跟我是没有关系的。我从来没想过会跟我有关系的。我不知道科研项目是什么，我就是什么都不知道，我连我的职业生涯是否需要它，我都不知道”。

阿学也同样具有很强的教学效能感。进入高校工作前，阿学有过三年的高中教学经历，曾在当地的知名高中担任学科教师，教学成效显著，工作两年后即被委以重任教高三。“我很注意与学生互动，我觉得并没有教学生更多知识，但课堂互动让学生很喜欢我教的学科。我并不会给学生布置很多作业，但他们学习的主观能动性很强。刚开始教书时给我的是平均分年级倒数第一和第二的班级，经过我两年的教学，这两个班的排名成了正数的第一和第二。”这种重视与学生情感链接的做法，后期也被迁移到了大学课堂。前期教学上的成功经历使得阿学进入大学后也具有很强的教学效能感，“在教学上我觉得大学教学应该不会有很大的挑战”，事实上进入大学后，阿学的确在教学上成绩斐然，无论是平时的学生评教分数还是教学比赛都表现得非常突出。

在科研准备上，硕士期间的学习使阿学“开始很喜欢阅读文献，做一点点研究”。但受其科学研究规范训练上不足的影响，她在工作之初对于科研和职称存在一定的认识盲区或误区。“我当时做研究都没有一点儿目的，完全就是觉得课堂这个活动好有意思，想写下来跟大家分享，所以我投稿时根本不期待它可以很快发表出来。记得我当时投了一篇论文，主要是因为看见一个同事的文章在上面发表了，我觉得研究主题跟教学有关，就投了。后来我完全忘记这件事情。”对于职称，阿学说，“入职以后我没有想过职称的事情，因为当时我是助教，唯一想到的就是能成为讲师。在我心目中教授是那种白发苍苍的”。正是在上述对教学、科研和职称的最初认识和经验基础上，入职后的阿学“一腔热血”地投入到教学工作中。

阿贯的经历跟阿学很相似，她也曾经在中学工作过几年，读完硕士研究生之后才进入高校工作。她认为“读研前自己不过是个中学教师队伍里的教书匠，读研后接触了学科基本的理论和课程教学法，是个人学术生涯的起点，尤其是硕士毕业论文的撰写更是为我积累了一定的研究经验”。进入大学工作之初，她担心的是自己是否能胜任大学教学，“想到要步入大学讲台，心里忐忑不安，虽然有数年中学授课经验，但大学生和中学生在知识水平、学习需求、学习目标等方面都有诸多不同……虽然参加了课前培训，但那纯属走过场，老师端着本书给我们划重点，划完后自由活动，考试时就在重点之处奋笔疾书”。后来在观摩了学院安排的指导老师课堂教学后，她重新燃起了教学上的自信心，“原来大学授课这么容易，比中学好‘混’多了，既不要求教学方法，又不需要追赶进度，无论如何，凭自己多年的中学授课经验，肯定不会比指导老师上的差。带着这样盲目的自信，开始了我的大学教学生涯”。

阿兴的职业成长之路与阿中、阿学和阿贯不太一样，他是硕士毕业后进入高校工作的，很快就在职攻读博士学位，接着又做了两期博士后，他在学术上的成长一直都在进行中。对于教师职业，他觉得自己是有“职业梦想”的，“我高中的数学和物理老师对我影响非常大，（我）工作后好长一段时间抱怨学生和管理体制，没有从自己身上找原因。后来看到学生的学习情况并受到中学老师的激励，有位老师激励我说‘教育是激励和唤醒’，醍醐灌顶，犹如一道闪电激励我搞好教育。这使得我拼命想做好教学工作。几乎每周 7 天都投入到教学中，教学有很大起色”。在科研准备上，阿兴在职业生涯早期就接受了博士教育训练，这段求学经历为其科研工作的顺利开展奠定了良好的基础。但同时，他对于科研工作的认知带有理想主义色彩，他觉得“做科研，需要能够出像样的成果，要对社会有价值”。这种理想主义的科研认知为其职业成长过程中“放弃科研，投身教学”立下了注脚。

第三节　职业成长与教学投入情况

一、职场初体验及能动性表现

阿中是抱着“在大学工作可以不中断学习，可以教书之余在学术上有所精进”的“美好想象”进入大学的，结果办理入职手续后收到课程表时大吃一惊，“我一看一周要上 20 节课。我就打电话给一个在高校工作的前辈，说这么多课，我还怎么搞研究啊。然后他就告诉我，没事儿的，你用两三年的时间熟悉一下教学，站稳讲台后就可以开始做研究了”。在教学工作量如此大的情况下，阿中收到了第一份工资，“我收到工资时吓了一跳，居然只有四千块。我给我妈打了个电话，说大学发工资是不是按照半个月的时长发放？实在没有想到会这么低”。但考虑自己可以在高校中不断成长，低工资的烦恼很快就过去了。反思前四年的高校工作体验，阿中的明显体验就是“累”。这种累一方面是工作本身的累，另一方面是精神上的累。就工作本身而言，阿中的累突出表现为教学工作量大和各类杂事多。

> 从工作开始每周就没有少于20节课，即使是怀孕期间每周都要上22节课。年轻老师都差不多18—22节的样子，多的还有26节的，人家都没抱怨，我抱怨个什么？而且我们不仅课时量大，课头还多，每天的全部时间不是在备课就是在上课。刚开始教学，我把精力放在教学的每一个环节，所有东西，我知道的，都要告诉他们，我知道的没有弄明白的，我又去弄，然后又搞很多东西，讲一节课备课量非常的大，然后整个课本全部写满东西。一个课时的课程，我可能要准备3—4个小时，然后每次回来之后再重新备一备。除了教学，我还担任了本科新生的班导师，给新生开各类学科竞赛的讲座，后来学院的学生竞赛活动也全部让我来管了，一个是策划戏剧大赛，一个是组织辩论赛，都是从零开始做的。我还做过一些翻译工作，学校里有翻译任务时喜欢找年轻老师帮忙，我觉得不错啊，不仅有报酬还能接触到学者，所以当时很开心也很投入地参与进去。比如说，当年我去产房之前的两天还在给一个老师校对，说是校对，其实是重新翻译，因为给我的材料太烂了，每天我翻译到凌晨三四点。后来，一个很偶然的机会遇到了那个老师的学生，才知道原来那个老师接了翻译项目回来后就直接当作业发给大二的学生，收上来之后就丢给我来校对。到我这里其实就相当于重译。

职业初期的忙碌几乎占据了阿中所有的时间和精力，也让她的情绪时常处于波动之中，有时是从学生成长中获得的一种情绪满足，有时是面对自己职业成长和不被认可的沮丧。从整个访谈内容看，来自学生成长的精神满足是其职业发展初期的唯一慰藉，“我上课还是挺开心的。虽然我自己有些社恐，但还是挺喜欢跟人聊天的，上课的感觉就跟人家聊天差不多了”。然而，更多的时候，阿中体验到的是一种精神的消耗和情绪上的沮丧。

我有一段时间特别沮丧，因为这样教书下去就看不到头的那种感觉。我当时是真的想跳楼，不是开玩笑的，就是那种绝望的感觉。你每天都特别疲惫，然后你孩子又带不好，科研搞不了，书读不了，然后那都算了，你课还教不好，你一周二十几节课你怎么教好？就整个人就觉得“I am a loser”。

阿中情绪的第一次崩溃源自于学校新的职称评审制度的颁布。

我入校时是助教。虽然我不太清楚讲师的标准是什么，但觉得应该不会很高。我一共写好了 3 篇论文，想着应该差不多可以发表，然后评讲师。结果学校的职称评审突然停了一年，等再启动时，评审标准全部变了，要求至少 5 篇核心期刊才能评讲师。而对于教学，只需要完成过一门课的教学就可以了。当时我整个人就很崩溃。我当时一个学期就有 4—5 门课，一个学年下来整个课时应该有 480—500 个那么多，这些都是用我的整个青春去弄的东西，居然对于晋升毫无用处。那个时候，我是绝望的！我觉得学校不公道，我觉得整个人都完蛋了。我已经没有力气了，被那么多课压着，连基本的休息都很难满足，还说什么发展？有些不好意思地说，当时懵了两三个月，成天想想就会哭。

阿中觉得前期全心全意投入教学和服务性工作让她浪费掉了成为一个好学者的成长时间，“终究是错付了”。反思后她做的第一件事情就是减少教学投入，挤出时间来做科研。当然，能够减少教学工作量的一个客观原因是当时阿中的身体状况告急，所以学院安排教学任务时不得不适当减少她的教学工作量。

之前上课我会准备所有的教学材料，把控所有的教学环节。后来我不再那么仔细做了，我变成在学期初给他们一个完成任务的框架，让他们搞小组学习，布置好小组任务。自从我决定要写论文开始，就一直没有办法像以前那么全心全意地教学生了。变化太大了。没办法，我真的没有办法，我很难同时做好两个事情。我当时就想着先把学生的学习习惯培养了，再给他们组好学习小组，将任务分配。其他的，我觉得我基本可以不管。我也觉得我很对不起学生，我的教学质量的确下降了，但我没有办法。当然，我也保证不能做得太离谱，还能让学生学点儿东西，仅此而已。不过从教学效果上来看，我发现放手给学生后，他们的自主学习能力反而提高了，也算是意想不到的一个好结果。

教学时间投入减少后，阿中由衷地感觉到了放松和满足，“一周十节课的日子实在是太爽了。时间忽然充裕了，上完课后剩下的时间我全部用来读书，就特别满足。其实，我并不是不喜欢教书，教书和做科研各有各的快乐。教书是‘我告诉你一点儿你不知道的事情吧’的那种感觉，而做科研是‘我自己去弄懂这个我不太懂的事情吧’的感觉。只教书如果不影响职业发展和我个人能力提升的话，那也是很快乐的。当然，教书教到一定程度就会有瓶颈，你的快乐就没有那么快乐了，你就觉得我没有进步了，那样就自然不会快乐”。

阿学职业成长早期的经历与阿中对于教学快乐变化的认识一致，当年作为知名中学优秀教师的阿学选择辞职出国读书的原因之一是“感觉看见学生的眼神，会觉得我应该有更多的东西教给他们，我觉得自己现在的知识储备太少了”。这进一步证明了，与其他社会职业相比，教师职业的满足感更多的源自精神层面，职业给教师带来的满足感、效能感、发展感、信任感等对于教师的满意度至关重要。

阿学当年也是抱着美好的愿望入职自己曾经的母校的，“能够进入高校工作我觉得非常好，在国外学习时候真的太苦了，当时想着读完以后再也不要搞了，老老实实好好地教书就行”。正式入职之后的前五年，阿学的工作是忙碌而充实的，“所有时间都投入在工作上，特别是当时我还没有结婚，住在校内，真的是以课堂为家，恨不得住到教室里面去”。早期的从教经历让阿学具有很强的教学效能感也非常注重反思在教学中的作用。她的确没有遇到很大的教学方面的挑战，仅有一个学期因为与学生沟通出现问题导致学生评教分数偏低之外，其他时间都获得了很好的教学成效。

我到了大学工作以后，我就觉得都大学生了，上课居然还迟到，我很看不惯这种样子。有一次上课时，已经上课了差不多10分钟，还有人没来。我跟小组长说，各小组长你们记一下名字，哪些同学没有来，而且我是一种很严肃的态度来说的，估计下课以后他们互相传了什么，你就会发现你和学生的关系顿时变得很紧张，那种紧张就会让他觉得你好像是要压他。那个学期期末学生评价分是87分（满分为95分），个人教学史上最低分。这给我很大的一个反思，我就在想我这么认真地备课，这么认真地跟他们沟通和交流，就因为那一个举动被打低分。而那种举动，后来我想了一想，其实每个人可能他都有他迟到的原因，然后我用这种公开的方式，可能并不是学生能够接受的，所以我当时就想多一点点包容和理解。我的要求依然严格，但转变了方式，比如说如果我发现某个小组的某个同学没来，我不会在班上说，我会到小组讨论的时候问，我说你们小组哪个同学怎么了，是不是不舒服，怎么没见他？我就用这样的口气来问，我不预设他故意不来上课，而是想到他真的可能碰到什么困难了。换种态度来看待他们迟到或者做得不好这种现象，无论情绪还是结果都会完全不同，让我很惊奇的是，期末的评教分数差不多94分，是我教学史上最高分。经过那次深刻反思以后，我觉得教育还是需要多一点宽容和理解。有时候我们担心我们的宽容成为一种纵容，在我这里不会，因为我的态度还是在那里。

教学反思不仅让阿学解决了教学实践中的难题，也为其职业成长提供了契机，多年后其攻读博士研究生时的论文选题就跟她此次教学反思存在紧密的关联。职业成长初期的阿学像一块海绵一样，吸收着来自各方的信息，但谈及自己的职业发展目标则甚是模糊，她表示当年自己忙碌地已无暇思考自己将走向何方。比如一入校就被课程组老师拉入团队编写教材，参编两本教材。问其为什么参编教材，阿学表示并不清楚，“只是觉得别人邀请一起做就去了，感觉这是教学任务之一，作为新人，人家让我做什么我就做什么，全力以赴，至于对个人发展有无意义完全没有考虑”。之后参加教学比赛、微课大赛、教学改革实验等，也都是在“报恩”的心态下被动参加。

这些都不是我想要去参加，都是因为没有人参加，各系部要出一个人，系主任就找到我。我之前生孩子的时候学院里排课还挺照顾我的，学院有困难的时候，我需要报恩，就答应了。其实这些事情都非常非常消耗时间和精力。

阿贯是带着一丝忐忑进入大学工作的，初期最担心的是自己无法胜任大学教学工作，于是工作之初，她将自己的全部精力投入到课堂教学中，她将其职业成长早期总结为“懵懂生长阶段”。懵懂生长阶段的阿贯虽然教学工作压力很大，但却是其职业发展阶段中难得的“心灵放松”阶段，“由衷地体会到教学的乐趣和学生的点滴进步带来的莫大喜悦”[①]。

虽然是新手教师，可我们的课时任务并不亚于老教师，甚至更多，初来乍到，找不到人代的课，水平不好的班级都很自然地分配给我们。而我当时踌躇满志地想：能把差生培养成好生，这才具有挑战性呢。所以并不介意自己带的是基础较差的班，几乎全身心投在备课、作业以及和同学真切的交流中。在某种程度上，大学老师相对独立，但又倍感无助。上得好与坏看似是自己的事，但网络、舆论的监督，同事之间的评议，尤其每天要面对的学生，都让你承受着难以言说的压力。站在每个班五十多人的面前，本能地便有些压抑，常常要深呼吸。我不是超人，奢求不了每个人都以仰视的姿态聆听。我更多的是把它看作了战场，得和他们的手机、瞌睡、发呆作战。

在这个阶段感触最深的是自己对教学充满热爱，不知疲倦；对学生充满怜爱，感觉他们就像我的孩子。而实际上学生给予我

① 熊苏春：《一个大学英语教师职业成长叙事探究》，《教育学术月刊》2020 年第 5 期。

的鼓励和慰藉也常让我感慨和感动：在风起寒涌或节假日之时，学生们都会发来真诚的祝福，还不忘提醒我添衣保暖。

教学带来的心灵放松没能持续太久的时间，在年终发课时补贴和奖金时，职称差异带来的待遇差异，尤其是因为没有完成科研任务而被扣部分津贴让阿贯认识到了现实的残酷，“不得不为职称而奋斗了”。阿贯认真研读了大学职称评审规定，发现对于教师科研成果要求非常高，但对于教学的要求较低，“只要一年完成 320 个课时即可”，这让阿贯的情绪出现了波动，“我了解到评职称的要求之后，压力骤增，我不能全心全意地投入到教学工作中了，得力争完成科研任务，竭尽全力迈上新台阶”。但受其前期学术积累的限制，开展科研工作初期也是苦难重重，给她带来了巨大的挑战。

我尝试着向各类省内外学术刊物投稿都石沉大海，后来经同事推荐某家北大核心期刊，虽被录用，版面费却高得惊人，考虑再三，放弃了。继续锲而不舍地向本省北大核心学术刊物投稿，精诚所至，金石为开，几经易稿，终于达到刊登要求，后来陆续写成了系列专题论文。读研期间，并未参与过课题的申报，一无所知。第一次尝试着申报的是一个教改课题，因为想以教学本身为研究突破口，加深对教学的反思和总结，提炼经验与特色，从而加以推广和分享。在教育系统的朋友为我引见了一位专家，辅导我修改课题申报。在他读过我的申报书后，黑着脸，毫不留情地对我一顿狠批：对研究现状阐述不清，没有自己的评述；研究问题不详，缺乏新意；研究方法滥用，不知所以。于我而言，一生从未受过这样的“侮辱”，当时眼泪就吧嗒吧嗒流。他这才放缓语气，一点一点地告知我问题的症结，该如何论证。自己当时是毕恭毕敬，把他的话当宝典，一一记下，推翻重来，几经易稿，终于成功申报到重点项目。虽然只有三千块的课题经费，于我却是极大的鼓励。我的研究生涯就此展开，发问卷、做调查、进行数据分析、得出相关结论，撰写研究报告，提炼论文发表。在此基础上以后又陆续申报到省教育规划课题、省高校人文课题，顺利地评上了副教授。

阿兴热爱教师职业，对教师职业带有梦想感，研究生毕业求职时投的简历都是高校教师岗位。从职业成长结果来看，阿兴无疑获得了职业成功，40 岁之前就已经获得了教授职称和硕导资格。他用“闷干”“苦干”“巧干”和“乐干”来总结自己的职业成长之路。无疑，自己的职业初期属于“闷干”。职业成长早期的阿兴主要精力放在学术研究上，拿到博士学位后进行了两期博士后研究工作。在学术海洋中拼搏了近八年后，发现自己不过是“滚滚红尘中微弱科研人”，无论如何努力都很难做出对社会有价值的成果，萌生了“放弃科研、投身教学”的念头。

二、职业发展定位、目标及能动性表现

在职业发展定位和发展目标上，阿中属于有目标但并不明确甚至带有理想主义色彩的一种状态，在阿中的职业成长认知中，“一切的节奏应该是一种健康的节奏，就是你付出时间，然后你正常地慢慢成长”，她最初的职业发展目标是成为一名好老师和好学者。经过四年的职业体验后，她发现两者很难同时兼顾，其职业成长认知冲突主要表现在将职业成长看作“单线递进式发展”而非事实上的“多线并进式发展”。

我是有学术理想的，我想用两三年时间站稳讲台，拿到讲师后再继续在学术上精进。我最初的理想是能成为好老师和好学者，原来我没有想过成为好老师和成为好学者是相矛盾的，想着两个东西可以一起发展，就包括他们说先站稳了讲台，然后再去做科研，也只是说这两个事件只是先后关系而不是矛盾对立关系。但后来发现根本不是这么回事儿，你要做一个好老师的话，它就抢占你做学者的精力和时间。因为我们不是简单的每周不到十节课，也不是只有一门课。

权衡利弊后，阿中将读博的计划提前，在保证守住基本教学道德底线的同时，寻找适合自己的读博方向和院校。“本来没那么着急读书的，想着在高校里正常的晋升，然后正常的积累经验后再读书。可是现在晋升的这条路已经是没有了，五篇核心期刊我要能写出来的话，我博士早毕业了。”两次考博尝试后阿中最终被梦想中的学校和专业录取。因为学校的教师管理规定不允许在职人员脱产读博，阿中毅然地辞去了高校工作。

第一次考博时，我对要考的整个学科还是完全不了解的，这个圈子是怎么样，然后哪个学校擅长哪个东西，然后有哪些老师，这些老师各自擅长什么完全不知道，然后连经典著作都没有阅读过，就想着光是读好所考学校的教材就行了，那次自然没有考好。但我知道了考博的基本流程。第二次考博我就准备的非常充分了，对于要报考学校的学科特点、导师研究方向以及别人是怎么备考的我都了解，我还参加了一些相关的学术会议，去了解报考学校的学科在整个学术界的情况。

问及拿到博士学位后是否还会选择重回原来的高校工作，阿中表示“没有一丝留恋”。

阿学的职业发展定位和目标在工作十年左右时经历了很大的转变，转变前关注的是“做好眼前事”，转变后关注的是“着眼发展”。转折点主要有两个：一是某校级人才项目中期评估时被质疑的惨痛经历，让她明确意识到大学老师必须要做科研；二是在新的岗位聘任制改革下申请晋升时受挫，让她醒悟到自己必须尽快攻读博士学位。两次转折发生的时间仅相差一年，所以两次冲突的叠加让阿学彻底明确了自己的职业成长方向：做科研、读博士。谈及第一次受挫，阿学情绪仍然控制不住的伤感。

你没法体会当时的那种沮丧。当时最记得那些专家真的用那种可以说是同情，可以说是无奈，也可以说是批评的那种语气：“你知不知道结项需要两篇以上核心期刊？你知不知道你必须主持一个省级以上项目？你知不知道这个项目已经过去一半时间了……”连续用了很多个“你知不知道”。我当时一出会议室门口眼泪就哗哗地流。太难受了那种感觉，那个时候我就决定一定要开始完成这个科研任务。

第二次受挫则让阿学倍感委屈。

那也是一段很痛苦的经历。学校当年不是要重新聘用续签合同嘛，然后我发现自己的条件可以申请从九级升成八级，虽然还是在讲师里面打转转，但是学院不批。他们说我要申请的这个八级没有名额了。后来我就很认真地看了学校那个文件，文件上面说虽然各级名额有限，但是各学院如果有特殊情况或者是条件允许，可以再向上面要名额。我就把文件跟院领导说，但学院还是不同意，我想人家可能嫌麻烦，我就自己写了一个申请把我这段时间的成绩列出来，我就觉得我是可以申请八级的。写好材料后，我让学院领导帮我传上去递交给学校。学院领导当时说可以帮忙，可是后来又告诉我学院讨论了一下，觉得这次就算了，反正都是讲师没区别，等别人退了以后，就有名额了。后来我发现从九级升到八级的老师和我的区别在于他们都是读博士的。如果你要按照教学成绩来说，他们是没有教学成绩的，如果你从对学院的贡献来说，我至少代表学院参加各种比赛获奖。他们基本上都是要么出去读书了很长时间，一直在读博士不在岗的，要么是从外面刚刚以博士的身份进来的。所以，那个时候我就决定必须要读博士了，当然我也想读了，不能再等了。

当问及如果从头再来一次，会做怎么样的职业规划，阿学说，"应该不会像原来那样，至少在教学上会做出调整，要知道你作为一个老师，教学只是你工作的一个部分，你还有其他任务要完成，我不是说要忽略教学，而是指我需要从一开始就明确我还有教学以外的其他任务要做"。

阿贯是工作两年后就意识到了教学不是大学教师工作的全部，教学和科研应该两不误。

我个人以为教学是本质，科研是服务于教学的。最好的科研应该是从教学中找到问题，加以研究，再反哺于教学。离开教学搞科研，这样的科研没有任何实际意义；一味埋头教学，没有理论知识做指导，也不善于反思和总结，终究不能从根本上改善教学，所以两者应该相辅相成、相互促进。

在此认识下，阿贯除了每天备课、改作业、和学生在网上进行必要的交流，不得不牺牲睡眠时间“写文章、做课题，不亚于当年考研前的状态”。后来等有机会攻读博士学位时，虽然同样经受着来自工作、学业和家庭的各方压力，但阿贯最终还是抓住了机会、克服困难，完成了博士学业，“真正体会到学术带来的不仅仅是苦恼和惆怅，更有成就和创新”。当然，对于教学，阿贯也有自己的看法。

> 好的教学是对学生的一种深情款待，在款待中学生被尊重、被净化，深刻认识到自己的价值时，教育的真正意义才能彰显。想象中理想的教育应是内心的愉悦、思想的飞翔、品性的高贵、个性的自由、生命的丰富。只有这样的教育才能让人获得追求幸福的能力。

受到中学老师的影响，阿兴一直有一个教书育人的梦想。他在学术之路上奔波数年，教授职称尘埃落定之后，面对科研工作价值感的不断削减，其心底的教书育人梦再一次燃起，他决定“放弃科研，投身教学”。但等他全身心地投入教学后，阿兴发现教学也同样充满着各种挑战，曾一度让他想离开教师这个行业。

> 我觉得我对教学其实一直是顽强、热情、工作认真，但水平一般，曾经受到严重的挫折，大部分学生听不懂。我当时想鼓励一下同学们的精神状态，让他们知道为什么要读书，我就跟他们推荐李开复的书《做最好的自己》，没想到得到的却是同学们喝倒彩。当时我真的非常郁闷，班里大概有30%的学生放弃学习，跟老师之间也无法交流，所以那个时候我很痛苦，我就觉得我原来认可的教育怎么变成这样一个样子啊，当时我就想转行辞职甚

至想出家。还好，班里还有几个好学生，他们支持了我的职业梦想。后来，我就分析为什么他们听不懂我讲的课，主要原因是先修课程“C语言”没听懂。这个时候，我就开始逞能了，我跟辅导员老师说我想给学生做个讲座，我来教。我编辑练习题、制定答案要花几个小时，批改作业也要花几个小时，上传作业后我还要给他们讲解。除了C语言，还有数据结构，我也主动给他们补课，每周两个晚上，每次三个小时，教他们编程。做到最后，学生们很感动，觉得他们的水平有了很大的提高，我也很感动，我的教学水平也提高了。

阿兴觉得教学是一份累并快乐的工作，学生的成长以正向反馈的方式满足了他的职业梦想感、职业幸福感和执着逞能感，虽然偶有“想放弃，因为太累了”的念头，但学生的成长和正向反馈仍支撑着他坚持走在教学路上。对于未来的职业发展，阿兴表示将一如既往地投身到教学中，“不断学习教学策略，不断改进教学方法，找到教学创新的着力点”。

第四节　组织给养及能动行为

一、学校管理层面给养及能动性表现

对大学组织而言，合法性非常重要，制度则能够将组织与其所处环境联系起来，“制度的完整性反映着学校适应和应对其环境以保持自身良好运行的能力”[①]。阿中所在的大学是以工科为主的培养应用型人才

① 〔美〕韦恩·K. 霍伊、〔美〕塞西尔·G. 米斯克尔：《教育管理学：理论·研究·实践》，范国睿译，教育科学出版社2007年版，第141页。

的地方普通高校，这类院校常被称为高校的“第三世界”，这类学校以人才培养为中心任务，教学是教师的主要职责，科研氛围普遍不浓。学术锦标赛对这类学校的约束力相对较小，科研有时被视为不务正业的事情。在国家高等教育资源分配方式强学术导向的情况下，这类高校为确保其制度合法性，也会模仿研究型大学出台各种学术激励制度，制定一系列促进教师学术发展的管理政策。尤其是当学校的新任主要管理者走马上任且来自更高层次学校时，出台的学术激励政策和教师发展促进政策往往会比较频繁，力度也较大，毕竟大学的学术成果显示度要远高于学校其他工作。但很多时候，受组织管理惯性和组织管理文化的影响，美好的理念在落地的时候总会遇到一些挑战。阿中在认知初期就体验到了新领导新官上任后的“三把火”。

> 工作的第二年学校来了新书记。他觉得我们学校在教师发展上做得很不够，说我们老师一进校就只知道埋头教书，学校没有提供教师职业规划培训。后来就组织刚评了高级职称的教师做分享会，还成立了教师发展中心。之前看到科研项目通知，我就只是觉得是一个普通通知而已，跟我没有什么关系，通过分享会我就知道了课题的重要性。我们还成立了教师发展中心，但我们都称它是“阻碍教师发展中心”，因为它只给我们增加更多的任务，浪费我们更多的时间，我们并没有从中学到什么东西。申报课题的话，学校方面也只是发通知，没有其他任何的支持措施。

阿中所在的大学为了鼓励教师做科研，出台了明确的物质奖励规定，但真正起到支持教师职业成长的措施仍不到位。“只要发论文就有奖励，发核心期刊论文奖励得更多，如果写项目申请书，无论能不能过，给 5000 元启动经费。我的那些同龄人对此基本没什么实际的反应。他们就觉得经费花起来好麻烦，还要报销什么的，然后也实在没精力写。整个氛围都觉得搞科研的人不务正业。”大学发展中对于大学中各学院和学科的定位和期待存在差异，同样会影响到不同学院教师的职业成长动机和意愿。阿中所在的学院主要承担全校的基础课教学和部分专业课教学，是“第三世界中的第三世界”，阿中的感觉是，“我们这个学科的教师能不能评上职称没关系，学校觉得无所谓。它是一个理工科为主的综合大学，我们学科对学校发展作用不大，你想评职称，就自己想办法”。

阿学所在的大学是一所专业特色明显且在全国同类高校中位列前三的学校，在行业内具有很强的影响力。作为一所办学小而精、学科相对单一的高校，无论其师资还是生源都处于较高的水平，多年来在本科招生录取分数线上都位居所在省份的前四，毕业生的就业率和薪资水平也都居于前列。2003 年，阿学所在的省份启动兴建大学城计划，在短短一年半的时间内实现一期工程顺利完工，2004 年 9 月，第一批十所高校的师生进驻大学城，阿学所在的大学亦在进驻行列。大学城校区的建设为学校办学规模扩大提供了物质基础。与此同时，2003 年北大推出人事制度改革方案后，“建设世界一流大学”的热潮在全国开始掀起，“研究型大学成为众大学办学的标杆，成为研究型大学或模仿研究型大学办学，才会获得更多的资源配置和更高的声望”[①]。阿学所在的学校也在此热潮中进一步明确将学校发展战略目标从原来的“高水平的教学型大学”向“高水平多学科教学研究型大学转型”。为了满足办学规模急剧扩大和学校发展战略目标转型的需要，学校在人才引进方面同步推出了两种不同的方案：一是大规模引进高层次学术人才，包括国内外知名学者和大量的博士毕业生；二是大规模引进

① 卢晓中：《对高等教育分层定位问题的若干思考》，《高等教育研究》2006 年第 2 期。

满足公共课教学需要的优秀硕士毕业生。阿学属于第二类。从学校范围看，与阿学同龄的青年教师分为两类，一类是与阿学同样的硕士毕业生，引进的主要目的是满足学校办学规模扩大的本科教学需求；一类是博士毕业生，满足学校办学水平和学术影响力提升的需要。大规模高层次人才和博士毕业生的引进在不到五年的时间里重塑了学校的学术生态，“2008 年之后发现一切都变了，感觉忽然身边都是博士了，而且很快出现一批不到 30 岁的副教授，学校主页频繁发出高水平科研项目立项再创新高，仿佛一夜之间科研变成了大家的关注点，大家谈论得更多的是谁谁谁又发了什么论文，谁谁谁又拿到了国家项目等”。随着师资队伍博士化比例的攀升，学校科研成果的数量和质量实现了质的跨越，学校快速从原来以教学为主的大学向教学科研型大学转型。学校颁布了一系列促进教师职业成长的激励政策和措施，如“主持国家级科研项目可申请从教学岗转到科研岗一年；学校配套国家级科研项目经费；主持省部级以上科研项目及发表高水平学术论文均有可观的奖金奖励；支持教师在职或全脱产攻读博士学位等”。很遗憾，在这场学术狂欢中，阿学属于后知后觉的边缘人员。

阿贯所在的大学是一所 211 大学，从学校管理制度上看是奖惩分明的，如果没有完成科研工作量会被扣掉一半年终津贴。阿贯就是在被扣掉津贴后醒悟的。跟绝大多数高校一样，在职称评审中对科研要求相对较高，而对教学要求主要是基本课时量的规定。当然，为了提升学校的办学层次，学校也为教师职业成长提供了一系列的支持，如开展众多的讲座和培训，为教师进修提升学历提供平台等。如阿贯参加的博士班就是所在学校跟国内知名大学联合组织开办的，读书期间学校给予教师经济上和管理上的全力支持。当然，这些支持措施里面也存在一定的不足，“学校虽有各种名目的讲座和培训，但对我们这些新手教师缺乏实质性的指导”。其中，阿贯认为有关教学改革的管理手段最不利于教师的职业成长。

> 提高本科教学质量，无可厚非。但管理层有没有设身处地考虑过老师的处境呢？我校近三年开展大力促进本科教学质量的措施，主要包括三个方面：要求学生在网上评教科任老师，加强督导听课制，对老师创建辅助网络教学平台加以考核。如果学生评教进入全校后二十名，领导找你谈心，取消申报职称资格，这时，你才觉着你太“傻”：有必要那么认真吗？何必和他们过意不去，睁只眼，闭只眼，你好我好大家好才是真正好。老师不敢理直气壮地批评教育尚无自制力的学生，最终导致的是双输的局面。听课的督导主要是由退休老师组成，他们固然有认真负责、教学经验丰富的一面，但也偶有教学观念陈旧、偏好固定的传统教学模式的情况存在，这导致他们不太接受现代化教学手段下以学习者为中心的教学模式。此外，还有学校开展网络辅助教学评价试点改革，旨在推进教学内容、方法和手段改革，促进教学质量的提高，但无形中给我们增加了很大的工作量。管理部门对教师的不信任态度，不仅伤害了我们的感情，而且浪费了我们大量的时间和精力。

这种对微观教学管理的“创新”现象在很多高校都普遍存在，如让教师提供规范的手写教案；分散排课时间；将备课材料全部重新电子化等。当然，这个教学管理措施在一定程度上起到规范教学的辅助作用，但并未涉及教学改革和创新的本质，常常只流于形式，将手段目的化了。

二、学院管理层面给养及能动性表现

学院和系等基层学术组织是学校各项管理制度的实际推动者，作为大学内的“第三世界”，阿中觉得“整个学院的一种基础氛围就是不鼓励科研，因为我们兢兢业业的那种老黄牛太多了，就光顾教书的老师太多，一辈子到退休还是讲师的老师太多了，我们没几个副教授，他们的观念里面就觉得搞科研是不务正业”。因此，当阿中心理焦虑或身体健康出问题的时候，会被同事认为是对其“不务正业”的惩罚。谈及学院管理，阿中充满了抱怨：一边是低职称教师凄凉的职业后期状态，一边是赢者通吃的乱象。最终，学院在教师管理上的各种不公平对待促发了阿中的离职。

我们那边不只青年教师课程很多，连快退休的老师都一样，只要你是一个低职称的老师，你就是金字塔的底端，就是我看到了我快要退休的同事，每周还要上二十几节课，累得耳鸣、睡不着，乱七八糟的什么病都有了，可是他们依然是拿最低的收入，然后也是一直在学院里处于被欺负的角色，特别是有了这个绩效分配方案之后，就是分多少蛋糕给他们，完全是上面的那群大佬说了算，一点没尊严，你没有资格拒绝上任何课，你也不敢生病请假，什么都不能。感觉真的很绝望。我不能那个样子，我还那么年轻，我看到他们这样，我就觉得我不能过这样的生活。我们学院领导还经常对人不对事。有个老师五年之内访学了三次，回来之后评了个副教授。评完后院领导当场宣布五年之内所有老师只能有一次访学机会。

阿中觉得学院在青年教师职业成长制度支持上，无论是在教学工作、科研工作还是个人发展上都存在着制度与实践脱节的情况。

> 刚入职时，学院安排一个前辈来听课，然后我们的教学副院长也来听过一次课，接下来都没人听课了，后面还安排了另一个前辈来听我的课，可是他就让我自己把表填好再帮他交表，说他没空听。后面几年，那些课难钱少的课都推给我，至于上得好坏是自己的事情。在科研上，也没有人愿意带后辈，我们之前有个管科研的院领导，要组建科研团队，他直接说这团队我没办法组建的，因为每个人的研究方向都不一样，这是很私人的事情。

虽然阿中有各种怨言，但也只能选择忍受，将之当作年轻人成长的必经磨难。但后来当阿中提交考博申请被学院拒绝盖章时，引发了她与学院主要领导的正面冲突。

阿学是首批进驻大学新校区、新学院的新教师，与她一起入职的其他新教师跟她的情况相差无几，都属于最后一批能够以硕士身份应聘专业教师的群体，或者说是属于学校专业教师博士化之外最年轻的群体。阿中所在的学院之前是承担全校公共课的教学部门，没有自己培养的本科生，进驻新校区成立学院后，逐渐开始招收本科生和研究生。阿学和大部分新入职的教师主要承担的仍是原来公共课教学的部分。因此，在学院层面上，教师群体分为两个部分，大部分承担全校公共课的教师和小部分承担本院本科教学的教师，两个群体之间是相对稳定但也可以流动。与大学战略发展目标转型一致，学院也开始从之前的专注教学转变为提升科研，提出了要转变为教学研究型学院的目标，积极鼓励教师提升学历、重视科研发展，如为攻读博士学位的教师减免教学工作量，在学校科研奖励之外增加学院的奖励，在各种公开场合对积极发展科研的教师口头表扬，请专家讲座和针对性辅导，各项管理措施向高学历教师倾斜等。在十多年的时间里，学院在外攻读博士学位和访学的人数都居高不下，学院教师的博士比例与日俱增，学术成果突飞猛进。学院提供的各种支持提高了教师对职业成长的认知。

有一件今天看起来很搞笑的事情，我在2008年就单枪匹马申请过国家社科项目，我人生第一个课题申报书就是国家社科！当时学院请了一个国内很著名的学者来开学术讲座，他告诉我们要发展必须要学会填各种表格申请课题，这点儿给我的印象特别深刻。于是，我当年就填课题申报表了，其实填表时什么都不懂，申请表里连团队成员都没填，只有我一个人。后来跟别人聊天才知道申请项目需要团队形式，我纯属无知者无畏。后来我就一直填表，国家不行就填省的，省的不行就填学校的，填到第三年，我终于拿到了学校的科研项目。

任何事情都具有两面性，学院在向教学研究型学院转变的过程中，出台的一系列管理措施都相对倾斜于科研，这对原来全身心投入教学的教师来讲容易产生不公平感，他们承担了外出读书老师的教学任务和服务性任务的同时，自身的职业成长变得愈发缓慢。阿学的职称晋升体验体现了这种冲突。

我们当时聘任制要续签合同。我看了下我的条件满足从九级升到八级，虽然都还是讲师，但至少是对我前几年工作的一个交代。但我来回多次向学院申请，他们都不批，当时我又刚好在国外访学，他们就说这次申请就算了，反正九级和八级没有本质的区别。后来我发现好几个九级升到八级的老师，他们和我的区别在于他们都是读博士的，如果你要按照成绩来说是没有成绩的，如果你从对学院的贡献来说，我至少代表学院参加这个奖，获得那个奖。他们那些基本上都是要么出去读书了很长时间，一直在读博士不在岗的，要么是从外面以博士身份调进来的。所以那个时候我就决定要读博士了，不能再等了！

三、与同事关系及能动性表现

从组织理论看，“健康的学校组织表现出教师之间的信任、自信、热情和友好，教师彼此感觉良好，同时，教师对他们的工作有一种成就感；反之，不健康的学校组织中教师士气低下，对同事、对工作都没有好感，教师群体中充满着冷漠、猜疑和戒备”①。从阿中的职业体验来看，她与同事的关系表现出“融不进去”的特点：自己的职业成长需求既融不进自我麻痹的青年教师群体，也融不进戒心深重的前辈教师群体。

很多年轻同事都觉得不着急，他们觉得不可能被炒掉，毕竟都是有编制的助教。我跟熟悉的同事说赶紧申请项目吧，他说不行啊，手头要写教案、教学大纲、人才培养方案，反正有一堆乱七八糟的事情都塞给他，他一直没空看书，没看书都不知道要写什么。还有个同事，本硕都毕业于名校，他就觉得自己不做科研是暂时没空而已，只要起步就比别人做得好。他很看不惯我，看我这么努力就有点儿很复杂的那种情绪，就是又有点儿鄙视。我们又是特别好的朋友。每次跟他说我在做的事情他都翻白眼。他

① 〔美〕韦恩·K. 霍伊、〔美〕塞西尔·G. 米斯克尔：《教育管理学：理论·研究·实践》，范国睿译，教育科学出版社 2007 年版，第 184 页。

教学非常认真，觉得我现在做的事情是为个人去谋利益的，多少有些瞧不起我。我跟刚进来的年轻同事说要申报项目，就把他们四五个人拉到一个群里面，就是想形成类似学习小组那样，互相敦促一下，比如假期工作进度怎么样啊，可是在群里讲了后没人理我，很尴尬。快到申报结束时，他们说完全没有留意过。

面对职业成长困惑，阿中曾积极地去请教前辈教师，但收获甚微，感觉到明显的疏离关系和沮丧情绪。

我们学院氛围特别糟糕，有几个做学术做得不错的。但你去请教他们的时候，他们就说你去看书啊，他也不告诉你看什么书，不给你任何的指点，没有任何人愿意真帮你。他们跟我们比较疏离，即使我是有问题特意去请教，他们也不太乐意。也有些老前辈，他们可以给你很多生活上、教学上的建议，可是他们整个职业生涯都是在教书，他们给不了你研究上的建议。几个都是这样，在我们学院算特别有成果的，不愿意分享、不愿意带路。然后愿意分享的人，他们确实没办法帮助你，他们有的人甚至一辈子没写过项目申请书。

与阿中不同，阿学感受到来自同事的很多正向支持。阿学当年入职时恰逢所在高校开辟新校区，且其入职的学院是新建学院，该学院主要承担全校的公共课。因此，阿学和其绝大部分同事都是新校区、新学院的首批入驻者，当时新校区的各项生活配套极其不完备，衣食住行都需要抱团合作。在艰苦又快乐的拓荒日子里，老师们结下了良好的情谊。

> 我们当时年轻老师很多，大部分未婚住在学校，我们大家都好热爱教学，一到饭堂吃饭大家都讨论有效的教学方法，大家觉得我今天用那个方法还不错的，另外的说自己也用了感觉怎么样，你有什么材料……反正全部讲的都是教学，而这种完全是自发的。

后来，这批起点相似的青年教师的职业成长差异越来越大，一批较早认识到科研重要性的教师，一早就注重自身科研能力的提升；一批后知后觉的教师，也在同伴的影响下慢慢地认识到了教师工作并非完全等同于教学，“我看到某老师在某期刊上发表了一篇论文，我觉得我也可以试一下；我看到某老师申请到了某个课题，我也想试试看。我们同事之间关系挺好的，这也使得我经常处于感恩的状态”。

阿贯和阿兴都感觉到较难得到周围同事的支持，阿贯认为“大学老师相对独立”，所以“倍感无助”，而阿兴则表示“我（当时）得不到周围任何的支持，尤其是和同事交流的话，没有几个人觉得我是对的，我的家人也劝我，他们说你不要这么认真，你救不了一个专业，但是我还是这么天真。有一句话我特别认可‘很多事情不是你看到有希望才去做，而是做着做着就有希望了’，所以当时我做的时候其实是不抱希望的，我的感觉就是一定要多看正面反馈，少听负面反馈，教学虐我千百遍，我待教学如初恋。我没有任何获奖，我的评价分也不高，但是学生发自内心的反馈让我点亮了继续坚持的热情。我现在不断地参加培训交流学习，将学到的新的教学方法运用到教学中，这些交流活动也在维持教学热情上起到重要的作用”。

小 结

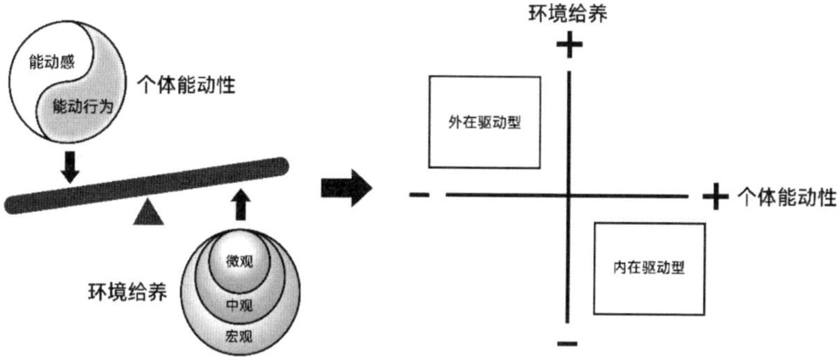

图 3.1 个体能动性与环境给养的关系模型图

从阿中、阿学、阿贯和阿兴的职业成长之路看，他们都经历了职业生涯中的重要转型。从个体特质上看，四位教师有其共同的特点，如对职业充满理想主义、追求完美主义、责任感强等。在职业准备上，四位被访教师的职业成长起点一样，都是硕士毕业后进入高校工作，他们进入高校工作前，都没有经历过规范的大学教师发展或成长培训，无论在教学还是科研工作上，都带有很强的个性主观色彩。尤其是对于没有经历过博士阶段学习的老师，普遍表现出科研效能感弱的特点。在教学上，更多的是依赖于之前自己的教学经验或学习经验，带有一定的理想主义色彩。而且，因为规范化培训的缺失，经常会导致青年教师陷入“自我怀疑”的泥沼。其中，阿中、阿学和阿贯有过教学经验，教学效能感强，但科研效能感弱；阿兴则是工作后选择很快攻读博士学位，科研效能感较强，教学效能感偏弱。在职业成长上，职业初期对大学教师职能的认识和职业发展目标设定上相对模糊，没有真正认识到大学教师所应承担的教学、科研和社会服务职能，也没有非常明确的职业发展目标和具体的职业发展规划。这些不同的对教师职业的认知情况最终导致他们个人职业成长过程中的转型主要是受到外在环境影响下的被迫转型。

在转型过程中，受到个体能动力和所处环境给养情况的影响，四位被访教师又经历了不同的转型之路。四位被访教师中，阿中的职业发展目标最为明确，但组织给养环境最具挑战性，来自组织环境的支持非常匮乏，其职业成长主要依靠个人内在能动性驱动，但受自身能力的限制，无法改善组织给养环境，最终选择了离职。这与前面章节中通过个体的能动行为和职业成长结果改善组织给养环境的阿星存在本质差异。因此，同属于“内在驱动型”的个体，在面对个体能动力和组织环境对抗时，可能会产生不同的选择结果，可能是如阿星般的改变组织给养，为个体职业成长创造环境；也可能是如阿中般的无法改变组织给养，只能改变自己，逃离组织环境。阿学所处的职业成长环境在四位被访者中是最正向的，无论是从学校层面、学院层面还是与同事的关系方面，都是相对呈现支持性的环境。在支持性的职业环境中，阿学的个体能动性在一定程度上削弱了，其职业成长主要是受到组织环境的影响。也就是说，阿学的职业成长之路与大学组织环境，尤其是学院组织层面的要求保持着同频共振。然而，作为一个开放组织的大学同样受到其外部制度环境、竞争环境的影响，在外部环境变化的情况下，大学为了确保其合法性和效率不得不做出快速的应对策略。这对于身处大学组织管理末梢的普通教师来讲，如果其个人能动性较弱，职业成长意识不明确，其个人职业发展很可能就会滞后于大学管理制度的改革。阿学的转型正是在这种大学管理制度改革下的被迫转型，属于“外在驱动型”的模式。“外在驱动型”模式的个体面对大学组织较大的制度变革时，往往会表现出两种选择：一种是个体积极发挥能动性，顺应组织制度变革，成功走向“积极平衡型”；另一种是虽然也尝试发挥个体能动性，但仍无法适应组织制度变革需要，最终选择退缩或逃避，走向“消极平衡型”。大学的给养状况对于“外在驱动型”模式的青年教师的职业成长以及最终走向至关重要。因此，大学在推出新的改革制度和管理制度时，需要关注到教师们的成长需要，需要在推出管理制度变革措施的同时提供一系列的支持措施和手段，帮助教师实现职业发展和职业成长。

第四章　焦灼与彷徨的“挣扎者”

2019年知名学者王立新在科学网个人博客中发布了《教学影响科研吗？——含泪惜别南科大》一文，记录了自己因教学课程安排问题而最终舍弃某研究型大学长聘教授岗位的心路历程，并阐发了其对大学教学和科研关系的思考，“教学（尤其是低年级本科生的教学）会使教授的时间碎片化，不利于长时间静心思考，因此会影响比较深刻的原创性科研成果的产出……作为一个高起点的新系，大部分同事很年轻，只要给大家创造一个静心钻研学问的环境与氛围，大家一起努力，做出一些高质量的原创性成果，进而实现‘到2025年建成国际化高水平研究型大学’的伟大目标，并非完全不可能。而实现这个伟大目标一只很大的拦路虎，就是繁重的本科生教学任务”[①]。博文一经发出，点击量近4.5万，引发了大量的评论。无独有偶，2023年在一个以百万计数的高校教师、博士、硕士为主的学术传播平台上，有一篇匿名作者发布的题为“卷不动、躺不平：我和我的二本硕士同事们”的帖子同样引发了大家的关注，该帖子很快迎来了近5万的阅读量和大量的转发、评论：“本人省属二本院校硕士教师一枚，8年前作为学校紧缺

① 王立新:《教学影响科研吗？——含泪惜别南科大》，科学网，https://blog.sciencenet.cn/home.php?mod=space&uid=2999994&do=blog&id=1209829。

专业教师招聘入岗，前后带过4个专业学生的8门课程，指导了100多位学生的毕业论文，工作量最饱满的时候一周30节课。现在，到了该职称晋升的年限，才恍然发现这些工作量上的数字毫无意义，它们似乎在讽刺着我这几年任劳任怨的徒劳……想卷卷不动、想躺又躺不平，间歇性精神内耗怀疑人生。”[①] 评论区留言的基本都是各类高校的青年教师，无论是否身处二本，无论是否具有博士学位，都表达了其对于职业成长和未来职业发展的焦虑。长久以来，教学和科研的关系问题是大学教师，尤其是青年教师职业成长无法回避的难题，无论是身处金字塔尖的研究型大学教师还是塔底的教学型大学教师，都无一例外地要面对。近年来，在“内卷”和“躺平”被频繁使用后，“卷又卷不动，躺又躺不平”成为新的流行语，主要用来形容个体在卷还是躺，反抗还是顺从，主流还是边缘之间反复横跳后，陷入一种新的夹角人生，或称为45°人生。本研究所访谈的青年教师中，处于这种夹角状态的占据比例最高，“挣扎”“焦虑”是访谈过程中出现的高频词汇。

第一节　被访者基本情况

在本研究的所有被访谈教师中，处于挣扎状态的教师最多，共有七名，占了本研究被访者的一半之多。七位被访教师所属的大学均是所在区域具有行业特色且有一定历史积淀的教学研究型大学。他们的经历和感受在一定程度上代表了当今时代大学青年教师职业成长的绝大部分情况。作为教学研究型大学，其所面临的技术环境具有双重特

---

① 《卷不动、躺不平：我和我的二本硕士同事们》，学术志，https://baijiahao.baidu.com/s?id=1742740070110317010&wfr=spider&for=pc，2023-02-15。

征，既要严把教学质量关，应对来自就业市场的考验；又要不断提升学科发展水平和学术竞争力，以便能够向政策和资源支配的核心靠拢。因此，在这类大学管理中经常会出现“两手都要抓，两手都要硬”的政策目标和导向。作为教学研究型大学的教师自然不可避免地被卷入其中：教学要好，科研要强，社会服务也要跟上。

阿尚、阿德、阿雅和阿行目前仍是硕士，属于大学招聘教师的最后一批硕士毕业生，四位在职业成长上经常表现出顾此失彼、心有余而力不足的不平衡状态，心中有梦想但又顾虑重重。阿尚在教学上成绩斐然，曾获得过全国教学大赛总决赛冠军，多次获得省部级教育教学比赛奖项，是学校的“教学明星”，谈及教学，阿尚眼中有光、神采奕奕；但论及科研，阿尚的失落和沮丧也颇为明显，她最怕自己成为别人眼中“教学不错，但科研不行”的那类教师。对于未来职业发展，阿尚认为“还不到彻底放弃的年龄，再继续挣扎一下”。阿德在教学和教研上亦成果颇丰，获得过大学的“优秀教学奖特等奖”、多次获得省教改项目和各种教学比赛奖项，在同事眼中是闪耀的“教研明星”，他认为“教学与科研应该是相互结合、相互促进的辩证关系，教师的终极目的是用各种手段解决教学中的问题，提高教学质量，为学生的学习发展提供最优质的指导和帮助。如果科研不能服务于教学，不能最终使得学生从中受益，就没有太大意义”，目前阿德的工作业绩主要是与教学有关的，尤其是在线上教学风起云涌的近几年，阿德的价值感被不断提升。但冷静下来后，阿德依旧觉得自己的学术能力尚有很大的提升空间，无论是学术论文发表还是申请博士入学资格都让他倍感压力、情绪低落。阿雅在十多年的职业生涯中一直纠结于教学和科研如何平衡，“读博”和“学术”是阿雅最初的职业梦想和期望，她曾经很长一段时间总觉得有一种声音告诉自己“作为大学教师，必须做科研，否则就只是一个教书匠”。然而，多年来科研的颗粒无收让阿雅充满了职业挫败感和愧疚感，也在一定程度上抵消了其教学成就感，“课堂内获得的成就感和课堂外细思极恐的科研惨败之间的极大落差，我选择了‘我就不做科研’的破罐子破摔想法”。后来经过一段时间的短暂调适，阿雅还是决定做出些改变，开始尝试与教学相关的教研项目，开始大量阅读文献，甚至报名参加了博士入学考试。阿行虽然没有参加过各级各类教学比赛，但是其学生评教分数常年霸居全院前三，线下的课堂教学基本不用电子课件，一支粉笔驰骋课堂，备受学生喜欢，是学生心目中的“神级教师”。但是谈及职业发展，阿行表达了其失望，“每次看到那种申报条件，根本就没有我的份儿，各种条件就把你卡死了，就是个恶性循环。要报项目需要有论文发表和研究基础，可是我没有这个基础，既没有博士学位，也没有职称，然后就报不了项目，就是报了也中不了；越报不了，就越没有成绩，越难拿到资助”。阿行心中一直有个博士梦，但在很长一段时间内不清楚自己的研究兴趣是什么，在十几年的时间里考博数次，方向也换了数次，最终上岸，目前正在职攻读博士研究生，教学、读博、社会服务一样都不能少。

阿西曾经在一所国内985高校担任过教师，后因为家庭原因进入到目前工作的大学，并在职攻读了博士研究生，晋升为副教授。她将自己的职业发展阶段概括为：新鲜—茫然—清楚—坚定—新一轮纠结。在职业成长初期阶段，阿西并没有特别明确的职业发展目标，用阿西自己的话来讲就是“随大流总不会错”。新入职的大学与原来单位的氛围有所不同，这种不同给了阿西很多新鲜感，参与新入职单位的集体备课，参加各种正式或非正式的教学研讨，上课……忙得不亦乐乎。新单位入职新鲜感大约持续了一年，褪去新鲜感后的阿西看到周围的同事职业成长蒸蒸日上，自己陷入了茫然状态，本着“如果自己对个人发展还没有特别清晰的认识的话，读博一定可以帮助我弄清楚自己的方向”的想法，阿西选择了攻读博士学位。因为读博前没有非常明确的研究方向和研究目标，读博的过程充满了艰辛和焦虑，“读的过程挺痛苦的，那个点总找不准，我总是想着导师帮我找点，我自己没有什么方向就进去，为了读博而读博，好不容易混出来了”。博士阶段的学习和研究给了阿西做学术研究的信心，她感觉到自己“有目标、有干劲、有方向、有动力”。博士学术研究方向的明确也让阿西的教学工作侧重点产生了转移，她有意识地从原来的公共课教学转向专业课教学，尤其是与自己科研方向相关的课程上。此外，她还主动申请了学院的行政职务。博士毕业后的阿西幸运地赶在大学职称评审条件再次提升前评上了副教授。然而，随着学校职称评审条件要求的进一步提高，阿西发现距离教授的目标越来越遥远。博士毕业后申请各类科研课题屡屡受挫的经历又让阿西陷入新一轮纠结之中，继续努力困难重重，“躺平”又很不甘。

阿辰在境外知名高校获得博士学位后进入现在的工作单位。她把自己的职业成长阶段划分为“适应期”和“规划调整期”。入职的第一个学期是适应阶段，因为面对的是全新的工作环境，一切都需要自己摸索，“感受到了一定的焦虑和茫然，主要是对新环境还不太熟悉，对自己是否能胜任新工作也缺乏足够的自信。当时想的最重要的是站稳讲台，先生存下来，把主要精力放在教学上。至于个人职业发展没有特别具体的规划。”站稳了讲台之后，阿辰开始思考自己的职业发展，毕竟她入职的 2014 年，整个高等教育系统“学术锦标赛”风头正劲，所有高校教师都清楚科研是发展之本，阿辰自然也不例外。她在科研上开始规划自己的阶段性目标。与此同时，阿辰对待工作的认真负责态度被领导看重，第二学期就被学院委任为系主任，“现实的繁重教学和行政任务时常会让我焦头烂额，有时会有种无奈和无力感，制定的科研计划进度很缓慢。整体的个人成就感挺低的”。当前的阿辰，依旧处在如何将有限的精力分配到无限的教学、科研和行政工作之中。

阿明一路读书，从国外顶尖大学博士毕业后入职高校，在所有访谈教师中工作年限最少，接受访谈时刚入职一年半。在短短一年半的时间，阿明切身感受到了作为大学新入职青年教师工作的辛苦。大学签订的聘用合同是每年述职，三年考核，考核不合格不再续签，考核合格的要求是至少申请到省部级及以上的科研课题 1 项，发表大学规定的二类 B 论文 1 篇（SSCI 或 CSSCI 来源期刊中处于学科前 21%—30% 的期刊论文）。虽然这个考核要求对于大部分博士毕业后入职的新老师来讲不算太高，但对于入职以来已经上了七门课，跨七个课程方向，每周 14—16 节课且无任何教学经验的阿明来说，却着实是一座沉重的大山。此外，她还承担了一系列不知该如何拒绝的行政事务，如党总支宣传委员、全院本科毕业论文组织管理、本科实习带队老师等，阿明感觉“各种事情就像滚雪球一样袭来，越来越多。说实话，这一年多没有什么学术上的投入和思考，根本没有时间和精力”。三年的考核时间已经过半，阿明虽明确知道自己面对职业发展应该做什么，但现实的压力让她无可奈何也无从选择，倍感焦虑。

第二节　个人能动性表征和职前准备

阿尚最初的职业目标并非进入高校，她更倾向于去企业工作。为寻找自己的工作兴趣所在，她在读研期间非常频繁地参加各种志愿服务活动，也曾经机缘巧合地给本科生带过一个学期的课程。代课期间，阿尚与学生相处非常融洽，成就感、效能感都很强，这段美好的经历让她觉得“当老师是挺幸福的一件事，与学生相处起来很舒服，教学很简单也很享受。大学教师工作比企业工作轻松很多，教学无非就是自己备好课，选择合适的教学方法，跟学生沟通好就可以了。而且还有假期可以自由支配”。带着这种对大学教师工作美好的憧憬和认知，阿尚开始了其大学职业生涯。在个性特征上，阿尚表现出非常强的责任心和完美主义做事风格，“我有的时候平衡不好，不太会下山，比如别人把某项工作交给我，又推不出去，接了，又不想干不好。总觉得既然做了，一旦做不好，我觉得这个东西就给别人带来很多麻烦，不光是给同事、领导带来麻烦，甚至给学院也带来麻烦，就感觉这个东西，就不要从我这儿给大家添那么多麻烦。总结一下的话，我还是不务实、不会干，应该干些对自己评职称更有利的事情，我没有把握好这个方向”。

同阿尚类似，阿德的最初工作目标也并非选择做教师。阿德表示：

> 我从来没有想过做老师，我觉得可能毕业后会去商界工作。但我有一个朋友觉得我挺适合做老师的，他觉得我说话做事没有职场精英的感觉，不够干练，给人的感觉比较温和。他建议我试一下是否可以留校。当时觉得留校都是优秀的人嘛，我就申请留校了，后来才知道我是最后一届留校的硕士。对于工作，我没有特别大的期待，我的想法就是找到一份工作，能够发挥我的能力和特长，养活自己就好。我比较现实主义加一点理想主义，不是野心特别大的人。对于未来职业发展，当时完全没有想过。我们单纯的像一张白纸，从学校到学校，我也不知道未来怎么样。但有一点我可以确定，我不想像我原来的一些老师那样平庸，有些老师只是把教学当作打一份工，上完课就跟学生没有灵魂上的交流，我不想做这么差劲的人。

阿雅和阿辰在研究生阶段的学习经历让她们都具有较强的科研效

能感。

研究生阶段我自认为学习比较好，曾经在大学首届三下乡志愿者选拔中脱颖而出，成为首批八名志愿者中的一员，这让我的自我成就感非常强。保研时专业排位第二，所以自我认知还是挺好的。一门心思觉得我是肯定会读博的。（阿雅访谈记录）

我在研究生阶段做学术做得还行，当时发表了6篇论文，其中3篇是核心。当时导师建议我直接读博士，可惜当时我自己短视了一点儿，也觉得读书确实有些累了，就出来找工作了。（阿辰访谈记录）

阿行正式工作前曾经有过一个学期的代课经历。

教了学生一个学期后，他们跟我说一开始不喜欢我，觉得我好严厉，后来不知道从什么时候开始，他们忽然又开始都喜欢我了，觉得能够从我的课上学到东西。还有学生说因为上了我的课，转变了对某个学科的认识，申请继续出国读硕了。

反思当时受到学生欢迎的原因，阿行觉得“可能是我把自己定位为学生，经常跟他们分享一些学习的经验，而且自己当时的学生身份也能很好地理解他们的苦处或者难处，布置的作业也更贴合他们的需要”。这段成功的教学经历让阿行信心满满地步入教师职业。

无论是选择教师职业还是选择在职攻读博士学位，阿西都没有表现出非常强烈的欲求，用阿西自己的话来讲就是“随大流总不会错”。

其实我一直都不是特别喜欢当老师，我妈觉得能当大学老师很不错，后来我也发现这个职业还比较符合我的性格，我喜欢跟别人说话，我觉得跟学生说话，还是蛮开心的。对于高校教师这份工作，我当时觉得就只是一份工作，好像也谈不上特别喜欢和不喜欢。

阿明在入职前没有任何教学经验，而且也是所工作单位新进教师中唯一没有教学经验的人。

我之前没有任何工作经验，是从来没有上过课的，跟我一起入职的其他的一些同事，他们都多少有些教学经验，包括有些在中学也工作过很多年，甚至还有一些是在大学工作过一些年后再去读博的，我应该是我们学院唯一一个没有工作经验，直接从学校到学校的人。而且我在国内只读了三年本科，其他时间都在国外读书，国内外大学课堂上课方式很不同，自己当年国内读本科时又很久远。所以，我每次备课都感觉要去参加答辩一样，我在来学校的出租车上都还要看 PPT，就是进到教室前的 5 分钟也要再看看。

第三节　职业成长与教学投入情况

一、职场初体验及能动性表现

硕士毕业后的阿尚共在三种类型的大学工作过，独立学院、私立高校和省属重点本科院校。三种类型高校在教师管理和教学管理上存在巨大的不同，但有一个共同点，“不管在哪个地方都不轻松”。这与阿尚入职前对大学教师工作的认知存在很大的差异。

前两类学校在科研上没有太多要求，但是在教学管理上要求特别多。在独立学院工作时，他们对老师的教学方法、教学方式管理得非常细。细到大家必须集体备课、集体研讨，不是说每周要集体备课、集体研讨，它要细到每一个单元要集体备课、集体研讨，包括你上课要问学生什么问题都要一起研究出来。而且要求手写讲义，需要细到你上课的板书在什么位置上，要写什么内容。然后上课问学生的问题以及这个问题讨论的时间，学生汇报的时间以及你在这一堂课能不能完成你所设计的教学任务等。也就是上课之前所有东西都要大概预计好，然后上课之后还要再重新回顾一下，看有没有做到。我们每天都在研究怎么样去问学生问题。就简单地说，比如说你课上问了一个问题感觉特别好，学生能展开说，他们从哪些方面展开的；但是另一个问题，学生回答得就不好，我们就会围绕这个问题研讨。好的问题我们留下，不好的我们就不问了。可以说，从一开始就养成了一个认真备课的习惯。就不管你有多忙多累，对要上的课，还是要在脑子里提前想好，这节课要干什么，要完成哪些目标，而不是说我就是一个单元六节课，讲到哪儿算哪儿。而且，每一周都会有整个系部集体研讨，会派一个老师去讲，轮着来，谁也逃不掉。每个老师都有公开课，然后大家就在下面真实点评，必须要点评。当时就感觉教学压力非常大。

在独立学院工作四年后，因为家庭的原因，阿尚转到离家更近的一所私立高校工作。新的工作单位是以信息化技术为特长的一所高校，教学管理上最突出的一个特点是教学管理信息化程度非常高，教学文件管理极其规范。

所有的教学文件、教学课件这类东西全部是上传在服务器上的，所有教学材料都是有依据可以查找。老师不用带U盘上课，只需要到电脑上打开自己的端口就可以了。如果需要看其他老师的教学材料，只要上服务器上去找就可以。大家都是共享资源的，比如说录课，你随时可以自己拎一个摄像机进教室，课录完了之后，自己拿出来放到服务器上，谁想看的话就可以去看，看这个老师是怎么讲的，然后有什么地方可以去学习啊。

私立高校工作的两年让阿尚形成了规范管理教学材料的习惯。之后，阿尚应聘到了目前的历史悠久的省属重点高校工作。她最明显的感觉是，自己的工作时间更灵活、更自由，老师们按部就班地做自己的事情，几乎没有集中的时间坐下来研讨。多元化的高校工作经历，提升了阿尚的教学效能感，也为其后期赢得全国性教学比赛冠军奠定了基础。

阿德刚工作的前三年给自己确立的主要目标是站稳讲台、低头讲课、不问未来。

刚进入学院工作的前两三年，我给自己的目标是能够让自己在单位站稳脚跟。所以，当时不管什么课程，无论是否熟悉，是否擅长，只要学院有需要，我都会接下来。今天看来，其实就是消磨在大量的教学工作当中，当时一周被安排20多节课，而且排课的时间是散开的，散开不说了，还有从早上的8:30上到晚上9点的那种课程安排，就是一整天一直上下去，然后就感觉好像我自己都没有了，整个人就没有生活了。而且我很快感觉自己好像被榨干了，自己的知识储备耗尽，好像没有时间再去吸收新东西。感觉我只是把自己脑子里面知道的东西，不断地反复拿出来给他们，自己是没有进步的，无论在学习上还是知识上，我很讨厌自己一直处在这样一种很 low 的且没有继续发展的那种状态。所以，每学期我都尝试加一些新的东西。刚开始工作时我的评教分数不高，才 80 多分，学院的那些牛人同事都是 90 多分，工作的前面好几年我都没有拿过教学优秀奖，高分的永远是那几个人，我开始产生一种自我怀疑，觉得我是不是不适合教学，教学能力真的那么差吗？后来我决定转到教我擅长的课程上，然后评教分数就慢慢上来了，信心也回来了。

带着“学术梦”的阿雅正式成为一名大学教师后马上遭遇了“象牙塔里梦想的破灭”。

我心中对大学教师的形象一直有一幅画面，就是抱着书优雅地走在图书馆前的林荫道上。我一开始给自己的定位是要走学术道路的。但工作后才知道学院当时制定了一个规定，就是刚入职的教师工作两年后才可以考博士，当时还是有些失落。当然，我也能理解，学院新建立，需要教师上课。而且，作为职场新人，当时的教学任务非常重，第一年我的周学时达到了 24 节，教学工作量非常大，每天都在备新课和上新课中度过。无法马上考博的失落也没有持续多久，因为教学上的压力和学院组织新教师的培训、集体备课、集体学习让自己将所有的关注都集中在了提高教学素质上来。作为一名年轻教师，能够站稳讲台，师生关系融洽，从课堂上获得的成就感就非常大，大到几乎可以抵消掉学术科研上的小小挣扎。可以说，入职后的第一年，在职业重心选择上，教学获得了我的全部关注。科研方面，读博的想法只能暂时搁置，加上教学工作量真的很大，还有离开了读研时期导师召集的每周的学术研讨，没有了同门们一起研读文献，学术氛围自然就淡了。而且我不是一个主动往外走的人，不会主动问别人问题。一旦没有了学术上的领路人，就基本上停滞了。此外，我们那一批入职的同事们都“很爱教学”，也更看重教学上的成就，加上听到的那些或真或假的关于学术腐败的负面信息，觉得写论文有一种自私自利的感觉，在价值取向上开始否定写论文、搞科研，而且当时学院主要也是在强调教学，再加上自身的惰性，科研就完全停滞了。

同样有学术梦的阿辰的工作经历与阿雅存在相似之处，但职业成长的选择结果却截然不同。

我最初工作的单位其实待遇是很好的，那里非常安逸，没有压力，既没有任何科研压力，教学方面也没有特别大的压力，但是我总感觉好像进错了地方，就是觉得那个工作状态很低于我的预期，我一直就觉得好像找不到归属感，当时上的课程也都是重复的，一个礼拜重复八九遍，有点要上吐了的感觉，觉得这样好像没有什么意义。我期望中的大学老师应该是我尽力备好一堂课，我讲得开开心心，学生听得开开心心，但实际结果会有很大的反差，没有达到我的预期，就感觉有的时候你很努力地备课，或者你很努力地去精心准备，但完全达不到你的预期，感觉蛮有挫败感的。然后周围的人的话，认真地聊教学或者聊科研的人几乎就没有，大家就已经好像进入了一种很平稳的、成家立业的那种安稳生活。但是我个人的话，可能跟个人性格有关，我就觉得好像工作了几年后，在那里既无学术发展上的压力也没有环境和任何平台；教学也没压力，无论自己怎么讲好像学生也还算喜欢。我觉得还是要给自己点压力，把学术捡起来，虽然我也不是说非常钟爱做学术，但是起码是觉得还挺有趣，或者说我肯定是不会讨厌，不会抗拒，就觉得还愿意做，当然也可能是想改变一下这个环境，改变自己的一个工作环境。

于是，阿辰选择了到境外攻读博士学位，并在学业压力增加的时候毅然辞职。博士毕业后重新入职高校的阿辰再次面临着新的职业发展挑战，一入职就接手挑战度非常高的多门新课，第二学期被委任为系主任。

工作的第一年有些崩溃，天天不是在备课就是在上课，没有一点休息时间。学院给安排的课并不是我熟悉的，需要自己花很多时间去看视频，做练习……工作的前三年上了七八门新课，每个学期都是两三门。唯一的安慰是学生非常认真地学习，这让我很有成就感。等适应了新的工作环境，我开始思考自己的职业发展。毕竟大学对教师任期考核有严格制度，学院对教学和科研同等重视，而且学院里很大一批教师也很努力。这让我意识到要想胜任新工作，必须教学和科研并重，我开始在科研上规划自己的阶段性目标，比如发论文、申课题。然而，繁重的教学和琐碎的行政工作有时会让我不得不调整科研进展计划，比如我的一个课题就延期了一年，有时感觉挺无奈的。反观刚开始工作的那几年，整体而言，个人成就感不高。

带着极高的教学效能感正式成为大学教师的阿行，在入职后的第一个学期就遭遇了教学的“滑铁卢”。

入职后的前两个月是我人生教育经历中非常难熬的一段日子，那个时候学院给我安排了一门新课，课程组长给了我一套PPT，让我们用这个PPT去教，我自己对那个PPT不是很了解，只能生搬硬套地把那个东西教给学生。我能明显感觉到学生不能接受我的方法，跟我代课时候的感觉完全不一样。有次下课后，一个学生，大概是班长还是学委，直接跑上讲台跟我说，"我们都听不懂你在说什么，你自己好好想想为什么，好好反省下吧"。我好好反思后觉得应该是我自己没有搞懂我到底要上什么东西，我没有对课程建立一个非常好的自己的体系，就拿别人要你上的东西教，无非就是朗读。后来，我就明白了讲课一定要有适合自己的体系和风格。

毫无悬念的，给阿行安排的教学工作量也非常大，多门课程，一周14—16节课，"上完课后感觉很累，完全不想再学习，所以那几年我没有自我进修，除了去听一些自己感兴趣的课，没有在专业上进行过提升"。

阿西的大学教学生涯分为两段，第一段是留校后初次任教，她的大学工作体验是"自力更生"。

那个时候没有谁给你教学培训，所谓的给你一个什么师傅或者指导老师其实也没起任何作用，你就这么按部就班地去上课，你也不知道要怎么上，可能基本上自己想怎么上就怎么上，我基本上就是用最传统的方式讲授。当时一周有16节课，感觉自己天天除了在上课就是在备课，刚刚开始时还把每句自己要说什么话写下来。至于未来，也没想过，那时候就觉得好好教、好好上课，反正天天除了上课自己就在备课。

第二段是调动工作进入新的工作单位后，阿西迎来的是组织氛围和教学管理方式的新鲜感，“跟原来的教学不太一样，这边很看重教学，课型也很多，教学也比较有热情。学院领导经常叫我们参与集体备课，忙得不亦乐乎，感觉很快就融入了学院”。等一切变得熟悉，教学变得得心应手之后，阿西开始陷入茫然状态，不知道自己努力的方向。

> 学院换了新的领导，不断地在强调科研对于大学教师的重要性。周围的人也忽然不像原来那样经常聚在一起，都在自己忙自己的事情，隔一段时间就会看到别的同事评上职称、获得项目或者获奖的好消息，但那都是别人的，与我无关。我的方向在哪里？都说教学相长、教学为科研服务，但我一头雾水，不知道该怎么努力，当时陷入了前所未有的茫然和焦虑中。

可以说，对于阿西来讲，大学的教学工作并不是一件非常困难的事情，具有挑战的是个人未来的职业发展。

毫无工作经验的阿明入职大学后，马上“享受”到新教师的“特殊待遇”。

> 入职这一年我一共备了 7 门课，跨七个课程领域的全新课程，课程之间几乎没有关联，每周 14—16 节课。而且我的所有课都没有教科书，当时去问之前上过此课程的老师，他们说都是自己设计教学内容，然后给我推荐了一些参考书。我自己看了一下，感觉也不太适合，所以我就只好每一门课都自己去找教材，又觉得没有教材特别适合，都难以涵盖我要讲的内容，所以我一般每一门课都要找很多教材融合一下，然后就导致我现在这一年都在上

课，学术上没有太多的投入。当然，可能回国后自己有一些不适应，包括写项目，我以为写项目会提前很早说，但是好像发通知后就留大概5天的时间，但我的所有内容都是英文的，我个人没有看过太多中文的文献，所以当我自己坐下来开始对接的时候，发现是一个巨大的工程，包括术语的对接、国内文献的了解等，都是很大的一个工程。

此外，阿明还要承担一些学院里的服务性工作。

我是我们支部的宣传委员，我要负责每次支委会开会的宣传材料和文字记录，学院的报道也是我来写，除此以外，我还要负责全学院的本科毕业论文管理。当时我感觉我刚来，也不好意思直接拒绝，也没有理由拒绝。想着新来的老师可能都要承担这些。但是我好累啊。去年还让我去外地城市带本科毕业班学生实习，学生实习期间我去了五次，因为路途遥远需要在那里住下，每次都耗费三天的时间。

阿明在教学上的投入也让她收获了教学的成就感，“我对教学还挺满意的，从学生的反馈来看，效果不错，也有些成就感。教学上，也从跟学生生疏时的紧张感变成后来熟悉后的亲切感，教学心态好了很多。但是，现在每学期还是在不断地面临着上新课，多少让我有些畏惧”。对于科研工作，可以明显感觉到阿明对自己的科研成果不甚满意，毕竟自己的确没有将很多时间和精力投入其中。作为高校新人的阿明觉得工作事务像滚雪球一样越来越多，三年的考核时间近在咫尺，阿明的压力也与日俱增。

二、职业发展定位、目标及能动性表现

阿尚现在最纠结的是没有评上高级职称、没有读博士，这两个方面的目标原本都在其职业规划里面。对于评职称，阿尚觉得，“我可能还要再挣扎几年，我觉得我还没有到放弃的那个年龄。我感觉自己还差一点，还没到完全放弃的那个时候。虽然我来自家庭的压力不是特别大，也没有人要求我必须要怎样，但是我觉得能再努力几年就再努力几年，最起码是要把这个（高级）职称评上，所以我就在想尽自己最大的能力呗”。阿尚的职业发展目标并没有影响到其日常的教学投入情况，“我做任何事情都非常认真，包括我帮别的老师代课，我都会认真地把这个课备好。我的课件，包括一些上课的想法总是在更新，这样能够让学生感兴趣，让他们能更好地互动，我把大量的精力投入到这里。总体来说，我投入在教学上的时间肯定在 80% 以上”。在科研投入上，阿尚的挣扎感非常强，科研效能感特别弱。

> 做科研时，偶尔有一些想法，但我自己势单力薄的，做不下来，就感觉没人帮我。然后有很多琐碎的事情都是自己做，我也不知道其他老师搞科研怎么样，搞着搞着，有的时候就觉得这个东西做着有没有意义啊，就好像不太有自信。很多时候，等到我真的自己想做的时候，第一个是没有那么多时间去研究相关领域的理论和现在大家都在研究什么；其次，我也不知道这个选题在研究领域当中是否有价值。有时候开展研究的话，可能还需要一些研究工具之类的来处理数据，这些东西还没等我做完，就又被其他事情占据了。等再回过头来，最初的研究设想差不多又忘记了。

学术研究屡次受挫的经历让阿尚非常期待能够攻读博士学位。工

作、学习、家庭各种因素交织在一起，给阿尚的职业成长带来巨大的压力。

> 这么多年一直都想读博士，我不排斥学习，要是需要做点什么事儿，我也能认真地做出来，但是我就觉得，自己身边总是有各种事情，让我一再推迟。如果要读博士，我要备战考试，然后第二个，我还可能要离开家庭一段时间。我老觉得自己总是在挣扎，也没觉得值不值得，就是那种选择恐惧症，就一拖再拖。

阿德对于大学教师职业有其独到的认识。

> 作为教师，应该能够让学生受到你的积极影响，甚至对他们的人生都会有那么一点点意义。这样的过程对（教师）实现自己的人生意义起到很重要的作用。我觉得教师成长的理想状态应该是能够消除一些消极的影响，传递更多积极的因素，让自己的职业生涯处于一个上升状态，即使有所起伏但总趋势依旧是正向的。作为大学教师，其发展的终极目标应该不只是职称或者职务有多高或有多重要，而是可以通过自己的努力，使更多的学生能够发展得更好。虽然这种想法有点理想主义，但若没有这种理想主义，教育难免会陷入一种庸俗而无法自拔。当然，我做老师更看重教学，但其实这也是一种自我安慰，因为我搞学术不行，不适合写论文。当然，教学就是个良心活，我过不了应付教学的这个良心关。我不希望学生毕业后说我很水，没教到他们什么东西。

繁重的教学工作和生活琐事不断击打着阿雅心中一直潜存的“学术梦”。当一同入职的同事开始不断产出学术成果而自己在学术上毫无进展时，她开始产生了消极的情绪。

对于（家庭）在事业上对我的零支持甚至拖后腿，我那时是有怨言的，它其实把我的人生轨迹改变了，把我看着好的东西全部拿走了。你想本来想往前走，但它不断给你加绳索，使劲儿往后拖，你一往前拼它就往后拖，这个时候人可能会崩溃。于是，我在孩子一岁半的时候申请了出国项目，希望换个环境，逃离自己当时的糟糕状态。这其实也是自我的一种救赎或者是自我的一种调整。

一年的国外学习生活调整了阿雅的消极情绪，让其在回国后的教学上更加出色，课堂教学的成就感更加突出，也实现了从助教到讲师的晋升。回国后的阿雅想继续努力精进自己的学术研究能力，而照顾家庭的压力却全面袭来，“这个时候我只剩下无奈了。对于科研，我真的是心有余而力不足”。“作为大学教师，需要有科研”的念头一直挥之不去，等到家庭压力稍稍减小后，阿雅决定“要做出些改变，于是尝试开展与教学相关的教研项目，开始阅读学术文献，并报名参加了一次博士入学考试”。

问及阿行职业初期是否有职业发展规划，阿行给出了肯定的答复。

当时我是有个职业发展规划的，隐隐约约觉得自己还要继续读书。我刚工作的第二年也考过本校的博士，没有考上。后来各种生活的重担压在我的身上，就暂缓了这个计划。我一周要上七八个班的课，相当于14—16节课。然后我自己又爱好广泛，喜欢听一些乱七八糟的课，在自己专业上就没有自我进修。中间也写过一两篇小论文，可是后来忽然对自己原来做的方向不感兴趣了，因为接触的更多的是教学。再后来很长一段时间，我听到科研两个字就头疼，我发现做科研很痛苦，我觉得我做不下去，有一种畏难情绪在里面。而且有朋友说我们做的研究一点儿实际用处都没有，根本改变不了现状。所以，有一段时间我对整个学科比较悲观。不过考博这件事情我一直都没有放下，内心深处没有放弃。尤其是生完孩子之后，我就觉得我肯定要干点儿什么事情，趁着休产假的时间干点儿自己的事情才行。所以生完孩子一个月后就写了一份科研申报书，虽然当时被评审专家贬得一无是处，但我毕竟又开始了。

谈及目前的工作精力分配情况，阿行给出的答案是“教学占 7 分，科研占 2 分，行政事务占 1 分”。

虽然阿西经常说自己喜欢“随大流”，事实上，她的危机意识在被访谈教师中是处于相对高位的，她能够敏锐地感受到环境的变化且能够及时地付诸行动。

（在现在这个单位）刚工作的那段时间我在职业发展上基本上没什么规划，身边也没人谈未来规划。后来换了新领导，一再强调科研的重要性，而且他自己也带头去读了博士。我那个时候还是有点触动，就觉得这么多硕士，以后要下岗的话，不就拿硕士开刀吗？博士还比较少，我要是读上博士，我是不是就高一点点，保险系数就大一点点。如果职称又爬不上去，学历又不是特别高，难保不会有下岗那一天，或者说会让自己处在一个比较难堪的或比较紧张的一个状态，没必要，所以我就想着我还是去读个博士，反正大家都说在高校得读博士，不读博士也不行。

出于职业安全性的考虑，阿西申请了在职攻读博士学位。当然，这个读博的初衷也为其艰辛的读博过程埋下了伏笔。博士学位的获得和随之而来的校级教研科研项目的立项提升了阿西的研究效能感，“我觉得读博士对我来说是一个很重要的台阶，从那个时候才开始想要做一下科研，因为你没有路可以走了。四年的博士学习和一年的出国访学经历让我感觉自己有了明确的研究方向，我当时的感觉是有目标、有方向、有动力，已经从茫然变为坚定”。阿西的职业发展目标也随之发生了变化，“之前我觉得能在退休前评上副高就功德圆满了，但现在觉得是不是还可以拼一拼教授”。新的职称评审管理制度中教授职称要求主持更高级别的研究项目、发表更高质量和更多数量的学术论文，阿西的研究效能感再次受到挑战，“现在是屡战屡败，屡败屡战。我总觉得写不好项目申报书，总觉得这个东西很难，有一种这样的情绪在里面”。加之繁重的行政管理任务，时不时让阿西产生放弃的想法，“有时想算了，真不是做学术的料，但又觉得不能这么早放弃，有些心不甘，再加把劲儿看看”。

阿辰的职业发展目标一直相对坚定和清晰。

> 要胜任大学工作，需要教学和科研并重。教学是最重要的，但科研也绝不能放弃。我需要在教学上继续保持较高热情，同时在科研上不断进步，希望能多发表几篇高水平的学术论文，申请省级以上课题，延续自己的博士论文领域并同时扩大研究领域，最好能够将教学、科研以及学院课程建设发展结合起来。

尽管阿辰的职业发展目标比较明确，但“理想很丰满，现实很骨感”，工作的第二个学期就被委任为系主任。系主任职务面临着诸多琐碎的管理事务，加之依旧繁重的教学工作，让阿辰体验到了“无奈和无力感”，对教学和管理的体会和心得日益增加，对组织的归属感也越来越强，但学术科研工作只能靠碎片时间或寒暑假来进行。谈及对于教师发展的理想状态，阿辰认为：

> 大学教师职业理想状态是能够享受教学和科研，从教学中获得愉悦感，并且这种教学愉悦感不会随着教龄增加而减少；教学和科研相依相长，科研不是负担，而是兴趣使然；个人的专业知识不断获得更新和扩展，工作能力得到最大提高。但现实中却经常存在教学和科研脱节的情况，可能是教学中遇到的问题并不是自己的研究领域，也可能是自己缺乏相关专业理论储备，无法将教学中的实践问题转化成学术研究问题。不过现在我也逐渐认识到自己应该要有意识地培养自己对授课相关领域的科研兴趣，补充相关理论知识，积极主动地利用现有教学活动和资源，以尽量实现教学和科研的相互促进。

阿辰希望以后自己既能够成为一名受学生欢迎的教学优秀的教师，又能在学术领域有所建树。

作为职场新人的阿明，首先面对的是马上就要来临的三年期满考核评估。

> 三年考核肯定是要过的嘛，因为这个考核如果不过，脸上还是挂不住。评职称也必须要考虑，现在我觉得评职称的要求也挺高的。研究方向上也需要再探索一些新的方向，原来博士论文的研究方向可能需要做一些拓展才行。我现在设计了一个项目，也在自学定量分析的一个软件，但就是没有一些特别整块的时间来学。数据我已经收集好了，现在就是要确定用什么样的模型、什

么样的手段来分析。在教学方面，我觉得现在我就像是一个讲课机器，一节课讲五六遍，对于我来说有一点分裂，等以后有机会有精力，我想把我的所有课都弄成线上线下相结合的一个形式来进行。理想状态的教学应该是师生双方都有获得感，而不是教师单方面的输出，教师要跟不同的学生去讨论、交流，而不是一直是那种输出到要力竭的感觉。课程的建设也可以是一个教师组来共建，每个老师能够在自己的领域和感兴趣的领域做研究，然后来分享。这样的话，教师的教学和科研就是一个完美的闭环。如果让每个老师都花很多时间去学其他一些内容的课程，当然你也可以发现更多领域的一些精彩之处，但是也耗费了大量精力，往往还只是蜻蜓点水地知道一些非常基础的东西。

第四节 组织给养及能动行为

一、学校管理层面给养及能动性表现

本部分被访谈教师所工作的大学主要是教学型大学和教学研究型大学两种类型。不同的办学类型和办学定位为教师发展提供的给养环境存在较大的差异。从学校层面来看，招生和就业是教学型高校最为关注的方面，教学管理的规范性、教师的教学投入度直接影响着学生的满意度和就业率，因此，学校管理层面对于教学的关注要远远高于科研。如阿尚曾经工作过的独立学院和民办大学在教学上的要求和规范都远远高于她后来工作的省属公办重点大学，“前面两个学校对教师的评价就是教学，肯定没有科研。学生评教分每年都会全学院排名，然后他会大张旗鼓地嘉奖教学优秀的老师，就是用鼓励的方式让大家更重视教学。而且在那里职称评审也很容易，他们按照省里的标准评

职称，省里的标准不高，我原来那些同事全都是副教授了，也有一些评完正教授了。但是到了我现在的学校，我们的评审就非常的严，我们用学校的评审标准，比省里的高很多，因为毕竟是一本重点院校，从学校的层面也要促进老师们科研的发展，尤其是现在我们还要创双一流，科研压力越来越大”。阿辰最初工作的大学也有重教学、轻科研的情况，“那间学校是行业类学校，真的非常安逸，没有任何科研压力，教学压力也不大。学术研究上没有压力、没有环境、没有任何平台。当然，它对于教师的职业成长和职业发展也不支持。虽然没有明文规定不能在职读博，但是所有的政策都是不支持的，你如果选择读博，是不能耽误教学的，没有任何减免。如果你平衡不了工作和学习，就只能自己选择辞职”。当然，从教学型大学管理角度看，教师成长之后的流动性也是教师管理制度制定需要考虑的一个方面，毕竟学校的学术氛围相对较弱，如果学校为少部分有职业成长需求，尤其是有学术成长需求的教师提供足够的支持性给养，当个体教师取得显著学术成果时，往往会流动到更高层级的大学，对学校来讲就会竹篮打水一场空。因此，此类高校教师的职业成长更多依赖于个体自身的内在成长能动性。

与教学型大学不同，教学研究型大学处于教学型与研究型大学的中间地带，经常处于定位的变动和混乱之中，在高教谱系里的地位也相对脆弱，受到高等教育宏观政策的影响较大。在学校管理层面上突出的特点是，教学、科研和社会服务都要抓。教学上，要保证高质量和多数量，以应对学生的就业，维护学校的办学口碑；科研上，要奋起直追，向研究型大学看齐，以免稍不注意被甩出政策支持的范围。就教师而言，他们体会到的是学校管理制度的变化无常。

刚工作的时候被人灌输了一个想法，就是教学是立命之本，大学教师的工作就是教学。可是后来，学校和学院开始大张旗鼓地引进各种高端人才，颁布了新的岗位考核制度和聘任制度，压力忽然就大了起来。新的岗位考核、聘任制度对我的成长发展有着积极的影响，这些制度使我认识到自己离一个合格的高校教师还有多远的距离。虽然无论是否有这种制度，我都会很认真地对待教学，但不一定会非常投入地进行科研和社会服务。正是有了制度的鞭策，我才更加努力地参与到科研和社会服务中，让自己能跟上学校的发展。（阿德访谈记录）

一般来讲，此类大学为了实现跨越式发展通常会制定一系列的人才引进、人才晋升和人才激励政策。如阿雅工作的大学近些年就出台了一系列卓越青年学者计划、学术领军人才计划等，入选的教师无论在薪资还是教学工作量安排上都给予了政策倾斜。如入选卓越青年学者计划的青年教师的年薪不受职称的影响，是同职称级别教师年薪的2—3倍，而且学校规定其教学工作量一周不能超过4节，从制度上确保为具有高学术潜力的青年教师提供最宽松的学术发展环境；此外，还有职称晋升方面，提供了绿色通道，教师若符合绿色通道所规定的条件，可以不占据学院职称申报名额，直接上报学校。这些政策倾斜措施很快就营造了学校重视科研的文化氛围，既保证了大学学术产出的稳步增长，又可以进一步吸引更多的优秀人才加盟，使学校的发展进入到追赶研究型大学的良性轨道。但是，适应于学术锦标赛的大学管理制度也会影响到一部分青年教师的职业投入，使得教学和科研的天平发生一定的倾斜，有被访教师提到，“学校颁布的新的绩效工资措施和各种人才计划，大大打击了一些青年教师教学的积极性，让更多老师认为教好书远不如写好文章”。这种多元化的教师管理制度，对于处在35—40岁年龄段且仅具有硕士学位的教师来讲影响最为明显，他们是学术锦标赛的亲历者，也是学术锦标赛中最为痛苦的挣扎者。

二、学院管理层面给养及能动性表现

对大学青年教师来讲，尤其是对刚入职的新教师来说，学院在其职业认同建构中起着至关重要的作用，这种作用不仅仅是物理意义上的身份归属，更是一种社会心理意义上的身份认同归属。一般而言，学院在办学过程中会逐渐形成自己的办学特色和学院文化，也可以说是“范例式轨迹”（paradigmatic trajectories），即“共同体的原有成员经过长期的参与实践而形成的并通过成员的认同而体现出来的轨迹模式”[①]。这种范例式轨迹通过资源供给、价值导向等给养方式影响着青年教师职业成长初期的职业认同和行动选择。当然，教师职业成长的结果和轨迹也会在一定程度上对学院文化的发展产生影响。

当问及被访谈教师为什么一入职就接受那么多教学任务和服务性工作时，阿明的回答是，“我问了其他老师，他们都说新老师都是这样的，据说有一些新老师刚来一周就要上二十多节课，所以我的十几节课跟他们对比起来还不算多。至于学院里那些服务性的工作，我刚来，也没什么理由拒绝，就只能同意。作为刚来的老师，我总是拒绝感觉不太好”。阿辰也表达了同样的观点，“我们学院的新老师前几年都处于不是在上课就是在备课的状态。就个体感受而言，可能也会因人而异。可能有些老师对自己要求比较高，也很主动上进，那么安排很多的任务可能对他就会有促进作用，给他七八门课来磨教学，磨着磨着也就出来了。但对有些老师来讲打击可能有些大，他们会觉得被突然间的一个炸弹轰炸了，找不到方向，如果又做不出很好的调整的话，

---

① Wenger, E., *Communities of Practice: Learning, Meaning and Identity*, Cambridge, Cambridge University Press, 1998, p.156.

会非常痛苦”。的确，其他被访教师在入职初期也基本都经历过被教学轰炸的阶段。这种职场新人的被支配感和无力感作为一种职场文化广泛存在于各种正式组织中，对新入职教师而言多数情况下也是可以预期和接受的。但是，在学术锦标赛制度冲击下，很多大学出台了一系列相对灵活的教师管理和教师晋升制度，使得青年教师的职业成长路径变得更为多元。青年教师职业成长路径的多元化在一定程度上影响了学院的管理文化。恰如阿尚所说的，“反思我这么多年的职业成长，我觉得自己比较不会干，就是太不功利了。现在身边的一些年轻教师，刚刚毕业不长时间的，他们都比我功利多了，他们只做对自己有用的事情，就是做这事儿对我评职称有用吗，需要我参与到什么项目，排第几，需要我得什么奖，排第几，没有用就不做。他们普遍比较务实的，会权衡利弊”。担任学院行政领导的阿西也表达了同样的感慨，“现在找年轻老师出来做事越来越难，跟我们当年很不同。当年领导让我们干啥就干啥，现在年轻老师不这样了。比如你要多安排课程，人家直接申请大学的某某青年计划，拿出大学的规定说最多只能四节。而且他做这个是名利双收的，有大块儿的时间做研究，成果肯定比总是上课的老师多，很快就可以申请评职称了。这种人你还不能太得罪，毕竟人家的科研成果摆在那里，学院还害怕别人不高兴跑了，学院的科研工作量还要靠他们呢”。阿雅所在的大学也推出卓越青年学者计划，该计划对教师的科研工作量要求很高，但对教学工作量要求很低且有数量限制，由个体教师直接向大学人事处提交申请，无须经过学院批准。而且在职称晋升方面，大学也开通了绿色通道，只要学术成果显著，可以不占据学院的职称评审名额，直接申报。也就是说，大学为学术研究能力强的教师创造了非常宽松的给养环境。大学层面的宽松给养制度在一定程度上会瓦解或影响学院层面的管理。从学院层面来讲，招聘新教师的首要目的是承担一定数量的教学任务，如同接力赛一样履行所有青年教师曾经都需要履行的教学工作职责；从学校层面讲，招聘新教师的最优结果是能够有利于提升学校的知名度，学术成果无疑是最具有显示度的。在这种学校和学院发展目标不一致的情况下，尤其是当学院把控资源分配和政策倾斜的能力相对较弱时，青年教师尤其是新入职教师自然会做出最有利于自身职业成长的选择和路径。

当然，能够做出挑战学院文化的教师终归是少数，多数青年教师在自身学术能力还有待提高的时候，还是会依赖于学院，也愿意接受学院的各种工作安排，以便更快地融入学院之中。阿德所在的学院主要承担的是全校的公共课，在学校中的定位是教学型学院。在聘任制管理制度下，当聘期考核时出现科研工作量未达标的情况时，学院领导层通常会去大学的人事处沟通，将教学工作量大作为一个重要的影响教师考评的因素。比如阿德所在的学校第一个聘期结束时，学院里有数量较多的教师没有达到大学聘任制度规定的合格标准，学院便以教学工作量巨大为理由去大学层面争取给予所有教师“合格”等级，这在一定程度上给教师留下了一种学院会保护教师工作安全的印象。

三、与同事关系及能动性表现

从被访谈教师的情况看，大学青年教师的发展在一定程度上还受到同事给养的影响。从影响主体看，既有来自前辈同事的也有来自同辈同事的；就影响类型看，既有积极的影响也有消极的影响；就影响状态而言，存在亲密—疏远、竞争—合作的不同形态。

阿尚的丰富工作经历体现了不同类型学校、不同年龄教师之间在教学和科研上的相互作用情况。

我最开始工作时，我们同事这些人年龄都差不多，当时也没有太大的家庭压力，所以，工作日整天泡在一起，除了上课就在办公室里研究教学方式、教学效果啊。我觉得在那段时间里，我们办公室里的同事关系是迄今为止感情最好的。我们几乎每天都坐在一起研究这些东西，很有意思，看上去好像有很多繁重的工作，但平时经常在一块交流，所以我觉得感情特别的好。后来，调到现在的学校后，教师的年龄梯度比较大，作为年轻老师，在老教授面前不太敢说话，也轮不到自己说，比如说谈教学法，就觉得自己的这种知识储备没有人家教授的多，就不要在这里班门弄斧了。说实话，我最近几年从教学上的这种研讨，从同事之间获得的这种灵感什么的，都会相对少一些。当然，如果真的需要同事帮忙的话，他们也会帮忙。比如说我去参加教学比赛的时候，还是有同事来帮忙，包括我的前辈老师、同事都会帮忙，就帮你听一听课，评一评啊，然后说一些问题，一路陪伴那种。

在科研上，我觉得我们学院这种研讨、互帮互助的氛围稍微弱一些。感觉我们的老师都自己在忙自己的。有的时候我也问一些比我年长一些的老师，比如说比我大个七八岁还是讲师的那些老师为什么不评职称，他们给我的回答经常是，曾经在我这个年龄时也挣扎过一段时间，也想评，但是老是够不着学校的这个要求，等到再过几年就干脆不想了，反倒放下了。他就上好他的课，把更多的精力放在家庭上，只要家庭好也就没什么。真正搞科研的也不太多，因为大家看不到甜头，就感觉这科研搞了之后，比如说申报项目，它也不中，如果中也总是那几个职称高的、比较有经验的老师。

从入职就全身心投入教学工作的阿德则表达了同辈教师推动自己关注职业成长的经历。他认为自己之所以开始关注学术研究、申报课题，主要是看到身边的同龄人开始发文章、申报项目，觉得自己不能跟他们差距太大，也尝试着去做。

受同事的影响还是挺大的，主要是一同进来的那些同事，看到他们都噌噌噌地在发展，比如说申请到项目、发表论文什么的，就觉得自己是不是也申请一下。后面发现他们评上副高了，就觉得自己是不是应该做点事情，就开始做，慢慢地去调整。这种做法可以说是上进心，也可以说是受到触动觉得自己应该也要改变。不过，平时遇到同事，基本上不聊科研的东西，大家见面可能就聊一些琐碎的事情。

阿雅的职业成长压力也主要来自同辈群体。

反思回来，我们当时内部留校的几个老师，我是发展得最差的，无论是学历还是职称，从世俗的角度来说，混得最差。一同工作的同事有的去读博了，有的积极发表论文，而我却毫无建树，感觉很不甘。

反思自己的职业成长之路，阿西觉得：

如果有一个年长一点儿的老师，不断地告诉年轻老师，不断地鞭策他，告诉他我们学校的状态是什么样的，你如果不搞（科研）的话，你以后会是什么样子的，你可以申请什么样的课题，你怎么样把自己在教学上的想法弄一弄，你要怎么样去填表等等，我觉得这对年轻老师来说真的挺重要的，但是很遗憾，这些都没有。

被访谈的这部分教师普遍感觉到与热火朝天、忙忙碌碌的工作氛围相对应的是个体职业成长变得越来越孤独。

现在新入职的教师都是博士毕业，很多人都有过教学经验，科研基础也都很好，都清楚自己要做什么，因为聘期考核的大剑明晃晃地摆在你面前，每年的工作述职让你无比清醒地知道自己要完成的任务。教学上也没有什么需要讨论的，也没有时间和精力去讨论，最多就是在考试前商量下怎么一起出题。学校虽然规定每位老师都必须去听课，但大家都心照不宣地在意念中完成了任务。科研合作更多时候也只能是心向往之，尤其是申报科研项目时，需要团队申报，但实际上主要还是主持人在折腾，因为现在评职称只看主持人，大家都要报，都要当主持人，很多时候为了凑够组织成员，需要提前一年去预定那些自身承担了科研项目不能再申报的老师或者以前读书时候的老师和同学。①

概括来讲，同事之间的关系是一种非常微妙的关系，尤其是在各类大学管理制度普遍强调个体价值的当下，合作的难度有所增加。作为青年教师，既想与同事共建学术共同体，一起合作求共同发展，又担心自己仅仅处于学术共同体中的边缘位置，每时每刻都处在各种挣扎之中。

① 焦点小组访谈中某位被访教师的发言。

小　结

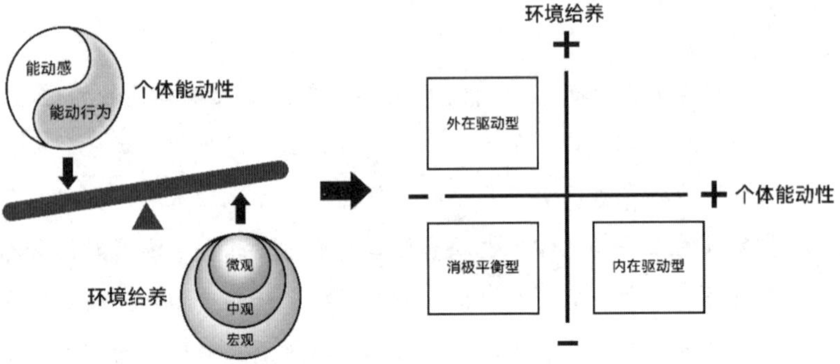

图 4.1　个体能动性与环境给养的关系模型图

从本部分七位被访谈教师的职业成长情况看，他们既不同于前文所论及的职业发展目标明确的“理性决策者”，也不同于遭遇明显职业成长困境或节点的“转型者”，他们属于个体能动力和环境给养此消彼长、相对平衡的一种状态。但这种平衡目前更多地表现为一种消极的平衡状态，这种消极的平衡状态时常会让他们陷入一种“挣扎状态”。如阿明对于选择目前入职高校的理由是，“在多个备选高校中，这个看上去更稳定一些，压力也没有那么大，我个人想着等工作稳定之后更倾向于选择进入婚姻和家庭生活，工作只是生活的一个方面。当时跟人事处签合同的时候，下意识地把签订的工作任务书当作一个形式性的走过场。现在才感觉若达不到要求的话，可能会面临着丢掉工作”。阿尚也表达了自己对于工作的态度，“我觉得在工作上我的心态还是很平和的，不会有大幅的波动。我不会因为今天做得好而感觉很高兴，或者哪天做得不好而失落。就是评职称这方面确实让我倍感压力，觉得还是应该把这个职称评上去”。

在个体能动特征上，他们有教师职业理想，但非纯粹的完美主义者和理想主义者；他们会屈服于现实，但绝非纯粹的务实主义者，更多的是处于一种个体能动力与环境给养的协商过程中。上进、负责、认真是他们的共同个性特征，这种个性特征使得他们较为容易成为所处组织的核心成员，也使得他们常常处于教学、科研和服务三项大学教师职能的平衡之中。七位被访谈老师均承担了一定的党政管理职务，从教研室主任、支部委员、系主任到副院长不一而足。对组织行政或服务性工作的深度参与在一定程度上增强其组织归属感和职业价值感，但受制于个人的精力，他们常会陷入选择的困难之中，顾此失彼。对于尚无博士学位的阿尚、阿德、阿雅和阿行而言，他们的教学效能感非常强但科研效能感较弱，寻找提升科研能力的途径是其最大的挑战；而对于已经获得博士学位的阿西、阿辰而言，他们都具有多年的教学经验且博士阶段接受过系统的学术研究训练，教学效能感和科研效能感都相对较强，最大的挑战是如何平衡越来越繁重的行政管理任务对于教学和科研投入的侵占；对于刚刚入职高校的阿明来讲，各方面挑战都比较大，教学上需要进一步努力以站稳讲台，学术研究上需要将已有研究基础与现有工作内容进行重新整合。

第五章　促进大学青年教师教学投入与职业成长之路

大学教育的成功离不开教师的才能和贡献，身处学术职业初级阶段的青年教师的职业成长情况不仅影响着教师自身的职业发展和教育教学质量，而且会影响着青年学者是否选择进入学术职业的意愿和行动。本研究通过探究大学青年教师的教学投入及职业成长情况，揭示影响其教学投入和职业成长的因素及其关系状态，从而寻找更有益于大学青年教师职业成长的路径。本章将对研究发现进行回顾，并在此基础上展开讨论与反思，给出应对策略。

第一节　审视：大学青年教师教学投入与职业成长样态

本研究运用混合研究的方法，首先，对481名大学青年教师开展定量研究，从整体上把握大学青年教师在教学投入、职业成长、个人—环境匹配度和职业满意度等方面的基本情况、影响因素和关系模型；其次，通过目的性抽样和方便抽样，对14名大学青年教师进行深度访谈，开展多案例研究。

从整体上看，大学青年教师在教学投入上处于中等以上水平。就教学投入的各维度而言，青年教师在师生关系投入维度上得分最高，而在教学情感投入维度上得分最低，且教学情感投入、教学认知投入、师生关系投入和同事关系投入各维度之间均存在显著差异。在师生关系投入上得分最高在一定程度上说明，大学青年教师在职业生涯早期最直接的工作挑战是站稳讲台，而课堂教学的直接对象是学生，加之青年教师也处于从学生身份向教师身份的转变过程中，因此，在师生关系投入上普遍会表现得较为积极。如案例中的阿达曾谈及，在刚工作的前几年，为了弥补自身教学经验的不足，会主动留出时间来给学生答疑；阿中也表示非常重视跟学生的交往关系的处理，曾担任学生班主任、组织各种学生活动等；而阿兴则表示曾经一度因为从学生那里得不到正向反馈而萌生辞职的念头。作为得分最低的教学情感维度主要考察教师来自工作的正向情感反应，比如教学时会感到快乐、充满乐趣、感到兴奋等。该维度得分最低的一个可能原因是目前大学青年教师的教学工作量普遍偏高，多个受访谈教师都谈及了让其疲于奔命的教学工作量，尤其是在有严格岗位考核标准的情况下，越多的教学工作量越难让教师体会到正向的情感反应。多个被访谈教师都表达了看到职称考核条件中对教学工作的极低要求和自己实际教学工作量巨大时的负向情绪，如被访对象阿中觉得“自己的青春就这样错付了”。张俊超对研究型大学青年教师的研究也发现了同样的情况，“即使对教学有满腔热情的教师，也慢慢消亡在‘管理者’的武断决策之中以及考核的‘指挥棒’之下”[①]。

在教学投入影响因素上，存在着性别、学历、学习经历、授课类

① 张俊超：《大学场域的游离部落：大学青年教师发展现状及应对策略》，中国社会科学出版社2009年版，第87页。

型上的显著差异，具体表现为女教师在教学投入上整体比男教师高；目前最高学历为硕士的青年教师与其他学历水平的教师相比，教学投入最高；毕业于国内各类型高校教师的教学投入较之国外或境外毕业的教师高；以教授公共课为主的教师在教学投入上显著地高于以专业课教授为主的其他教师群体。此外，教学时间投入是影响教师教学投入的必要条件，但非充分条件。也就是说，高水平的教学投入必然包括一定量的教学时间投入，但并非在教学上投入时间越多教学投入效果越佳。若教师的教学工作量安排过大反而会在一定程度上损耗教师的教学投入。因此，在教师教学工作量安排上，尤其是对于教学经验缺乏的新入职青年教师，需要寻求一个合适的平衡点才能真正提升教师的教学投入成效。

大学青年教师在整体职业成长上处于一个相对良好的状态。从教师职业成长的职业目标进展、职业能力发展和职业回报增长三个维度的情况看，职业能力发展在职业成长中表现突出，职业回报增长尚需进一步提升。教师的最高学历毕业院校、教学时间投入、科研时间投入有助于预测其职业成长所属的类别组，其中最高学历毕业院校、科研时间投入与“低职业成长型”教师负向关联，而教学时间投入与“低职业成长型”教师正向关联，即大学青年教师最高学历毕业的院校层次越高、科研时间投入越多，教师的职业成长倾向于越好；教学时间投入越少，教师职业成长倾向于越好。高校的奖励政策、学术评价制度、专业培训制度、人与环境匹配度、职业满意度、同事关系投入、师生关系投入等都有助于预测大学青年教师职业成长的类别组，以上变量得分越高，教师的职业成长越好；而惩罚政策、教学情感投入、教学认知投入对于大学青年教师职业成长潜在类别分组无显著影响。

从前文的调查研究和案例研究的结果看，大学青年教师教学投入与职业成长之间的关系并非直接的线性关系，而是受到其他因素的影响。本研究主要考察了大学青年教师教学投入、职业成长及其与职业满意度、个人—环境匹配度之间的关系。调查数据显示，大学青年教师的职业成长与职业满意度呈正相关关系，职业成长可以正向预测职业满意度。个人—环境匹配度在大学青年教师职业成长与职业满意度之间起着部分中介作用，除大学青年教师的职业成长会直接影响到其职业满意度外，还通过个人—环境匹配度间接影响到其职业满意度。教学投入在大学青年教师职业成长与职业满意度之间起着正向的调节作用。当大学青年教师教学投入处于较高水平时，大学青年教师职业成长对于其职业满意度的影响作用更强，即大学青年教师教学投入正向调节职业成长对其职业满意度的积极影响。

具体到教师职业成长实践过程中，不同的教师又表现出不同的职业成长模式（图 5.1）。生态能动性理论认为，“个体能动性是个体与环境互动的结果，并随着时间的变化动态而缓慢变化”[①]。因此，生态视角下的青年教师职业成长是大学青年教师在职业成长过程中其自身能动性与环境给养动态作用的结果，是教师判断给养状况、发挥自身能动性的一个过程。教师既受制于自身的能动能力，也受到所处环境的影响，既受到环境的限制又得益于环境，个体能动能力与环境呈现一种动态循环状态。如前面章节所论及，教师个体能动性的发挥受到个体过往经历（如生活经历、学习经历、工作经历、职业认知、职业情感和职业信念等）、未来职业目标（短期目标和长期目标）以及对当下工作环境给养情况感知和解释（如对大学组织管理制度、学院或系管理制度、学术共同体文化、师生关系等的制度 / 规则感知、解释与认同）的影响。环境给养主要包括来自微观、中观和宏观三个层次的

① Emirbayer, M., Mische, A., What is Agency? *American Journal of Sociology*, 1998, 103(4), pp. 962-1023.

给养情况，本研究调查发现处于微观层面的院系对于教师能动行为的选择和职业成长的影响最为明显，影响着职业成长的速度和职业发展的路径。

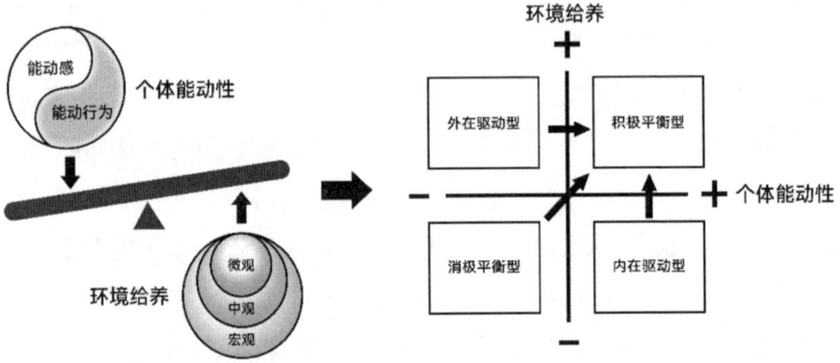

图 5.1 个体能动性与环境给养的关系模型图

从本研究的调查结果看，大学青年教师职业成长的过程表现为具有个体能动性的教师通过感知、解释环境给养，并与所处的给养环境进行动态互动、博弈，最终采取相应的能动行为的过程。在此过程中主要形成四种主要的职业成长样态，分别是：积极平衡型、外在驱动型、消极平衡型和内在驱动型。积极平衡型教师的能动性和环境给养都处于较高的水平，呈现“个人—环境匹配”的状态，是一种理想的职业成长样态，如被访谈教师阿达就属于积极平衡型，其职业成长顺畅、职业满意度高。外在驱动型教师的能动性较弱，在职业成长过程中略显被动，其职业成长主要源自外界环境的驱动，这种来自外界环境的驱动既可能是来自学校管理制度的有形压力也可能是来自同辈群体的无形压力。外在驱动型的教师在应对外部压力时，可能会走向两种不同的职业成长模式：一种是走向积极平衡型，也就是外界环境压力激活个体内在能动性，个体的职业成长从被动转为主动，如案例中

"转型者"阿中、阿学、阿贯都是在学校管理制度驱动下成功转为积极平衡型；另一种是走向消极平衡型，案例中处于焦虑和彷徨中的"挣扎者"教师更容易走向消极平衡型，且尤以教学型大学和教学研究型大学的青年阶段晚期教师表现明显。这类教师教龄大多在十年左右，教学经验较为丰富，但普遍没有经历过博士阶段训练，在各类高校职称评审条件节节攀升但组织支持却无同步提升的现实情况下，他们的职业成长遭遇了前所未有的挑战，他们的职业成长未来略显迷茫，常常会选择逃避或在其他方面寻找自身的价值感，较容易走向消极平衡型。消极平衡型的教师处于能动性水平和给养水平双低的状况，常常与教师职业倦怠如影随形。这在以教学为主的大学中更为常见，且在学历相对较低和女教师身上表现得尤为明显。比如被访谈教师阿雅，毕业之初抱着美好的学术梦想留校，但在繁重的教学任务和生活压力下，一度萌生了"破罐子破摔"的想法。内在驱动型的教师是普遍具有很强的能动性，若其所处的环境并未提供与之需求相匹配的给养，改变或逃离环境往往是他们的最终选择。如案例中"理性决策者"阿星、阿海和"转型者"阿中都是典型的内在驱动型代表，他们有相对明确的职业成长目标且能够付诸行动，但却遭遇了职业成长与环境的冲突，最终他们选择了离开环境。

综上所述，大学青年教师的职业成长受到诸多内在或外在，有形或无形力量的左右，其职业成长之路是个体能动性与环境给养之间不断协商的结果，教学投入则更多地表现为是教师职业成长协商之路上的一种行动选择，这种行动选择又会反过来影响到教师的职业成长。

第二节　坚守：教与学的核心地位

教学应该被看作学术的一种，是与科研（发现的学术）具有同样重要性的一种学术形态；教学投入是一种积极主动的教学工作状态，是教师为了更好地履行教学职能而做出的积极主动的资源分配，是在教学活动中认知、情感、社会关系和行为的综合表达；高水平的教学投入包括一定量的教学时间投入，但高的教学时间投入并不必然代表高水平的教学投入；教学投入的最终目的是为了学生的学。教学学术（Scholarship of Teaching and Learning，SoTL）的概念和实践由来已久，当代意义上的 SoTL 发端于 20 世纪 90 年代的美国，并在卡内基教育促进基金会主席博耶、舒尔曼的领导下，"逐步从一种美国现象扩展为一场国际性运动，成为一种国际现象"[①]。在随后三十多年的理论和实践发展过程中，众多学者对教学学术的概念和内涵进行了解读，在教学学术内涵上，经历了"教的学术"（scholarship of teaching）[②]到"教—学的学术"（scholarship of teaching and learning）[③]再到"学—教的学术"（scholarship of learning and teaching）[④]。教学学术的理念赋予了教和学新的内涵，也为教师教学投入和职业成长提供了新思路。

围绕"如何提高大学的教学质量和教学水平"，1990 年博耶撰写了著名的卡内基报告——《学术反思》，首次将大学教学上升到一种学术的层面加以探讨。"教学学术"概念的提出为理解大学教学提供了

---

① 赵炬明、高筱卉：《赋能教师：大学教学学术与教师发展——美国以学生为中心本科教学改革研究之七》，《高等工程教育研究》2020 年第 3 期。

② Boyer, E. L., *Scholarship Reconsidered*, San Francisco: JosseyBass Publishers, 1990.

③ Shulman, L. S., "Teaching as Community Property", *Change*, 1993, 25(6), p.6.

④ 赵炬明：《论新三中心：概念与历史——美国 SC 本科教学改革研究之一》，《高等工程教育研究》2016 年第 3 期。

全新的视角，它将大学教学上升到一种学术的层面加以探讨，拓宽了学术的范畴，也改变了传统的大学教学观。博耶认为，学术水平的确意味着参与基础研究，但一个学者的工作还意味着走出调研，寻求相互联系，在理论与实践之间建立桥梁，并把自己的知识有效地传授给学生，因此，教授的工作包括四个不同而又相互重叠的功能："发现的学术水平、综合的学术水平、运用的学术水平和教学的学术水平。"① 开展教学学术的教师主要承担着四种主要角色："知识的传承者、教学的设计者、自我的学习者和学生的启发者。"② 按照卡内基教育促进基金会的定义，"教学学术是教师根据本学科的认识论对在自己教学过程中产生的问题进行探究，并将探究结果用他人能够接受的形式公开，使之面对公开的评论和评价，与同行进行分享并能够让同行在此基础上进行建构"③。舒尔曼赞同博耶关于将教学视为学术形式的观点，教学学术框架下的教学的过程与研究的过程一样都由至少五种要素组成："想法、设计、互动、结果和分析；在教学结果上，教师将自己对教学问题的研究成果公开、接受同行评价和批评，并与所在专业社团的其他成员进行交流，也反过来强化了自己的工作。"④ 他进一步强调了教学学术与传统教学的不同，"教学学术具有学术活动的三个主要特征：能够交流；可以分享讨论、批评、交换；同行评议。开展教学学术的教师会关注其所在学科的教学问题，他们将通过阐述其课程设计，系统地展示课程在整个学科中的学术性，解释课程如何体现该学科的核心问

---

① 吕达、周满生：《当代外国教育改革著名文献》（美国卷·第三册），人民教育出版社2004年版，第18页。

② 〔美〕欧内斯特·L. 博耶：《关于美国教育改革的演讲》，涂艳国译，教育科学出版社2002年版，第18页。

③ 王玉衡：《美国大学教学学术运动》，北京师范大学出版社2012年版，第2页。

④ 王玉衡：《美国大学教学学术运动》，北京师范大学出版社2012年版，第910页。

题以及如何让学生参与其中等”[①]。在有关教学学术的研究中，研究者普遍意识到了教学学术需要进一步关照学生的学习。

虽然在 SoTL 的概念内涵上，目前尚无一个被学界认可的界定，在教学学术构成要素上，不同的学者给出了不同的界定，形成了不同的教学学术模型，涉及知识、实践、反思、交流、成果、公开等不同要素；但是，可以明确的一点是，大学教师对于 SoTL 的接纳度在不断提升，SoTL 实践也在不断丰富，越来越多的大学教师开始关注教学、用学术的方法研究教学，并逐步参与到 SoTL 的社群或共同体中。可以说，教学学术的提出和实践可以为大学教学“学习范式”的推进提供制度保障，为本科教育教学改革提供新的思路和方向，为教师投入教学构建新的角色身份认同。教学学术的推进不仅有利于提升大学教学的地位，体现教学和科研的有效融合，推动大学教学的实践创新与理论构建，还有助于拓宽教师的学术增长点，并能有效缓解长久以来悬而未决的大学教师教学和科研相冲突的现状，从而促进教师的职业成长和提升大学的核心竞争力。

概括来讲，教学学术具有学术的特点，是一种需要付出探究的努力并形成专业教学成果的过程。它既不同于专业教学也不同于学术研究，是介乎两者之间的一种教学研究形态。与专业学术研究相比，开展教学学术的教师更注重自我反思，同时关注学生的学习，教师主要是对自己的教学实践活动本身进行反思、探究，从而生成教学学术成果；与专业学术研究强调学术研究成果的理论贡献性相比，教学学术更强调教学实践改进过程中的学科教学理论生成，需要学科专业理论与教学实践之间的彼此互动；与专业学术研究归属于各自的学科专业不同，教学学术强调将学科专业与教育理论相结合，是一种跨学科或

① Shulman, L. S., “Teaching as Community Property”, *Change*, 1993, 25(6), p.67.

交叉学科研究。同时，教学学术的过程是教学实践过程和教学理论生成过程的有机结合。这种理论和实践的结合可以在很大程度上超越传统意义上大学教学“领地化”的弊端。在实践层面上，教师的备课、教学、评价、修正教学等环节不再是仅凭个人教学实践经验和智慧的一种自行无目的试误过程，而是在依托已有的相关学科的教学公共知识，有目的地设计、组织、评估和反思教学，从而深化教师对教学的理解，提高教师教学能力。在理论生成层面上，围绕真实的教学行为，通过教师对专业教学实践进行反思、交流、公开等方式产出教学学术成果，继而增进教学学术成果的丰富化、体系化，完善教学理论体系。对教师而言，教学学术框架下教师的教学将发生“根本性的转变”，即“从传统的教师中心的、基于讲座的体系向一种学生中心的、主动的学习方法的转变”[①]，有助于提升教师的批判性反思能力、提升教学兴趣和有效教学能力，从而促进其专业化发展；对学生而言，在教学中推行教学学术，有助于落实“学习范式”，从而增强学生的学习自主性、积极性，满足学生个性化的学习需求，有助于学生的学业成功；对大学而言，教学学术的推进，有助于进一步明确大学教学的学术地位和基础地位，重构大学教学文化，提升本科教育教学质量。

第三节　创新：学术职业管理新举措

无论是从“教学范式”向“学习范式”的转型还是教学的其他改革，最终都需要通过教师来实现。生态视角下的教师教学投入和职业

---

① 吴立保:《“学习范式”下美国本科教育改革的经验及其启示》,《中国高教研究》2017 年第 8 期。

成长是个体因素和环境因素相互作用的结果。通常来讲，教师的自我效能感越强，感知到的环境给养越正向且丰富，他们的教学和工作体验感会越好，职业成长动力也越强，越可能增加工作投入。因此，为了促进大学青年教师教学投入和职业成长效果，可以从管理制度创新方面进行尝试。

一、教学学术视域下的大学教学管理创新

当然，任何“教学范式”或教育教学改革的运行都离不开对应的支持系统。当前的大学教师培养制度、教育教学质量保障制度、教育教学评价制度、教师管理制度等都适应于传统的“教学范式”（instruction paradigm）。因此，要真正实现大学教学学术从理念到实践的顺利推进，实现“教学范式”转变为“学习范式”（learning paradigm），需要优化大学制度环境，构建支持教学学术的生态管理制度和文化。具体来讲，可以在以下方面做出变革：

第一，树立正确的教学价值观，切实将学生发展放在大学教育教学的核心位置。众所周知，现代大学承担着教学、科研和直接为社会服务的三大职能，其中教学是最古老的职能。虽然在当今时代教学职能屡受冲击，但教学的价值不能被忽视。正如周川教授所言，“大学是追求理性的机构，也是崇尚德行的机构；教育德行是大学德行的核心要素，体现于教师的教育教学行为；一切为了学生，对学生的发展负责，是教育德行的根本，也是教育良知的基点”[①]。

第二，建立与教学学术相匹配的教学支持系统，提升对大学教学的支持力度。教学支持系统涉及教师的教学知识、教学方法、课程设计与组织、教学评估等多个方面。教师教学发展中心教学支持系统的

---

① 周川：《大学的德行：传统与现实》，《教育研究》2019 年第 1 期。

建立主要包括两个方面：一是组织建制上的支持，二是管理制度上的支持。从组织建制上看，大学教学支持系统通常设立在大学的人力资源部（人事处）或教务部（处），以教师发展中心、教学发展中心或者教学评估中心等名称存在。参照其他国家和地区大学在推进大学学术过程中采用的支持性制度和方案，大体分为五类："培训、咨询、交流、支持、评估。"[①] 培训通常包括针对新教师的岗前培训和入职后教师的教学主题类或常规类培训；咨询主要是根据教师个体的教学需求提供的咨询性服务，涉及相关课程的教学内容选择、教学方法选择、教学评估、教学反思等多个方面；交流主要是围绕相关教学主题或议题组织开展的教学工作坊、研讨会等；支持主要是为教师开展教学和教学学术提供技术、资源、经费等方面的支持；评估则主要针对教师课程教学开展的各类评估、结果反馈和建议等。从目前我国大学的情况看，教学支持系统在组织建制方面是相对完备的，自 2012 年开始，教育部启动教师教学发展示范中心建设工作，各高校陆续建立了教师发展或教学发展有关的中心或机构，但在实际运行上却良莠不齐，"教师教学发展中心的学术性、独立性、专业性和感召力明显不足，具体表现为中心的性质尚未完全展现、建制尚不完备、作用尚不充分、覆盖面尚不够广等"[②]。如访谈案例中的阿达，她所在的大学的教师发展中心为教师的专业发展提供了切实有效的支持，而阿中所在的高校的教师发展中心却被教师们称为"阻碍教师发展中心"。此外，目前我国大学的教学支持类中心的人员组成主要是以行政人员为主，普遍缺少学科教学专业人员，这会在一定程度上使得教学支持工作较为被动，头

---

① 赵炬明、高筱卉：《赋能教师：大学教学学术与教师发展——美国以学生为中心本科教学改革研究之七》，《高等工程教育研究》2020 年第 3 期。

② 赵炬明、高筱卉：《赋能教师：大学教学学术与教师发展——美国以学生为中心本科教学改革研究之七》，《高等工程教育研究》2020 年第 3 期。

痛医头、脚痛医脚，在工作内容和形式选择上容易随波逐流，流行什么做什么，需要什么做什么，缺乏相对稳定长久的工作规划。因此，在组织建制上，需要进一步加强教师发展中心类机构的专业性和规范性，真正发挥其在教学研究、教学支持、学习支持、资源服务及教学评价等方面的支持作用，成为教师讨论教学问题、交流教学经验的一个智慧平台。

在管理制度支持上，主要涉及教师激励制度和晋升制度。激励制度和晋升制度会导引大学教师思考做什么更容易受到肯定、更容易获得职业成长。“如果教师用在学生身上的时间得不到最终的承认，谈论提高教学质量就是一句空话。”[①] 在“重科研、轻教学”的环境下，大学教师在教学能力上的投入对个人的职业成长贡献不大。因此，要切实推进教学学术，提升大学教师的教学投入，需要制定对教学、教学学术的激励制度和相应的晋升制度。如提高教学津贴、设立专门教学奖项、设立教学改革项目等。按照博耶的观点，要发展教学学术，需要对教师做出多样化的分类评价，大学可以通过建立一种激励机制以便让各种形式的学术得到适当的报偿，他提出了“创造性契约”的方式，即“学校可以为教师的发展制定周期性的合同契约和时间安排，教师可依其兴趣和院校需要选择近期的研究工作和发展重点”[②]。在晋升制度上，要体现出对教学和教学学术的认可和重视，可以设置教学型教授岗位或者将教学成就与科研成就同等对待。对于教学维度的评价不能仅仅用课时量和评教分数来作为教师晋升决策时的标准，还需要围绕教学学术的特点增加相应的内容，如教师的教学反思、课程教学设计方案、课程评估和反馈等，也就是个体教师的教学为推进教学学术做

① 吕达、周满生：《当代外国教育改革著名文献》（美国卷·第三册），人民教育出版社 2004 年版，第 6 页。

② 宋燕：《“教学学术”国外研究述评》，《江苏高教》2010 年第 2 期。

出了怎样的贡献。

第三，营造和创设支持性教学文化和组织氛围。要激励教师真正投身教学、开展教学学术工作，不仅仅是在管理制度上推进这么简单，还需要从更深层次入手，通过营造能够使教师主动投身教学的支持性教学文化和组织氛围来实现。前文的措施更多的是从影响大学教师教学投入的外部因素来进行的，但要真正提升大学教师的教学投入，还需要教师能够从内心接受教学、教学学术的价值以及在其职业成长中的价值。郭建鹏等的研究发现，“教学环境感知和自我效能感不仅能够直接正向预测教学投入，而且环境感知还能通过自我效能感的中介作用间接影响教学投入”[①]。Granziera 和 Perera 也认为，“教学体验越好的教师越愿意投入教学”[②]。因此，大学要积极主动地培育教学学术的文化氛围，关注教师的教学情感需求、教学效能感提升，从而增强教师对教学的认同，为教师开展教学学术活动提供充分的组织文化支持。如在教学学术实践上颇有建树的印第安纳大学系统的卓越教学教师学院，“除了提供一系列教学学术论坛、沙龙、期刊等资源，还每年开展各种各样奖项的评选，对优异教师的教学学术工作予以认定，同时还有专门针对那些同样推动了学校教学发展的非教职人员颁发‘友谊奖’”[③]。这些活动的开展有助于营造一种认可、尊重教学的新型教学文化，提升教师教学的声望。此外，还可以通过构建教学学术共同体来推进整个高等教育领域教学学术文化的形成。通过教学学术共同体，教师们可以在国内外寻找本专业或本课程的研究伙伴，共同研究和交流教学，

---

① 郭建鹏、唐祯、吕帅：《什么因素影响了中国高校教师的教学投入——基于个体与环境两水平变量的分层线性模型分析》，《教育发展研究》2022 年第 9 期。

② Granziera, H., Perera, H. N., “Relations among Teachers’ Self-efficacy Beliefs, Engagement, and Work Satisfaction: A Social Cognitive View”, *Contemporary Educational Psychology*, 2019, 58(7), pp.75-84.

③ 刘隽颖：《“教学学术”研究体系的四维建构及其实践机制》，《江苏高教》2019 年第 1 期。

推进大学教学的学术性。

二、生态视域下的学术职业过程管理创新

大学教师的职业成长过程是时间维度要素和空间维度要素共同作用的结果，涵盖职前、职后及其所处的环境，涉及研究生教育阶段的教师职业准备、个人—环境匹配状况及其影响。因此，要构建有助于大学青年教师职业成长的良性生态，需要关注其职业成长的时空特点。

（一）研究生教育改革与未来教师培养

博士研究生是我国大学教师的主要来源，“半数以上的博士毕业生选择高校的教师岗位”[①]，博士研究生的培养模式和质量直接影响到未来大学教师的整体素质。博士学习阶段是学术职业生涯早期阶段的一部分，在博士学习阶段，博士生开始了解学术职业并开始职业社会化。在这个过程中，“博士生通过多种方式对大学教师的角色及其在教学、科研、管理以及社会服务诸方面形成一个全景式的认识”[②]。如果博士研究生阶段教育与学术职业实际需求之间严重脱节，将会影响到大学教师在学术职业生涯早期的职业成长。就目前我国博士研究生教育而言，主要定位于培养学术型人才，着眼于研究生专业学术能力的培养，普遍缺乏针对未来职业选择的准备，尤其是对于日后选择进入高校从事学术职业的博士毕业生而言，无论是在教学 / 教学学术能力培养还是学术职业成长规划方面都处于相对缺位的状态。

在教学能力培养上，与中小学教师的师范生培养模式不同，我国

① 许丹东、沈文钦、陈洪捷：《博士就业去向与择业心态——基于两次全国调查的对比分析》，《中国高教研究》2022 年第 7 期。

② 张俊超：《大学场域的游离部落：大学青年教师发展现状及应对策略》，中国社会科学出版社 2009 年版，第 212 页。

大部分大学教师在研究生教育阶段缺乏系统、科学、规范的教育教学培训，即使有部分研究生有助教的经历，但助教制度仍不完善，缺少系统的教育教学理论和教学方法培训，助教的主要职责通常是做课件、批改作业、课外辅导答疑等，较少涉及课堂授课。因此，大部分博士研究生助教的教学能力从科学化上来讲仍是严重不足的，更多地表现为自己多年求学经验的延续，对于“什么是好的教学”的理解也千差万别，甚至认为教学是无师自通的一件事情。可以说，目前我国的博士研究生教育仅仅满足了大学教师科研职能的一个方面需求，而缺乏对教学和直接为社会服务职能的关照，也缺乏对于大学组织理念、管理、文化等的必要关注。“博士毕业生专业学术能力和教学能力、教学学术能力之间的不对等使得大部分新入职大学教师不能较好地完成教学任务，也负面影响了高校对于新入职教师的满意度”[①]，还为其进入学术职业后“重科研、轻教学”埋下了伏笔。原高教司司长张尧学曾在新闻发布会上表示，“青年教师一出校门就上讲台，某种程度上来讲，是某些课程教学质量不高的重要原因之一”[②]。

博士生教育中缺乏教学训练的情况在美国的大学也曾普遍存在过。Kenneth Eble 在其著作《作为教师的教授》（*Professors as Teachers*）中提到其观察结果：“（教授们的）视野的狭隘、对教育教学的蔑视、不愿当好一个教师的弊病大部分同研究生阶段的教育有关。”[③] 芝加哥大学研究生院院长 Laing 也表达了类似的观点，他质疑“我们在为（研究生）就业准备方面做了什么？承担研究生教育的各院系在课程设置

---

① 杨柳群：《博士研究生教学学术能力的培养》，《研究生教育研究》2018 年第 6 期。

② 张尧学：《高校青年教师刚出校门禁上讲台》，人民网，http://language.chinadaily.com.cn/campus/200701/29/content_795380.htm，2007-01-25。

③ Boyer, E. L., “Highlights of the Carnegie Report: The Scholarship of Teaching from ‘Scholarship Reconsidered: Priorities of the Professoriate’” *College Teaching*, 1991, 39(1), pp.11-13.

时是否充分考虑过教师职业需求？或是在课程设置时只着眼于培养研究者，而将教师职责作为研究之余的谋生手段对待……这些疑问汇聚成一个问题就是：我们的哲学博士培养制度到底在培养怎样的大学教师？”[①]20世纪70年代美国大学教师发展运动的推进，使得很多美国大学开始尝试博士生教育改革，逐渐把教师发展问题前移到了博士研究生阶段，时至今日已基本形成了涵盖教师职业生涯发展各阶段的完整体系。如得克萨斯大学奥斯汀分校为研究生开设了《从博士论文到从业：设计教学》的教学课程；宾大沃顿商学院专门设立面向博士生的必修科目“教师发展项目”（Teacher Development Program，TDP）以提高博士生的教学能力。[②]针对如何通过研究生教育促进教学学术，克莱博曾给出了五条建议：“（1）改变研究生课程计划使之至少包括两门关于教育学的课程；（2）允许学生做学科内教育学方面的专题、学位论文；（3）为研究生提供教学实习的机会并接受教学学术实践者对其教学的反馈意见；（4）基于教育学理论和研究建立专题讨论会和研讨小组；（5）支持从事教学学术的教师并请其担任研究生的指导教师。”[③]

此外，我国博士研究生的培养过程中普遍缺乏有关学术职业规划方面的内容，学术职业社会化程度偏低。职业社会化即“个体学习获得即将进入的职业生涯所必需的知识、技能、价值的过程；学术职业社会化是大学教师学习、遵循有关学术工作的知识技能、价值规范、行为准则并胜任相应角色的过程”[④]。Tierney 和 Robert 将

---

① Boyer, E. L., “Highlights of the Carnegie Report: The Scholarship of Teaching from ‘Scholarship Reconsidered: Priorities of the Professoriate’”, *College Teaching*, 1991, 39(1), pp.11-13.

② 李颖、徐岚：《一流大学博士生如何为大学教师职业做准备——以宾大沃顿教师发展项目为例》，《教育发展研究》2020年第11期。

③ 宋燕：《“教学学术”国外研究述评》，《江苏高教》2010年第2期。

④ 黄雪梅、王占军：《我国“双一流”建设高校教师学术职业社会化影响因素研究》，《中国高教研究》2020年第2期。

教师的社会化分为“研究生教育（尤指博士教育）时期的‘预期社会化’（anticipatory socialization）和入职单位的‘组织社会化’（organizational socialization）两个阶段，两者均是教师获得成功学术生涯的保证”[①]。因此，对于博士研究生而言，预期社会化是为学术职业做准备而获取相应的价值规范、行为准则、知识和技能的过程，有助于帮助博士生理解学术职业以及将要承担的角色等。从博士毕业生学术职业社会化的整体来看，博士教育阶段的预期社会化阶段是个体学术职业的起点，入职后的组织社会化阶段是个体学术职业的延续和成长，呈现为一个连续体。然而，现实的情况是，很多博士毕业生因为缺乏必要的职业规划能力，在博士教育阶段缺乏对学术职业全景的必要了解，使得预期社会化和组织社会化之间存在严重的断裂和不匹配。如本研究中的被访教师阿星、阿海、阿中等都属于明显的个体与环境不匹配的状态，其职业成长过程伴随着个体与环境之间的冲突和矛盾。一般来讲，“个体与其所处职业环境的匹配程度是个体职业发展外在指标（如薪酬、职位）和内在指标（如满意度）的重要预测，较高水平的个人—环境匹配度不仅有助于实现个体的职业发展，也有助于组织绩效的提升；反之，则对个人即组织造成消极影响”[②]。“当个体工作负荷、报酬、价值观与组织环境契合程度越高时，个体的工作投入水平也会越高。”[③]本研究中定量研究部分的数据结果也显示，个人—环境匹配度在大学青年教师职业成长与职业满意度之间起着显著的中介

① Tierney, W. G., Robert, A. R., *Faculty Socialization as Cultural Process: A Mirror of Institutional Commitment*, Washington, D. C., School of Education and Human Development, George Washington University, 1994.

② 顾剑秀、韩霜、罗英姿：《研究型大学青年教师职业成长影响机制：人与环境匹配的中介作用》，《中国高教研究》2021 年第 11 期。

③ Maslach, C., “Job Burnout: New Directions in Research and Intervention”, *Current Directions in Psychological Science*, 2003, 12(5), pp. 189-192.

作用。

因此，为切实提高大学青年教师的教学投入，推进其职业成长进程，需要将教师学术职业发展的相关内容前移到博士生培养环节，实现博士研究生教育与大学教师学术职业成长一体化。参照国外其他国家大学的实践经验和相关理论研究成果，结合我国大学的实际情况，可以尝试从以下几个方面入手：

第一，在博士研究生培养方案中体现学术职业成长、教学能力培养的重要性。在博士研究生培养方案中增加有关学术职业、教学学术、教学设计、教学方法和教学评估等教育教学类的选修课程，鼓励博士生根据自身的需要选修相关的课程，考察合格可计入学分。

第二，推进校内教师发展中心与研究生培养部门合作，资源共享，实现博士教育阶段预期社会化和入职后组织社会化的“专业+职业”一体化。可借鉴美国普林斯顿大学的做法，每学年都开设专门的有关教学学术能力研修班，对全校的教师和博士研究生开放。研讨主要围绕以下主题展开：“当代高等教育的方向；如何从其他学科的视角，比如认知心理学、物理学、历史学等学科进行教学研究；有效的课程设计和评估；学生参与讲座、讨论和实验；使用促进学习的教学技术；编写教学大纲等。”①

第三，搭建“理论+实践”的职业生涯规划平台。以“个人—环境匹配度”为基本准则，一方面，根据博士研究生个人的学术职业期望和自身特点以及不同层次、不同类型高校对于教师素质的需求情况，开设个性化的学术职业生涯规划辅导。另一方面，开展校级合作，为有志于进入学术职业的博士研究生提供教育见习、教育实习的机会。参照美国“培养未来教师”（preparing future faculty）项目的相关做法，

① 张旸：《高等学校教学学术的价值意蕴及其制度建构》，《高等教育研究》2015年第2期。

"加强培养博士的研究型大学与地方学院合作，在合作院校为博士生制定教学指导教师，让博士生参与合作学校的部分教学、服务活动等，从而实现在入职前就具备较为全面的大学教师基本素质"[①]，最终实现博士毕业生个体与就职单位的匹配。

（二）青年教师职业成长与基层学术组织支持

大学初任教师从入职伊始即进入到了组织社会化阶段。处于组织社会化阶段的初任教师，其价值观、行为规范和行为习惯都会受到其所处大学管理制度和组织文化的影响。在诸多影响中，来自院系的影响更为直接和深厚。"学院是大学人才培养、科学研究、社会服务和文化传承创新的基本单位和重要基地，逐渐形成了自己的办学传统和办学特色，积淀了丰富的文化内涵。"[②]已有的研究表明，院系的规范和文化会对教师职业发展、职业能动性、组织归属感、组织承诺、职业满意度、职业流动等产生影响。许多对高校新教师发展的研究都指出，"新教师工作的群体文化和归属感在他们职业发展的早期具有重要影响，一个良好的、支持性的'院系学术社区'对他们的学术行为具有积极的意义"[③]。Campbell 和 O' Meara 研究了院系环境对于大学教师职业成长的影响，发现"教师所感知到的工作—生活气氛（work-life climate）、个体—院系匹配度和专业发展资源供给会影响教师的职业发展能动性"[④]。Daly 和 Dee 的研究发现，"大学教师与学院（系）同事

---

① 张俊超：《大学场域的游离部落：大学青年教师发展现状及应对策略》，中国社会科学出版社 2009 年版，第 215 页。

② 许伟通、王金宝：《论高校二级学院文化建设》，《浙江工业大学学报》2011 年第 3 期。

③ Boice, R., *The New Faculty Member: Supporting and Fostering Professional Development*, San Francisco: JosseyBass, 1992, p.215.

④ Campbell, C. M., O' Meara, K., "Faculty Agency: Departmental Contexts that Matter in Faculty Careers", *Research in Higher Education*, 2013, 55(1), pp.49-74.

的共事体验与其工作满意度和离职意愿密切相关”[①]。刘熠的研究则将教师所在的教学单位看作机构共同体（institutional community），发现“机构共同体在大学教师的职业认同建构中起着至关重要的作用：不仅是物理意义上的，更是一个可以让主体产生归属感的社会心理场域”[②]。

在今日中国的大学，学院是大学基层学术组织的基本组织形式，是作为一个实体性组织层次存在的，是大学教学、科研以及社会服务等诸多工作的实际承担者。此外，伴随着我国大学规模和大学办学自主权的逐步扩大，越来越多的大学逐渐把原属于大学层级的权力，如职称评定、科研管理、教学管理、教师管理等下放到学院层面，授权各学院根据自己的实际办学情况来制定学院层面的相关管理制度和规范。这些学院层面的管理制度和规范与大学青年教师的日常工作和职业发展直接相关，将在一定程度上引导着教师职业发展的方向和职业成长的路径选择。青年教师的职业成长，除教师个体的自我努力外，离不开院系组织环境和学习共同体的支持。对于大学教师而言，院系结构和文化无论对其角色身份认同还是其职业成长都起着重要的作用。本研究中被访谈教师的职业成长经历也验证了院系制度和文化对于教师职业成长的影响，且教师和大学组织的冲突也大多集中在院系层面，如“我命由我不由天”的阿星努力挣脱院系的束缚在大学层面寻找职业成长空间；“我是一尾鲶鱼”的阿海低调发展只求可以尽快逃离院系的限制；“我的青春被欺骗”的阿中感受到的是学院的各种不公；当然，运气加持的阿达也表达了其职业成长离不开学院对其工作的各种支持。成功的教师发展，应该把学院进步与教师的长远发展结合起

① Daly, C. J., Dee, J. R., “Greener Pastures: Faculty Turnover Intent in Urban Public Universities”, *The Journal of Higher Education*, 2006, 77(5), pp.776-803.

② 刘熠：《叙事视角下的大学公共英语教师职业认同建构研究》，外语教学与研究出版社2011年版，第98页。

来，学院进步与教师发展的激励措施应该相互支持、相互强化，共同提高[①]，教师发展的内在动力和外部动力能够协调平衡。因此，为了促进大学青年教师的教学投入和职业成长，需要注重基层学术组织的制度和文化建设以形成良性的支持环境，提升教师的组织支持感。

组织支持感（perceived organizational support）是组织行为学里的一个重要概念，“指员工对组织重视其贡献、关心其幸福的主观感知”[②]，被普遍视为影响员工工作行为、态度和心理健康的重要变量。“组织支持感与公平、人力资源实践、领导风格、个人—组织环境、组织承诺、工作满意度和工作绩效等诸多因素相关。”[③]“高的组织支持感可以提升员工的创造力、创新绩效、工作满意度，并降低离职倾向、负向影响职业倦怠中的情绪衰竭和成就感低落等。”[④]针对大学教师组织支持感的研究发现，“组织支持感与教师的情感承诺、规范承诺、教师发展目的和动机都存在正向关系，教师如果感觉到学校对其工作生活关心的程度高，他们对学校的情感越深，在工作中会更负责，能严格按照学校的规则和要求办事，表现出较高的职业道德和水准”[⑤]；“组织支持感越高，大学教师发展目的和动机越强”[⑥]。具体来讲，可以通过两

① Joyce, B., “The Doors to School Improvement”, *Educational Leadership*, 1991, 8(48), p.59.

② Kurtessis, J. N., Eisenberger, R., Ford, M. T., et al., “Perceived Organizational Support: A Meta Analytic Evaluation of Organizational Support Theory”, *Journal of Management*, 2017, 43(6), pp.1854-1884.

③ Rhoades, L., Eisenberger, R., “Perceived Organizational Support: A Review of the Literature”, *Journal of Applied Psychology*, 2002, 87(4), pp.698-714.

④ 詹小慧、李群：《组织支持感与员工创新绩效：一个跨层次的调节模型》，《当代经济管理》2020 年第 1 期。

⑤ 熊会兵、罗东霞：《高校教师的组织支持感、集体自尊与组织承诺关系》，《经济管理》2008 年第 13 期。

⑥ 林晓娇：《组织支持感对大学教师发展动力的影响：基本心理需求的中介作用》，《中国健康心理学杂志》2022 年第 11 期。

条主要途径来提升大学青年教师的组织支持感，一是提供有助于青年教师职业成长的资源，二是营造支持性的院系组织氛围。

第一，为大学青年教师提供职业成长的资源。根据资源保存理论，当个体认为自身处于资源不足的情况下时，会引发情绪枯竭。已有研究证实，“缺少来自同事和领导的帮助、指导和支持等工作资源往往是导致工作倦怠的一个重要原因”[①]。这些资源包括为教师提供的围绕教学和科研的经费资助、助教或助研制度、学习或培训机会、员工福利等。“如果高校能够为教师提供充足的职业成长资源和支持条件，教师则会对学校做出积极评价，产生组织支持感，并对个人发展前景产生信心，从而更愿意增加工作投入，并通过完成工作任务目标、履行组织角色期待和维持良好的人际关系等方式进行回报。”[②] 因此，从院系层面来讲，需要努力为教师创设一个安全舒适、公正的发展环境或平台，让教师的权利诉求能够得到顺畅表达。

在为青年教师提供职业成长资源的时候，需要特别关注公平问题。与社会中的大多数人一样，教师也十分关注公平（fairness）问题，对于职业生涯初期的青年教师尤其如此。研究者们把发生在工作场所中的不公平（unfairness）称为不公正（inequity），由此形成了公正理论（equity theory）。公正问题是组织管理理论者和实践者都关注的一个问题，公正与否的体验直接影响到员工的信念和动机。公正理论主要关注被个体感知到的公平及对待公平的信念。公正理论普遍认为，个体判断自己是否受到公平待遇的关键机制是社会比较，个体不仅关心自己经过努力所获得的报酬的绝对数量，而且关心相对量。这种比较一

① Bakker, A. B., Demerouti, E., Verbeke, W., “Using the Job Demands-resources Model to Predict Burnout and Performance”, *Human Resource Management*, 2004, 43(1), pp.83-104.

② 林晓娇：《组织支持感对大学教师发展动力的影响：基本心理需求的中介作用》，《中国健康心理学杂志》2022 年第 11 期。

般包括两种情况，一个是横向比较，即自己的所得与工作投入的比值与他人的所得和投入的比值进行比较；另一个是纵向比较，即自己的所得与投入的比值同自己过去的所得和投入的比值进行比较。如果投入与产出比相近，个体会认为是公平的；如果明显不同，个体就会认为不公平，继而产生不公平感。不公平感的潜在结果是“个体绩效动机下降，个体可能会采用一系列的方法减少不公平感：努力扩大成果，寻求扩大收益，如增加工资或其他奖励；试图离开，辞职；减少投入，工作不努力”[①]。回到本研究的大学青年教师的教学投入和职业成长问题，教师们是否愿意提高教学投入或工作投入，也会权衡增加教学投入或工作投入的投入—产出比，就像本研究中多名被访教师都谈到的“被欺骗感”“沮丧感”，当他们看到职称评定条件中对教学的要求仅仅是很有限的课程和课时数量，而自己远超要求的教学工作量无法在职称评定中有任何回报，感受到了极大的不公平，相应地会减少对教学的投入。

第二，营造开放性、支持性的院系组织氛围。组织氛围（climate）是“描述组织生活质量的一个概念，它以生活和工作于某环境中的人们的集体感知为基础，对人们的行为产生影响的一系列可测量的工作环境特征；它如同个人特征的独特结构形成个性一样，生态、环境、社会系统和文化等各因素的持续特性的独特结构形成了一种氛围”[②]。组织氛围会对其成员的行为和态度产生影响。就大学教师的工作特性而言，独立性或者说是孤独感非常强，而且在教学工作上表现得尤为突出。大学教师的课堂教学往往被视为“私人领地”，教师之间很少交

---

① 〔美〕韦恩·K. 霍伊、〔美〕塞西尔·G. 米斯克尔：《教育管理学：理论·研究·实践》，范国睿译，教育科学出版社 2007 年版，第 141 页。

② 〔美〕韦恩·K. 霍伊、〔美〕塞西尔·G. 米斯克尔：《教育管理学：理论·研究·实践》，范国睿译，教育科学出版社 2007 年版，第 180 页。

流和交往，教师的教学能力发展也只能依靠教师自身的经验积累来获得。“很多大学对教师在校时间并无规定，不少‘青椒’过着‘上课到校、下课回家、独自备课、没人交流’的生活——如何加强情感和学术的交流，寻找情感出口和发展平台成为值得思索的问题。”[①]“任何行业的成长都依赖于它的参与者分享经验和进行诚实的对话”[②]，大学教师行业自然不例外，教师的职业成长需要一种开放性、支持性的组织氛围。开放性组织氛围的特征是教师与院系领导、同事之间呈现高忠诚、高信任状态。已有的研究表明，组织氛围的开放度与教师的决策参与和学校效能均存在显著的正相关。要在院系层面营造开放型、支持性的组织氛围，可以尝试构建教师专业学习共同体来实现。

高校教师专业学习共同体是“高校教师在特定的场域，基于一定的问题或情境，通过对话、协作和分享性活动以促进教师个体、教师整体以及组织发展为目的，在互动协作的过程中形成的一种联结”[③]。专业学习共同体是“一个目的明确的（purposeful）、交往的（communicative）、公平的（just）、有纪律的（disciplined）、充满关怀的（caring）的地方”[④]。学院层面专业学习共同体的构建可以在一定程度上缓解教师职业成长、教学投入中存在的一些冲突矛盾。如针对大学教学和科研冲突的情况，费尔韦瑟给出了自己的观点和建议：“政策鼓励了教学产出和效益，势必就会影响到教师的研究产出，反之亦然……可以在尊重个体学术生涯不同阶段能力发展特征、扬其所长的

---

① 陶芊、熊旭：《关注高校青年教师：困境中的突围》，《光明日报》2013 年 8 月 13 日。

② 〔美〕帕克·帕尔默：《教学勇气：漫步教师心灵》，吴国珍、余巍等译，华东师范大学出版社 2005 年版，第 144 页。

③ 魏海苓、孙远雷：《专业学习共同体视角下的高校教师专业发展》，《高教发展与评估》2013 年第 5 期。

④ 詹泽慧、李晓华：《美国高校教师学习共同体的构建——对话美国迈阿密大学教学促进中心主任米尔顿·克斯教授》，《中国电化教育》2009 年第 10 期。

同时，不妨考虑把政策聚集于群体、团队或部门（院系）而不是个体，让教学与科研各有所长者在一个集体环境中各有侧重和各有所获，如此才能二者兼顾并提高整体效益。”[①] 在促进教师开展教学学术方面，克莱博以大学教师发展为视角提出了几条建议：“（1）在院系范围内建立合作性的行动研究计划，通过行动研究，专家和教师培训人员可以就学科教学和学习做出讨论和探索；（2）允许教师在数年之内集中从事教学学术并允许有教学学术的学术休假；（3）建立基于教育学理论和研究的专题讨论会和研讨组；（4）成立院系范围的关于学科教学和相关材料的读书会并鼓励教师进行团体教学；（5）以教学学术的形式建立基于大学教学和学习的课程。”[②] 具体到管理实践中，教师专业学习共同体的建立需要借助切实可行的教师合作实践载体。因此，院系需要从管理制度改革入手来增强教师合作意识，倡导教师之间深入地合作与交流，发展教师之间良好的伙伴关系，协调共同体内部的合理分工，形成合作学习的规范，最终形成合作团体。

---

① Fairweather, J. S., “The Mythologies of Faculty Productivity: Implications for Institutional Policy and Decision Making”, *The Journal of Higher Education*, 2002(1), pp.26-48.

② 宋燕：《“教学学术”国外研究述评》，《江苏高教》2010 年第 2 期。

参考文献

一、中文文献

（一）专著类

〔德〕伍德·弗里克:《质性研究导论》，孙进译，重庆大学出版社 2011 年版。

〔俄〕玛利亚·优德科维奇、〔美〕菲利普·阿特巴赫、〔美〕劳拉·E. 朗布利主编:《21 世纪的青年教师：国际视野》，姜帆、王琪译，上海交通大学出版社 2017 年版。

〔法〕米歇尔·福柯:《权力的眼睛》，严锋译，上海人民出版社 1997 年版。

〔加〕许美德:《中国大学：1895—1995 一个文化冲突的世纪》，许洁英译，教育科学出版社 2000 年版。

〔美〕阿夫纳·格雷夫:《大裂变：中世纪贸易制度比较与西方兴起》，郑江淮等译，中信出版社 2008 年版。

〔美〕埃里克·H. 埃里克森:《同一性：青少年与危机》，孙名之译，中央编译出版社 2018 年版。

〔美〕罗伯特·K. 殷:《案例研究：设计与方法》（第 5 版），周海涛、史少杰译，重庆大学出版社 2017 年版。

〔美〕Matthew B. Miles（迈尔斯）、〔美〕A. Michael Huberman（休伯曼）:《质性资料的分析：方法与实践》（第 2 版），张芬芬译，卢晖临校，重庆大学出版社 2008 年版。

〔美〕诺曼·K. 邓金、〔美〕伊冯娜·S. 林肯:《定性研究：经验资料收集与分析的方法》（第 3 卷），风笑天等译，重庆大学出版社 2007 年版。

〔美〕诺曼·K. 邓金、〔美〕伊冯娜·S. 林肯:《定性研究：方法论基础》（第1 卷），风笑天等译，重庆大学出版社 2007 年版。

〔美〕诺曼·K. 邓金:《解释性交往行动主义——个人经历的叙事、倾听与理解》，周勇译，重庆大学出版社 2004 年版。
〔美〕欧内斯特 · L. 博耶:《关于美国教育改革的演讲》，涂艳国译，教育科学出版社 2002 年版。
〔美〕帕克 · 帕尔默:《教学勇气：漫步教师心灵》，吴国珍、余巍等译，华东师范大学出版社 2005 年版。
〔美〕韦恩 · K. 霍伊、〔美〕塞西尔 · G. 米斯克尔:《教育管理学：理论 · 研究 · 实践》，范国睿译，教育科学出版社 2007 年版。
〔美〕约翰 · W. 克里斯韦尔:《质的研究及其设计》，余东升译，中国海洋大学出版社 2009 年版。
〔美〕约翰 · W. 克里斯韦尔、〔美〕薇姬 · L. 查克:《混合方法研究设计与实施》（第 2 版），游宇、陈福平译，重庆大学出版社 2017 年版。
〔美〕约瑟夫 · A. 马克斯韦尔:《质的研究设计：一种互动的取向》，朱光明译，重庆大学出版社 2007 年版。
〔英〕安东尼 · 吉登斯:《社会的构成》，李康、李猛译，生活 · 读书 · 新知三联书店 1998 年版。
〔英〕齐格蒙特 · 鲍曼:《共同体》，欧阳景根译，江苏人民出版社 2003 年版。
编委会:《全国普通高校本科教育教学质量报告（2020 年度）》，高等教育出版社 2021 年版。
陈先哲:《学术锦标赛制下大学青年教师的制度认同与行动选择》，广东人民出版社 2017 年版。
陈向明:《质的研究方法与社会科学研究》，教育科学出版社 2000 年版。
廉思:《工蜂：大学青年教师生存实录》，中信出版社 2012 年版。
刘熠:《叙事视角下的大学公共英语教师职业认同建构研究》，外语教学与研究出版社 2011 年版。
吕达、周满生:《当代外国教育改革著名文献》（美国卷 · 第三册），人民教育出版社 2004 年版。
邱皓政:《潜在类别模型的原理与技术》，教育科学出版社 2008 年版。
王孟成、毕向阳:《潜变量建模与 Mplus 应用 · 进阶篇》，重庆大学出版社 2018 年版。
王玉衡:《美国大学教学学术运动》，北京师范大学出版社 2012 年版。
吴波:《我们这样长大成人：青年人的自我认知及社会因素的影响》，社会科学文献出版社 2015 年版。
吴明隆:《问卷统计分析实务 ——SPSS 操作与应用》，重庆大学出版社 2018 年版。

吴振利:《美国大学教师教学发展研究》，教育科学出版社 2012 年版。
张静:《身份认同研究：观念、态度、理据》，上海人民出版社 2006 年版。
张俊超:《大学场域的游离部落：大学青年教师发展现状及应对策略》，中国社会科学出版社 2009 年版。
张伟豪、卓英洁、苏荣海:《论文写作不求人：SPSS 数据分析指南》，中国石化出版社 2021 年版。
赵炬明:《以学生为中心：当代本科教育改革之道》，北京大学出版社 2023 年版。

（二）文章类

别敦荣、韦莉娜、李家新:《高校教师教学发展中心运行状况调查研究》,《中国高教研究》2015 年第 3 期。
陈炳辉:《福柯的权力观》,《厦门大学学报》（哲学社会科学版）2002 年第 4 期。
陈凡:《以学生为中心的教学何以可能——基于 51 所大学本科课堂现状的实证研究》,《高等教育研究》2017 年第 10 期。
陈敏灵、王孝孝:《职业倦怠：内涵、测量与形成机理》,《外国经济与管理》2019 年第 8 期。
陈学金:《“结构”与“能动性”：人类学与社会学中的百年争论》,《贵州社会科学》2013 年第 11 期。
程晋宽:《美国大学教师工作量浅析》,《高等教育研究》2005 年第 6 期。
董金伟:《大学文化生态视域下的高校教师发展研究——以 G 大学为例》，广东外语外贸大学 2016 年博士学位论文。
冯爱秋、杨鹏、林琳:《地方高校教师教学投入状况调查分析》,《中国大学教学》2015 年第 12 期。
顾剑秀、韩霜、罗英姿:《研究型大学青年教师职业成长影响机制：人与环境匹配的中介作用》,《中国高教研究》2021 年第 11 期。
郭建鹏、唐祯、吕帅:《什么因素影响了中国高校教师的教学投入——基于个体与环境两水平变量的分层线性模型分析》,《教育发展研究》2022 年第 9 期。
郭钟泽、谢宝国、程延园:《如何提升知识型员工的工作投入？——基于资源保存理论与社会交换理论的双重视角》,《经济管理》2016 年第 2 期。
何辉、黄月、王文博:《职业成长理论辨析与测量：主客观指标整合及实证研究》,《首都经济贸易大学学报》2016 年第 4 期。
胡何琼、郭丽君:《基于潜在剖面分析的高校教师教学投入分型及相关因素分析——以湖南省高校为例》,《中国农业教育》2021年第5期。
黄雪梅、王占军:《我国“双一流”建设高校教师学术职业社会化影响因素研究》,《中国高等教育研究》2020年第2期。
孔德永:《和谐社会构建中的制度认同分析》,《求实》2008年第5期。
李从欣:《高校教师职业成长驱动因素及关联效应研究》,天津大学2013年博士学位论文。
李全喜:《女性科技工作者职业发展影响因素的三维解析》,《科学学与科学技术管理》2009年第12期。
李爽、钟瑶:《在线教师教学投入对学生学习绩效的影响——基于教师和学生的视角》,《开放教育研究》2020年第3期。
李颖、徐岚:《一流大学博士生如何为大学教师职业做准备——以宾大沃顿教师发展项目为例》,《教育发展研究》2020年第11期。
林晓娇:《组织支持感对大学教师发展动力的影响:基本心理需求的中介作用》,《中国健康心理学杂志》2022年第11期。
刘隽颖:《“教学学术”研究体系的四维建构及其实践机制》,《江苏高教》2019年第1期。
刘振天:《高校教师教学投入的理论、现况及其策略》,《中国高教研究》2013年第8期。
柳友荣:《教师“教学投入不足”:概念内涵、现实问题与实践向度》,《江苏高教》2020年第11期。
卢晓中:《对高等教育分层定位问题的若干思考》,《高等教育研究》2006年第2期。
吕林海:《大学教学学术的机制及其教师发展意蕴》,《高等教育研究》2009年第8期。
马莉萍、张心悦:《研究型大学海归教师与本土教师本科教学质量的比较研究》,《中国高教研究》2020年第10期。
牟智佳、苏秀玲、严大虎:《课堂环境下基于教学行为的教师教学投入度评测建模研究》,《现代远距离教育》2020年第3期。
綦珊珊、姚利民:《教学学术内涵初探》,《复旦教育论坛》2004年第6期。
秦丽莉、戴炜栋:《生态视阈下大学英语学习环境给养状况调查》,《现代外语》2015年第2期。
秦丽莉、何艳华、欧阳西贝:《新手教师情感对认知发展影响的叙事研究》,《现代外语》2019年第6期。
石艳:《“停课不停学”期间教师能动性的表征与延续》,《教育发展研究》2020年第 8 期。
宋燕:《“教学学术”国外研究述评》,《江苏高教》2010 年第 2 期。
孙纬君、陈浩:《突出教学主旋律推动质量上台阶 —— 国家教委高教司周远清司长访谈录》,《中国高等教育》1993 年第 Z1 期。
陶丽、顾佩娅:《选择与补偿:高校英语教师职业能动性研究》,《外语界》2016 年第 1 期。
田国秀:《师生冲突:基于福柯的微观权力视角的分析》,《比较教育研究》2007 年第 8 期。
王慧、栾添、杜锐:《教师专业发展视域下地方高校教师职业成长激励机制研究》,《职业技术教育》2021 年第 29 期。
王帅、邢姝婷:《教学“线上化”背景下国际中文教师的能动性研究》,《语言教学与研究》2022 年第 2 期。
王小伟:《能动性与格沃思道德哲学》,《世界哲学》2018 年第 1 期。
王严淞:《凝聚共识 · 交流理念 · 分享实践 ——“一流大学本科教学高峰论坛”综述》,《中国高教研究》2016 年第 7 期。
魏海苓、孙远雷:《专业学习共同体视角下的高校教师专业发展》,《高教发展与评估》2013 年第 5 期。
翁清雄、席酉民:《企业员工职业成长研究:量表编制和效度检验》,《管理评论》2011 年第 10 期。
翁清雄、杨惠、曹先霞:《科研人员职业成长、工作投入与工作绩效的关系》,《科研管理》2017 年第 6 期。
吴立保:《“学习范式”下美国本科教育改革的经验及其启示》,《中国高教研究》2017 年第 8 期。
熊会兵、罗东霞:《高校教师的组织支持感、集体自尊与组织承诺关系》,《经济管理》2008 年第 13 期。
熊苏春:《一个大学英语教师职业成长叙事探究》,《教育学术月刊》2020 年第 5 期。
徐锦芬、龙在波:《外语教学中的能动性研究》,《解放军外国语学院学报》2020 年第 5 期。
徐锦芬、张姗姗:《生态视角下 EMI 学科教师语言教学能动性研究》,《现代外语》2022 年第 3 期。
许丹东、沈文钦、陈洪捷:《博士就业去向与择业心态 —— 基于两次全国调查的对比分析》,《中国高教研究》2022 年第 7 期。

许伟通、王金宝:《论高校二级学院文化建设》,《浙江工业大学学报》2011 年第3 期。
阎光才:《高水平大学教师本科教学投入及其影响因素分析》,《中国高教研究》2018 年第 11 期。
阎光才:《学术等级系统与锦标赛制》,《北京大学教育评论》2012 年第 3 期。
杨帆、陈向明:《论我国教育质性研究的本土发展及理论自觉》,《南京社会科学》2019 年第 5 期。
杨柳群:《博士研究生教学学术能力的培养》,《研究生教育研究》2018 年第 6 期。
袁庆宏、丁刚、李珲:《知识型员工职业成长与离职意愿——组织认同和专业认同的调节作用》,《科学学与科学技术管理》2014 年第 1 期。
詹小慧、李群:《组织支持感与员工创新绩效:一个跨层次的调节模型》,《当代经济管理》2020 年第 1 期。
詹泽慧、李晓华:《美国高校教师学习共同体的构建——对话美国迈阿密大学教学促进中心主任米尔顿·克斯教授》,《中国电化教育》2009 年第 10 期。
张庆鹏、寇彧:《自我增强取向下的亲社会行为:基于能动性和社交性的行为路径》,《北京师范大学学报》(社会科学版)2012 年第 1 期。
张旸:《高等学校教学学术的价值意蕴及其制度建构》,《高等教育研究》2015 年第 2 期。
张轶文、甘怡群:《中文版 Utrecht 工作投入量表(UWES)的信效度检验》,《中国临床心理学杂志》2005 年第 3 期。
赵斌:《地方普通本科高校青年教师教学投入现状研究》,华中科技大学 2015 年硕士学位论文。
周川:《大学的德行:传统与现实》,《教育研究》2019 年第 1 期。
周光礼、马海泉:《教学学术能力:大学教师发展与评价的新框架》,《教育研究》2013 年第 8 期。
周喜华:《高校青年教师职业成长:问卷编制及特点研究》,《黑龙江高教研究》2016 年第 7 期。
周晓虹:《认同理论:社会学与心理学的分析路径》,《社会科学》2008 年第 4 期。
朱佳妮:《“学术硬着陆”:高校文科青年海归教师的工作适应研究》,《复旦教育论坛》2017 年第 3 期。

二、英文文献

Admiraal, W., Kruiter, J., Lockhorst, D., et al., “Affordances of Teacher Professional

Learning in Secondary Schools" , *Studies in Continuing Education*, 2016, 38(3).

Ahearn, L. M., "Language and Agency", *Annual Review of Anthropology*, 2001, 30(1).

Argyris, C., "The Individual and Organization: Some Problems of Mutual Adjustment", *Administrative Science Quarterly*, 1957, 2(1).

Bailey, J. G., "Academics' Motivation and Self-efficacy for Teaching and Research", *Higher Education Research and Development*, 1999, 18(3).

Bakker, A. B., Demerouti, E., Verbeke, W., "Using the Job Demands-resources Model to Predict Burnout and Performance", *Human Resource Management*, 2004, 43(1).

Bandura, A., "Social Cognitive Theory: An Agentic Perspective", *Annual Review of Psychology*, 2001, 52(1).

Barr, R. B., Tagg, J., "From Teaching to Learning: A New Paradigm for Undergraduate Education", *Change*, 1995, 27(6).

Bedeian, A. G.Kemery, E. R., Pizzolatto, A. B., "Career Commitment and Expected Utility of Present Job as Predictors of Turnover Intentions and Turnover Behavior", *Journal of Vocational Behavior*, 1991, 39(3).

Beijaard, D., Meijer, P. C.,Verloop, N., "Reconsidering Research on Teachers' Professional Identity", *Teaching and Teacher Education*, 2004, 20(2).

Beijaard, D., Verloop, N., Vermunt, J. D., "Teachers' Perceptions of Professional Identity: An Exploratory Study from a Personal Knowledge Perspective", *Teaching and Teacher Education*, 2000, 16(7).

Biesta, G., Priestley, M., Robinson, S., "The Role of Beliefs in Teacher Agency", *Teachers and Teaching*, 2015, 21(6).

Boice, R., *The New Faculty Member: Supporting and Fostering Professional Development*, San Francisco: Jossey-Bass, 1992.

Boshier, R., "Why is the Scholarship of Teaching and Learning Such a Hard Sell?" , *Higher Education Research & Development*, 2009, 28(1).

Boyer, E. L., "Highlights of the Carnegie Report: The Scholarship of Teaching from 'Scholarship Reconsidered: Priorities of the Professoriate'", *College Teaching*, 1991, 39(1).

Boyer, E. L., *Scholarship Reconsidered*, San Francisco: Jossey-Bass Publishers, 1990.

Campbell, C. M., O'Meara, K., "Faculty Agency: Departmental Contexts that Matter in Faculty Careers", *Research in Higher Education*, 2013, 55(1).

Carmeli, A., Gefen, D., "The Relationship between Work Commitment Models and Employee Withdrawal Intentions", *Journal of Managerial Psychology*, 2005, 20(2).

Chay, Y., Aryee, S., "Potential Moderating Influence of Career Growth Opportunities on Careerist Orientation and Work Attitudes: Evidence of the Protean Career Era in Singapore", *Journal of Organizational Behavior*, 1999, 20(5).

Cheng, X., Wu, L-Y., "The Affordances of Teacher Professional Learning Communities: A Case Study of a Chinese Secondary School", *Teaching and Teacher Education*, 2016(58).

Christian, M. S., Garza, A.S. and Slaughter, J.E., "Work Engagement: A Quantitative Review and Test of its Relations with Task and Contextual Performance", *Personnel Psychology*, 2011, 64(1).

Clark,Burton., *The Academic Life: Small Worlds, Different Worlds*, Princeton, NJ: Carnegie Foundation for the Advancement of Teaching, 1987.

Cohen, J., *Statistical Power Analysis for the Behavioral Sciences*, Hillsdale, NJ: Lawrence Erlbaum Associates, 1988.

Creswell, J. W., *Qualitative Inquiry and Research Design: Choosing among the Five Approaches*, Thousand Oaks, Sage, 2007.

Dalal, R., Brummel, B., Wee, S., et al., "Defining Employee Engagement for Productive Research and Practice", *Industrial and Organizational Psychology*, 2008, 1(1).

Daly, C. J., Dee, J. R., "Greener Pastures: Faculty Turnover Intent in Urban Public Universities", *The Journal of Higher Education*, 2006, 77(5).

Demerouti, E., Bakker, A. B., Vardakou, I., et al., "The Convergent Validity of Two Burnout Instruments: A Multitrait-multimethod Analysis", *European Journal of Psychological Assessment*, 2003, (19).

Denzin, N. K., Lincoln, Y. S., *Handbook of Qualitative Research (5th ed.)*, Thousand Oaks, CA: Sage Publications, 2017.

Edwards, J. R., "An Examination of Competing Versions of the Person-Environment Fit Approach to Stress", *Academy of Management Journal*, 1996, 39(2).

Elder, G. H., Johnson, M. K., Crosnoe R., *The Emergence and Development of Life Course Theory*//Mortimer, J. T., Shanahan, M. J., *Handbook of the Life Course*, New York, Kluwer Academic/Plenum Publishers, 2003.

Emirbayer, M., Mische, A., "What is Agency?"*American Journal of Sociology*, 1998,

103(4).

Fairweather, J. S., "The Mythologies of Faculty Productivity: Implications for Institutional Policy and Decision Making", *The Journal of Higher Education*, 2002(1).

Flyvbjerg, B., *Five Misunderstanding about Case-study Research*//Denzin, N. K., Lincoln, Y. S., *The Sage Handbook of Qualitative Research*, Thousand Oaks, Sage, 2004.

Gibson, E. J., Pick, A. D., *An Ecological Approach to Perceptual Learning and Development*, Cary: Oxford University Press, 2003.

Gibson, J. J., *The Ecological Approach to Visual Perception*, New York, Taylor & Francis Group, 1986.

Granziera, H., Perera, H. N., "Relations among Teachers' Self-efficacy Beliefs, Engagement, and Work Satisfaction: A Social Cognitive View", *Contemporary Educational Psychology*, 2019, 58(7).

Greenhaus, J. H., Parasuraman, S., Wormley, W. M., "Effects of Race on Organizational Experiences, Job Performance Evaluations, and Career Outcomes", *Academy of Management Journal*, 1990, 33(1).

Greif, A., David, D., Laitin, A., "Theory of Endogenous Institutional Change", *American Political Science Review*, 2004, 98(04).

Hair, J. F., Black, W. C., Babin, B. J., et al., *Multivariate Data Analysis: A Global Perspective (7th ed.)*, Upper Saddle River, NJ: Pearson Prentice Hall, 2010.

Hakim, C., "Lifestyle Preferences as Determinants of Women's Differentiated Labor Market Careers", *Work and Occupations*, 2002, 29(4).

Haneda, M., Sherman, B., "A Job-Crafting Perspective on Teacher Agentive Action", *TESOL Quarterly*, 2016, 50(3).

Hogg, M. A., Abrams, D., *Social Identification: A Social Psychology of Intergroup Relations and Group Process*, London: Routledge, 1988.

Johnson, K. E., "The Sociocultural Turn and Its Challenges for Second Language Teacher Education", *TESOL Quarterly*, 2006, 40(1).

Joyce, B., "The Doors to School Improvement", *Educational Leadership*, 1991, 8(48).

Kahn, W. A., "Psychological Conditions of Personal Engagement and Disengagement at Work", *Academy of Management Journal*, 1990, 33(4).

Kaiser, H. F., Rice, J., "Little Jiffy, Mark IV", *Educational and Psychological*

Measurement, 1974, 34 (1).

Kerr, J., Slocum, J. W., "Managing Corporate Culture through Reward Systems", *Academy of Management Perspectives*, 2005, 19(4).

Klassen, R. M., Said Aldhafri, Caroline F. Mansfield, et al., "Teachers' Engagement at Work: An International Validation Study", *Journal of Experimental Education*, 2012, 80(4).

Klassen, R. M., Yerdelen, S., Durksen, T. L., "Measuring Teacher Engagement: Development of the Engaged Teachers Scale (ETS)", *Frontline Learning Research*, 2013, 1(2).

Kreber, C., Cranton, P. A., "Exploring the Scholarship of Teaching", *The Journal of Higher Education*, 2000, 71(4).

Kristof-Brown, A. L., "Person-organization Fit: An Integrative Review of its Conceptualizations, Measurement, and Implications", *Personnel Psychology*, 1996, 49(1).

Kristof-Brown, A. L., Zimmerman, R. D., Johnson, E. C., "Consequences of Individuals' Fit at Work: A Meta-analysis of Person-job, Person-organization, Person-group, and Person-supervisor Fit", *Personnel Psychology*, 2005, 58(2), pp.281-342.

Kurtessis, J. N., Eisenberger, R., Ford, M. T., et al., "Perceived Organizational Support: A Meta-Analytic Evaluation of Organizational Support Theory", *Journal of Management*, 2017, 43(6).

Latack, J. C., Dozier, J. B., "After the Ax Falls: Job Loss as a Career Transition", *The Academy of Management Review*, 1986, 11(2).

Link, A. N., Swann, C. A., Bozeman, B., "A Time Allocation Study of University Faculty", *Economics of Education Review*, 2008, 27(4).

Little, J. W., *Professional Community and Professional Development in the Learning-centered School*, Arlington, VA: Education Association National, 2006.

Liu, Y., Liu, J., Wu, L., "Are You Willing and Able? Roles of Motivation, Power, and Politics in Career Growth", *Journal of Management*, 2010, 36(6).

Loscertales, B., *Opening the Black-box of Individual Career Advancement: The Role of Organizational Factors*, Philadelphia, University of Pennsylvania, 2007.

Macey, W., Schneider, B., "The Meaning of Employee Engagement", *Industrial and Organizational Psychology*, 2008, 1(1).

Mark, G., "Multitasking is the Enemy of Academic Productivity", *The Chronicle of Higher Education*,https://www.chronicle.com/article/multitasking-is-the-enemy-of-academic-productivity, 2023-05-04.

Maslach, C., "Job Burnout: New Directions in Research and Intervention", *Current Directions in Psychological Science*, 2003, 12(5), pp.189-192.

May, D. R., Gilson, R. L., Harter, L. M., "The Psychological Conditions of Meaningfulness, Safety and Availability and the Engagement of the Human Spirit at Work", *Journal of Occupational and Organizational Psychology*, 2004, 77.

McGrenere, J.,Ho, W., "Affordances: Clarifying and Evolving a Concept", *Proceedings of the Graphics Interface 2000*, Montreal, 2000.

Mercer, S., "Understanding Learner Agency as a Complex Dynamic System", *System*, 2011, 39(4).

Merriam, S. B., *Qualitative Research and Case Study Applications in Education: Revised and Expanded from Case Study Research in Education (2nd ed.)*, San Francisco, Jossey-Bass Publishers, 1998.

Muchinsky, P. M., Monahan, C. J., "What is Person-environment Congruence? Supplementary versus Complementary Models of Fit", *Journal of Vocational Behavior*, 1987, 31(3).

Musselin, C., "European Academic Labor Markets in Transition", *Higher Education*, 2005, 49(1).

Norman, D. A., *The Design of Everyday Things*, New York, Basic Books, 2002.

Priestley, M., Biesta, G., Robinson, S., *Teacher Agency: An Ecological Approach*, London, Bloomsbury Publishing, 2015.

Rhoades, L., Eisenberger, R., "Perceived Organizational Support: A Review of the Literature", *Journal of Applied Psychology*, 2002, 87(4).

Rice, R. E., *Toward a Broader Conception of Scholarship: The America Context*// Whiston, T. G., Geiger, R. L., *Research and Higher Education the United Kingdom and the United States*, Buckingham, Society for Research into Higher Education and Open University Press, 1992.

Rich, B. L, Lepine, J. A., Crawford, E. R., "Job Engagement: Antecedents and Effects on Job Performance", *Academy of Management Journal*, 2010, 53(3).

Robson, C., *Real World Research: A Resource for Social Scientists and Practitioner-*

Researchers (2nd ed.), Malden, MA: Blackwell, 2002.

Roth, G., Avi Assor, Yaniv Kanat-Maymon, et al., "Autonomous Motivation for Teaching: How Self-Determined Teaching May Lead to Self-Determined Learning", *Journal of Educational Psychology*, 2007, 99(4).

Ruan, X., Zheng, X., Toom, A., "From Perceived Discrepancies to Intentional Efforts: Understanding English Department Teachers' Agency in Classroom Instruction in a Changing Curricular Landscape", *Teaching and Teacher Education*, 2020, 92.

Ruohotie-Lyhty, M., "Struggling for a Professional Identity: Two Newly Qualified Language Teachers' Identity Narratives during the First Years at Work", *Teaching and Teacher Education*, 2013, 30.

Rutter, R. A., Jacobson, J. D., "Facilitating Teacher Engagement", *Organizational Climate*, 1986.

Saks, A. M., "Antecedents and Consequences of Employee Engagement", *Journal of Managerial Psychology*, 2006, 21.

Salmela-Aro, K., Moeller, J., Schneider, B., et al., "Integrating the Light and Dark Sides of Student Engagement Using Person-Oriented and Situation-Specific Approaches", *Learning and Instruction*, 2016, 43.

Schaufeli, W. B., Bakker, A. B., "Job Demands, Job Resources, and Their Relationship with Burnout and Engagement: A Multi-sample Study", *Journal of Organizational Behavior*, 2004, 25(3).

Schaufeli, W. B., Bakker, A. B., Salanova, M., "The Measurement of Work Engagement with a Short Questionnaire: A Cross-National Study", *Educational and Psychological Measurement*, 2006, 66(4).

Schaufeli, W., Salanova, M., González-romá, V., et al., "The Measurement of Engagement and Burnout: A Two Sample Confirmatory Factor Analytic Approach", *Journal of Happiness Studies*, 2002, 03(01).

Schaufeli, W., Salanova, M., "Work Engagement: On How to Better Catch a Slippery Concept", *European Journal of Work and Organizational Psychology*, 2011, 20(1).

Shulman, L. S., "Teaching as Community Property", *Change*, 1993, 25(6).

Sonnentag, S., Recovery, "Work Engagement, and Proactive Behavior: A New Look at the Interface between Nonwork and Work",*The Journal of Applied Psychology*, 2003, 88(3).

Stryker, S., *Symbolic Interactionism: A Social Structural Version*, Palo Alto, Benjamin / Cummings, 1980.

Tagg, J., *The Instruction Myth: Why Higher Education is Hard to Change and How to Change it*, Beaverton, Rutgers University Press, 2019.

Tajfel, H., "Social Psychology of Intergroup Relations", *Annual Review of Psychology*, 1982, 33(1).

Tao, J.,Gao, X., "Teacher Agency and Identity Commitment in Curricular Reform", *Teaching and Teacher Education*, 2017, 63.

Tharenou, P., "Is There a Link between Family Structures and Women's and Men's Managerial Career Advancement?", *Journal of Organizational Behavior*, 1999, 20(6).

Tierney, W. G., Robert, A. R., *Faculty Socialization as Cultural Process: A Mirror of Institutional Commitment*, Washington, D. C., School of Education and Human Development, George Washington University, 1994.

Trigwell, K., Martin, E., Benjamin, J., et al., "Scholarship of Teaching: A Model", *Higher Education Research and Development*, 2000, 19(2).

Trigwell, K., Shale, S., "Student Learning and the Scholarship of University Teaching", *Studies in Higher Education (Dorchester-on-Thames)*, 2004, 29(4).

Tyree A. K., "Conceptualizing and Measuring Commitment to High School Teaching",*The Journal of Educational Research*, 1996, 89 (5).

Van Lier, L., *The Ecology and Semiotics of Language Learning a Sociocultural Perspective*, Boston, Kluwer Academic Publishers, 2004.

Watt, H. M. G., Richardson, P. W., "Motivations, Perceptions, and Aspirations Concerning Teaching as a Career for Different Types of Beginning Teachers", *Learning and Instruction*, 2008, 18(5).

Weer, C. H.,*The Impact of Non-Work Role Commitment on Employees' Career Growth*, Philadelphia, Drexel University, 2006.

Weng, Q., Mcelroy, J. C., "Organizational Career Growth, Affective Occupational Commitment and Turnover Intentions", *Journal of Vocational Behavior*, 2012, 80(2).

Wenger, E., *Communities of Practice: Learning, Meaning and Identity*, Cambridge, Cambridge University Press, 1998.

Winslow, S., "Gender Inequality and Time Allocations among Academic Faculty",

Gender &Society, 2010, 24(6).

Wolcott, H. F., *On Seeking and Rejecting Validity in Qualitative Research*//Eisner, W., Peshkin, A.,*Qualitative Inquiry in Education: The Continuing Debate*, New York, Teachers College Press, 1990.

Xanthopoulou, D., Bakker, A., Dollard, M., et al., "When Do Job Demands Particularly Predict Burnout? The Moderating Role of Job Resources", *Journal of Managerial Psychology*, 2007, 22(8).

Yang, H., Clarke, M., "Spaces of Agency Within Contextual Constraints: A Case Study of Teacher's Response to EFL Reform in a Chinese University", *Asia Pacific Journal of Education*, 2018, 38(2).

附录1　大学教师教学投入、职业成长状况调查问卷

尊敬的老师：您好！非常感谢您在百忙之中抽出宝贵的时间参加本次调查。本问卷旨在了解高校青年教师（40岁及以下，有承担大学教学任务）的发展状况，寻求有利于青年教师成长的策略。填答时间约5分钟左右，希望得到您的支持，填写有效的问卷将会收到一定数量的微信随机红包以表谢意。问卷以匿名方式填写，仅作研究之用，您的信息我们将严格保密，请根据您的实际情况填写。谢谢您的参与！

一、基本情况（请在合适的选项上打"√"）

1. 您的性别：A 男　B 女
2. 您的年龄：A 30岁及以下　B 31—35岁（含）　C 36—40岁（含）
3. 教龄：A 4年及以下　B 5—8年　C 9—12年　D 13年及以上
4. 职称：
   A 初级（或相当）　B 中级（或相当）
   C 副高（或相当）　D 正高（或相当）
5. 您的最高学历：A 本科　B 硕士研究生　C 博士研究生　D 其他
6. 您是否有海外留学（访学）经历：A 是　B 否
7. 您获得最高学历的院校属于：
   A"985工程"高校　B"211工程"高校　C 国外（境外）高校
   D 省属重点高校　E 一般本科大学（学院）校　F 科研院所
   G 职业技术学院　H 其他
8. 您任职的院校属于：
   A"985工程"高校　B"211工程"高校　C 国外（境外）高校

D 省属重点高校　　E 一般本科大学（学院）校　F 科研院所
G 职业技术学院　　H 其他

9. 您的学科属于：
A 自然科学　　B 农业科学　　C 医药科学　　D 工程技术科学
E 人文社会科学　　F 艺术　　G 其他

10. 您教授的课程：A 公共课为主　　B 专业课为主

11. 每周在教学方面（如备课、上课、指导学生等）投入时间占总工作时间比例：
A 30% 以下　　B 30%—50%（不含 50%）
C 50%—70%（不含 70%）　　D 70% 及以上

12. 每周在科研方面（如阅读、思考、交流、实验、写作等）投入时间占总体工作时间比例：
A 30% 以下　　B 30%—50%（不含 50%）
C 50%—70%（不含 70%）　　D 70% 及以上

13. 每周在行政方面（如会务、院系事务、经费报销、表格填写等）投入时间占总体工作时间比例：
A 30% 以下　　B 30%—50%（不含 50%）
C 50%—70%（不含 70%）　　D 70% 及以上

二、教师教学投入量表

请根据您的情况，在最符合您的情况的选项上打“√”。

题号	题项	符合程度				
		完全不符合	基本不符合	不清楚	比较符合	完全符合
1	我热爱教学	1	2	3	4	5
2	我对教学感到兴奋	1	2	3	4	5
3	我在教学时感到快乐	1	2	3	4	5
4	我觉得教学充满乐趣	1	2	3	4	5
5	教学时我很注意自己的表现	1	2	3	4	5
6	教学时，我全身心地投入	1	2	3	4	5

续表

题号	题项	符合程度				
		完全不符合	基本不符合	不清楚	比较符合	完全符合
7	教学时，我的工作很紧凑	1	2	3	4	5
8	教学时，我尽自己最大努力来教好	1	2	3	4	5
9	在学校，我珍视与同事建立的关系	1	2	3	4	5
10	在学校，我愿意帮助同事	1	2	3	4	5
11	在学校，我乐于关心同事遇到的问题	1	2	3	4	5
12	在学校，我与同事关系融洽	1	2	3	4	5
13	在课堂上，我关心学生遇到的问题	1	2	3	4	5
14	在课堂上，我对学生有同理心	1	2	3	4	5
15	在课堂上，我能体会学生的感受	1	2	3	4	5
16	在课堂上，我对学生表现出热情	1	2	3	4	5

三、大学青年教师职业成长量表

请根据您的情况，在最符合您的情况的选项上打“√”。

题号	题项	符合程度				
		完全不符合	基本不符合	不清楚	比较符合	完全符合
1	目前的工作使我离自己的职业目标更近一步	1	2	3	4	5
2	目前的工作与我的职业理想相关	1	2	3	4	5
3	目前的工作为我职业目标的实现打下了基础	1	2	3	4	5
4	目前的工作为我提供了较好的发展机会	1	2	3	4	5
5	教师工作使我不断地更新自己的知识	1	2	3	4	5
6	教师工作使我积累了更丰富的工作经验	1	2	3	4	5

续表

题号	题项	符合程度				
		完全不符合	基本不符合	不清楚	比较符合	完全符合
7	我的教学能力得到不断的提升和锻炼	1	2	3	4	5
8	我的科研能力得到不断的提升和锻炼	1	2	3	4	5
9	在现在的学校我的职称提升的可能性很大	1	2	3	4	5
10	与同事相比我的职称提升的速度较快	1	2	3	4	5
11	在现在的学校我的薪资增长的可能性较大	1	2	3	4	5
12	与同事相比我的薪资增长的速度较快	1	2	3	4	5
13	在现在的学校我的职务提升的可能性很大	1	2	3	4	5
14	与同事相比我的职务提升的速度较快	1	2	3	4	5

四、大学青年教师职业满意度量表

请根据您的情况，在最符合您的情况的选项上打“√”。

题号	题项	符合程度				
		完全不符合	基本不符合	不清楚	比较符合	完全符合
1	我对我在教学上取得的成绩感到满意	1	2	3	4	5
2	我对我在科研上取得的成绩感到满意	1	2	3	4	5
3	我对职业总体目标进展感到满意	1	2	3	4	5
4	我对我的工作收入感到满意	1	2	3	4	5
5	我对我在职称上的晋升（或晋升前景）感到满意	1	2	3	4	5
6	我对在工作中学到的知识和技能感到满意	1	2	3	4	5

五、个人—环境匹配量表

请根据您的情况，在最符合您的情况的选项上打“√”。

题号	题项	符合程度				
		完全不符合	基本不符合	不清楚	比较符合	完全符合
1	学校会对不能完成规定教学科研任务的情况予以惩罚	1	2	3	4	5
2	学校各项奖励政策都能很好地执行	1	2	3	4	5
3	学校当前的学术评价制度合理	1	2	3	4	5
4	学校会提供工作需要的各种培训	1	2	3	4	5
5	学校会提供个人需要的专业发展支持	1	2	3	4	5
6	学校为青年教师提供经费支持	1	2	3	4	5
7	我的能力符合当前工作的要求	1	2	3	4	5
8	我的精力满足当前工作的要求	1	2	3	4	5
9	当前学校的学术氛围宽松自由	1	2	3	4	5
10	当前学校的学术环境能让人专心教学科研	1	2	3	4	5

附录 2　访谈知情同意书

大学教师对教学投入和职业成长的认识和实践情况

目前我正在开展一项有关大学教师教学投入和职业成长方面的研究，想了解一下您对此的认识及实践情况，真诚邀请您参与本研究的访谈。

研究目的：

本研究旨在研究大学教师对教学投入和职业成长的内涵、关系、影响因素的理解及实践体验，从而寻找可以促进大学青年教师教学投入、职业成长、工作满意度等的可行办法和途径。

访谈步骤：

1. 征求被访者参与一对一访谈或焦点小组访谈的意愿；
2. 与被访者约定合适的访谈时间和地点；
3. 提前将访谈提纲告知被访者；
4. 告知被访者所有访谈内容仅供研究之用，严格保密；
5. 征求被访者意见是否可以录音；
6. 访谈过程中适当做记录并及时追问。

保密承诺：

本研究确保您提供的所有信息将严格保密，决不外泄访谈内容。案例撰写中会使用化名和隐藏个人的身份信息，所有访谈内容仅供研究之用。

您的权利：

1. 以自愿原则参与本访谈，您可以随时退出；
2. 您有权查看访谈的所有内容，包括访谈录音、访谈文本等。

本人已仔细阅读上述说明，完全了解此次访谈的日的和流程，同意参加此次访谈。

签字：

日期：

附录3　访谈提纲

1. 可否谈一下您为什么选择在高校工作?

2. 您心目中理想的大学教师工作应该是怎样的?

3. 刚入职的时候，您对工作的期待是什么? 比如，对教学、科研等有什么样的预想和期待?

4. 入职后，您的实际工作状态跟之前的预想有差距吗? 可否谈一下您工作以来印象最深刻的某些事情?

5. 入职后，您有没有制定或构想一个自身职业发展的规划?

6. 入职后的这些年，您日常的工作安排大概是什么样子的? 在时间和精力上如何分配?

7. 学校或学院有没有对新进老师或者年轻老师组织相关教学或职业发展培训?

8. 您熟悉学校的职称评审制度和各种教师管理制度吗?

附录4　访谈原始记录示例

本部分是访谈的部分原始记录，目的是再现研究现场，以便帮助读者对本研究有一个整体的了解，因涉及研究伦理道德等原因，此处只附上个别访谈记录。

与阿尚的一次访谈

访谈对象：阿尚

访谈时间：2019.6.17　下午14:30—15:40

访谈地点：被访者家中

访谈录音及记录整理：本书笔者（下文中用"魏"代替）

阿尚是笔者在英国访学期间结识的一位年轻访学老师，初次接触是在该大学的访学教师微信群，她经常会很热情地帮助解答群里一些新到访学教师提出的疑问，给人的感觉非常温暖。网络上熟悉之后，访学老师们相约每天在大学办公楼的公共休息区共进午餐。其间无可避免地谈论到各自的工作状况和职业发展问题。当我谈到自己正在做的有关大学青年教师教学投入和职业成长的研究主题时，阿尚表现出非常浓厚的兴趣并愿意参与到此次访谈之中。遂详细告知研究的目的以及访谈中的注意事项，并约好访谈时间和地点。

魏：多谢您接受此次访谈。我对您的基本教育背景已经有所了解，您对我的研究主题和问题也已经有所了解了。我想先问一个小问题，你们当年外语专业是热门专业，毕业生很抢手，应该有很多就业机会可以选择。当时为什么要选择进高校呢？

阿尚：我进高校的时候是研究生，研究生毕业的时候还真未必要进高校。当时我面试了一个广发银行，还挺好的，是做人事嘛，我还挺喜欢的，然后应聘了一个职位，还成功了。其实当时我就挺想去。本来我一开始没特别想当老师的，然后毕业的时候，就是在我读研三的时候，也是想着，我们的同学一般都去哪儿呢？他们去航运类的企业比较多，因为我们是航运航海特色大学，然后和航运比较相关。像我本科、研究生学的一些东西吧，都和航运多多少少有一点关系。我们的同学一般去的都是一些航运企业，比如说好一点的去什么马士基[①]、船级社啊，然后呢还有一些物流公司，比较大型的物流公司。我当时想做一些和HR相关的，我觉得是和一些经历有关系，然后当时的面试也成功了。

后来当老师这个也是机缘巧合啊，有的时候就是你要去体验。我现在上课也是跟学生经常谈要多去体验。我在研究生的时候体验的比较多，因为觉得将来不知道要做什么。然后呢，我就参加各种志愿者的那种活动，我参加了很多志愿者的活动，有的是完全义务的，有的也是稍微有一些报酬的，就算是一个临时的兼职吧。我做过会议的一些志愿者，做会务服务，然后还做过翻译，当时也特别感兴趣，觉得当口译不也挺好的吗？还参加过一些比如说什么贸易展览会呀，然后一些科技展那种的，给人家当翻译，也在会晤上给人当翻译。翻译做了几次之后，我觉得这个压力好大呀，因为他（的内容）事先不熟悉，然后很多任务也不受控，时间的话就是你可能晚上等到七八点，人家还在吃饭啊，你都要在那等着，因为你是翻译陪同。任务的话我经历过一两次，会务组说临时让你翻译，就什么材料根本都没有提前备好。我就觉得有一些怵，因为毕竟觉得翻译好了呢，会说会务组准备的比较充分；翻译不好，人家就是说翻译的问题，你看翻译的不怎么好。我觉得这种临时的压力，就短时间的压力特别特别大。所以，后来我就决定不当翻译，太累了。

我在研二的时候，在我们学校，就机缘巧合地给本科生上课。当时给本科生上课，一周就上十二节课。可能是别的老师不想上，然后就上十二节课，但是都是大学英语、英语听说类的课，感觉还挺轻松。那个时候小啊，24—25岁，研二嘛，然后也是学生。另外，我们不是航海院校吗？我那时候教的是航海，全是男生，有的大班就100多个人，小班就30个人。然后你又年轻，那些男生和你之间感觉像是这种姐姐弟弟的关系。我上起课来也没有什么代沟哈，他们也觉得你可能年轻，反倒就是对老师会更nice，他们非常配合。

魏：可能您真的课讲得好。

---

① 马士基集团成立于1904年，总部位于丹麦哥本哈根，在全球135个国家设有办事机构，主要业务集中在集装箱运输、物流、码头运营、石油和天然气开采与生产，以及与航运和零售行业相关的其他活动。

阿尚：也不见得讲得好。我觉得还是年轻，学生又都是男生，然后配合度就特别好，就觉得不要欺负老师哈，有的班尤其是班干部什么的都会组织说不要欺负老师。那个课堂的气氛呀，然后包括班级的秩序组织得都很好，我就突然间觉得这当老师也是挺幸福的一件事，被学生以这种方式相待，觉得学生都对你挺好的。然后呢包括评教什么的也都挺好的，上课也不是那么累，我就觉得当老师也不错。

后来等到找工作的时候，有两个选择，一个是当老师的方向，一个是去企业的这个方向。我自己其实当时比较倾向于去企业，但是又跟家人探讨了一下，因为那个时候跟我妈妈呀，跟我男朋友都探讨一下哈。然后大家就觉得你当老师挺好的呀，你看你当老师，你上课上的也挺好，然后呢又有假期，又可以有自己的假期支配。还有个原因就是我男朋友就现在我老公，他也在高校嘛。他是毕业的时候在高校里面工作，然后说那两个人可以一起放假，是不是？因为很多诱惑，其实最大的动因还是觉得挺享受（教学）的，就觉得跟学生相处起来呢，很舒服，工作也简单。备课，你只要把自己应该做的课件，上课的教学方法，包括跟学生的沟通，什么都做好了，我觉得顺理成章地评教还是比较不错的，所以，最后反正也是经过了思想斗争，才选择了当老师。

魏：那您真正进了高校当了老师之后，您觉得您的生活和工作状态跟之前的预期是一致的吗？

阿尚：刚开始我还不能留在我们学校。因为我毕业那年正好门槛就高了，研究生就不可以再留校。

魏：那是 2006 年，对吧？

阿尚：对，我是 2006 年毕业，然后我 2003 年大学毕业的时候呢，我们的同学，本科还可以去学校当老师，我们当时本科就留了三个同学，后来我们研究生毕业了之后呢，包括我们有一些同学可能跟学校事先都签好了这个协议，说可以留在学校里，但也都被学校毁约了，那一年根本就不行，就是学校的门槛它就提高了。所以我就觉得，那个时候去高校的话，不能留在一本，其实也是挺辗转的，后来我就去了我们的隔壁学校，当时还是某大学的一个城市学院，其实就是合作办学。不过我们有同学在那儿，都说不错，然后我就去了那儿，在那里工作了 4 年。但是因为距离我家比较远，然后上下班会远一些。后来我就是生了第一个小孩之后，为了离家近，我就又去了 ×× 信息学院，它是一个私立学校，但是在我们那儿也是办学就一直都非常好的。他们的那个院长什么的，都挺有名的，然后办学也比较成功，离我家比较近，所以我就选择了去那儿。后来等到2012年，我们学校（指原来读书的大学）才放开了一点点政策。我就相当于四年在某独立学院，两年在某私立信息学院。然后从2012年到现在，就算是回到了母校。嗯，然后这样的一个过程，这大概就是我工作的整个经历。所以我就算是工作经验还挺丰富的。因为工作了几个学校，感觉几个学校就像我之前说的，都不一样，但不管在哪一个地方都不会很轻松。

魏：觉得有哪些不轻松呢？

阿尚：每个学校有每个学校的侧重点，有它的工作方法，所以都不是很一样。比如要说压力大的时候，其实我现在的这份工作和我前两份工作来比，应该是最轻松的一段。

魏：为什么？

阿尚：我在前两个学校应该属于独立学院、私立学校。他们对老师的要求会更多一些，但肯定不是在科研上做一些要求，他们会在教学管理这方面做特别特别多的要求。就比如说我们在城市学院，第一个独立学院的时候，对老师的教学方法、教学方式，要求和管理得非常细。细到什么程度呢？细到大家要集体备课、集体研讨，不是说每周要集体备课、集体研讨，而是它要细到每一个单元都要集体备课、集体研讨，包括你上课要问学生什么问题都要准备好。

魏：教学的所有环节都要大家一起？

阿尚：对，都要一起研究出来，然后要手写讲义，就是你上课的所有东西都要写出来，细到你上课的板书在什么位置上，要写什么内容，都有要求。然后上课问学生的问题以及这个问题讨论的时间，学生汇报的时间以及你在这一堂课能不能完成你所设计的教学任务，这些都有要求。你上课之前所有东西都要大概预计好，然后上课之后还要再重新回顾一下，看有没有做到。

魏：这么细节的教学管理要求，您的感受是什么？

阿尚：我觉得我在那段时间，那个4年，我办公室里的同事，也是从我工作到现在来感情最好的。因为每天都坐在一起研究这些东西，很有意思。其实看上去觉得很繁重的一些工作，但是因为你每天都在研究，都在研究怎么样去问学生问题。还是挺有意思的。就简单地说，比如说你问了一个问题，我说魏老师你看我今天问学生这个问题就特别好，学生答得就很不错，大家能展开说，学生从哪方面展开。但是另一个问题，学生回答得就不好。就是这样的一些问题我们就会有研讨。这个问题好的，我们就留下；不好的，我们就不问了。因为学生可能不感兴趣，也没什么可答的，对学生的语言组织、口语表达都没有什么提高。然后（同事间）平时经常在一块交流，所以我觉得感情也特别的好。

魏：您后面教学那么厉害，这一段教学经历应该还是有很大的帮助吧？

阿尚：应该会有很大的帮助。觉得从一开始就养成了一个认真备课的习惯。就不管你有多忙多累，而且我对要上的课，还是要脑子里提前给他想好，这节课要干什么，我要完成哪些教学目标，而不是说我就是一个单元，反正就这六节课我讲哪儿算哪儿。

魏：所以这个还是非常规范的一种教学习惯。

阿尚：对，非常的细，非常的规范。然后呢，每一周都会有整个系部的集体研讨，会派一个老师去讲，轮着来，谁也逃不掉。每个老师都有公开课，然后大家就下面真实点评，必须要点评。

魏：那教学压力还挺大的？

阿尚：非常大！当时压力大就大在教学的压力上。但是那个时候还好，刚毕业，年轻一些，精力也会多一些。而且我们同事这些人年龄都差不多，可能也不会有太大的家庭压力。所以一天天聚在一起，除了上课，就在办公室里研究研究教学、教学效果啊，所以这是我工作的一方面经历。等我后来到了私立的那个信息学院，那两年对我来讲，我觉得收获也蛮大的。因为它是信息化管理，这个学校，它最出名的就是软硬件非常厉害，它叫信息学院嘛，可见它的这个信息化技术有多厉害。它倒不要求你上课一定要怎么怎么样。但是对这个教学的管理特别的规范。主要规范在对你的任何的教学文件的管理上。当时我也做了一段时间的管理的工作。所以比较熟悉。比如说我们学校有一个服务器，老师不用带 U 盘上课。因为有一个服务器，你到了电脑上只需要打开你自己的端口就可以了。所有的课件你就放在那上面更新，你做的时候也可以在那上面做，这样的话你就不用去想哪个是新版本。跟现在很不一样，现在我就经常去思考哪个是新版本，因为有的时候不一定放在一个文件夹里，有的就乱放。所以人家的信息化管理就是你的所有的东西，都是有依据可以查的。像我们现在有的时候跟老师说，你把你的那个什么教案拿来。找不着了，对吧？但是在信息学院的时候，这种情况是不会有的。因为我们所有的教学文件、教学课件这类东西全部是上传在服务器的。比如说今年是 18 年教课，比如说第一级文件夹由我来建，2018—2019 年大学英语第一册。然后呢就是文件夹1，下面就是1.1教学大纲，1.2教案，1.3课件，1.4学生作业，1.5学生成绩评估，然后最后可能1.6评价，1.7评价指标，就这种的。然后我需要做的就是把这些文件夹都建好，然后一点1.2，比如说教案，然后我就打开了，之后，你就需要指定一个老师，或者是大家一起做完的一个文件，是谁把它放进去一目了然，所以大家都是集中把这些文件全部放进去。任何一个老师想用的话，只要上服务器上去找就可以了。

魏：其实也就是你们都教大学英语的话，大家都是共享资源的。

阿尚：是的，共享资源。学校的信息化技术很厉害，服务器也够大，反正就随便放。最有意思的，比如说录课，他们会把课录下来。你随时可以自己拎一个摄像机进教室，你自己把摄像机架上，这个课录完了之后，自己拿出来放到服务器上，谁想看的话，回头你就看呗。再比如说这门课，假如我讲的这个课是一门新课，那我就把我的课录下来之后，放到了这个服务器上。大家再想去看的时候，就可以拿出来去看看，看这个课，这个老师是怎么讲的，然后有什么地方可以去学习啊。就感觉他们在教学信息化管理这些方面做得特别特别的好。嗯，再说到我现在工作的学校，我们属于公立大学，我们师资就比较雄厚。我觉得可能是因为历史比较悠久，所以这些东西可能它已经自然而然就形成了。

魏：您指哪些东西？

阿尚：就是教师管理、教学管理方面的东西。可能我们的老师就是这样，你不用管我，我也不会出什么教学事故。这个好像就是最根本的原则。就是比如说什么上课有一些学校教务那边规定的一些教学事故的事情，几乎很少会发生。也就是有领导管和没有领导管，（老师们会觉得）我自己分内该做的这部分工作，每一个老师都会做好的，上课也是一样，不会说有多少，什么上课迟到或者是今天想不来就不来了，随便给学生去换课啦，然后这种情况很少会发生。我觉得这个可能跟这个学校的历史底蕴深厚有关，它的这个传统在那里了。

魏：您之前提过说感觉现在的工作是最轻松的，为什么呢？

阿尚：我觉得到了我们学校呢，我为什么说工作最轻松了呢？是因为我终于不用坐班了！

魏：原来都要坐班吗？

阿尚：原来第一个学校其实也不用坐，但是每天也都在那儿研究教学。第二个学校我就需要坐班啊，到了现在我就不用坐班了，时间更灵活了。尤其是对于我孩子上学放学这些家庭的问题都可以解决。至于上课，集体研讨也有，但是机会很多，因为人太多了。而且我们一个教研室的话，以前还把教研室再细分，那也得最少二十几个人。如果再合起来的话，就四五十个人。

魏：您的意思是教大学英语的就有四五十个人，对吗？

阿尚：对，我现在是在教大学英语，我以前教过英语专业，也教过公外，现在还在大外。学院就是人比较多，因为我们排课排得也比较散。你想给老师集中起来，也比较难。我们是每周三下午，以前学校是周三下午都不排课。但是现在我们大学英语这块儿，有了这种大学英语后续课程，因为教研改革之后，大学英语课时减少了，就变成了后续的模块课程，时间就更散了，都是属于学生选课制，就更没有一个统一时间大家都没课。

魏：这也是我们的一个问题，就是大家没有一个集中的时间能够坐下来研讨。

阿尚：而且我觉得可能年龄梯度也比较大，不像之前都是年轻人在一起。如果说话的话呢，同龄人会比较没有戒备。随便说不怕说错。但现在在一些大教授面前吧，很多人就不敢说了，毕竟我觉得可能自己是小一辈的，有年龄差，可能价值观什么的都不太一样。就感觉可能在领导或者是教授，不一定说领导，就在教授面前，就感觉都是自己曾经的前辈、老师，轮不到你说，然后什么抱怨也不好意思说。就比如说谈教学法，你就觉得谈不过人家，就觉得自己的这种知识的储备还没有人家教授的多，你不要在这里班门弄斧，有一种这样的感觉。所以就现在来讲的话，我觉得从教学上，我说实话，我最近几年从教学上的这种研讨，从同事之间获得的这种灵感什么的，都会相对少一些。当然，如果你真的需要或有需求的话，那肯定也会有同事帮忙。比如说我去参加教学比赛的时候，我们还是有同事去帮忙，包括我的前辈老师，包括我的同事都会帮忙，就帮你听课呀，评一评啊，然后说一些问题，一路陪伴那种，所以也不是一个人在孤军奋战，也还好。

魏：您的工作经历好丰富多彩啊。回到前面的两个学校，学校对教师的评价就仅仅是教学，还是也有其他？比如说优秀教师怎么评选或者晋升等？

阿尚：我觉得第一个学校就是教学，肯定没有科研，只是教学，学生评分，每年评分，全学院排名，就整个学院排名。假如说学院有几百个人，那你就这几百个人排名，然后它教学优秀的老师会被嘉奖，所以就是用鼓励的方式让大家更重视教学。那里它无所谓职称不职称。假如说我还在第一个学校的话，那我在很多年之前就评上副教授了，因为我当时的那一批同事朋友全部都是副教授，现在已经有评完正高的了。

魏：他们是按什么标准来评呢？

阿尚：他们是按省里的标准，其实省里的标准并不高，只要发表5篇省级以上期刊的文章就是够资格的。只不过各个学校（标准）不太一样。如果我在第二个学校也应该都是副教授很多年了。但是就到了我现在的学校，我们的评审就非常严，因为毕竟是一本院校，从学校层面也要促进老师们的科研发展。不然的话年轻人他不干，可能这个科研更推动不起来。而且我们也想创“双一流”嘛。所以这个科研压力挺大的。然后，我们外国语学院本身科研就比较弱，这种文科的科研弱，我们学院这种国家社科项目、教育部项目就都很少很少。国家社科我们这两年就是不行，就是一直都拿不到国家社科，我们也有很多的教授，反正就，说不清楚，可能我们这些年轻的老师的科研能力还是不行。

魏：您觉得可能是什么原因呢？

阿尚：我觉得多方面原因吧。在我们学校吧，我们外语的不是主流的学科，人家××学院、××管理学院、××学院这样的比较大的学院，学校的主流专业，做得还是挺好的。学校科研从他们那里面出，我们学院就不行，我们这边就属于那种比较边缘了。要不就是我们学院本身自己中项目的老师比较少，经验也会比较少一些。再一个我们学院，我觉得可能这种科研上研讨，互帮互助的这个氛围也稍微弱一些。因为很多时候，大家平时自己忙自己的，我感觉是这样。

魏：那他们平时都在忙什么呢？教学、科研还是？

阿尚：我感觉我们的老师，也没有说是去搞科研。有的时候我也问一些比我年长一些的老师，比如说比我大个七八岁、八九岁，甚至十岁的，还是讲师的这些老师。因为我们这里这样的老师其实还是中间这一层，挺多的。我有时候也问问他们，他们有的时候给我的回答就是说，曾经在我这个年龄可能也挣扎过一段时间，也想评（职称），但是老是够不着学校的这个要求。所以呢，也评不上，等到再过几年就干脆不想了。不想了的话，就反倒放下了。那我就上好我的课。也许他外面也没有什么业务，只要家庭好，所以就也没什么，每天来上课，下了课就回家，也不搞科研，也没在外面创收。大部分的老师其实还是属于这样的一个状态。在外面搞创收的那倒是极少，搞科研的也不太多，因为大家看不到甜头，就感觉这科研搞了之后，比如说申报项目，他也不中，如果中也总是那几个人，就是职称高的，几个比较有经验的老师。等到轮到年轻人的话，现在的要求都要求你（课题）排前几呀。有些年轻人尤其比我小的就特别务实，他觉得这事对我若没有用，那我就不做呗，我就做一些对我自己有用的。比如说我要是读博，那我读博有些什么要求，需要我参与到什么项目当中，排第几，需要我得什么奖，排第几，他们都比较务实的。如果要是说没有什么用，那就不做呗，就是这样的。所以我就觉得不太一样，看个人，看你自己的想法，看你自己有什么样的追求。然后我们的研究生老师，就是这个教授们吧，他们都是研究生的老师，一般就是指导指导研究生，感觉一天也挺忙的。所以，在科研上我觉得我们还是弱小，感觉这个氛围可能没有那么的红火。

魏：那您自己呢？现在是什么样的想法？

阿尚：我自己也是，我自己也是方向把握不住。我感觉可能这么多年来，一直都在教学这儿转，就根本没有时间让我跳出去，去看看这个国际啊、国内啊的学术动态。

魏：在第三个学校已经六七年了嘛，是吧？

阿尚：对。我就感觉我也没有这么个时间，让我就定期去看看这个学术动向是什么，或者让我真的涉入其中去分析。可能我也没有压力，因为我也没读博，可能缺少这种压力。

魏：是不是在大学层面，其实给您的职业压力不大。

阿尚：对，就只是听闻好像怎么怎么样，但学校层面没有太多的压力。学校层面的话，像我们学校其实也蛮不错的。像我们做慕课，学校都大力支持。你若想做就做嘛，需要什么的话，学校都给你条件支持。像我自己有的时候，上了好多年写作课，我说我想自己做个校级的在线课程，学校也给支持，那就做吧，然后尽自己的能力，能做到什么样子就做到什么样子。所以有时候吧，我的心思，感觉都在学生身上，给学生上好课，或者学生觉得挺受益的，我就挺高兴的。想得很简单，比如说像很多年上写作课，实际可累了，要给学生改作文、讲作文啊。但是学生要是觉得还挺好的，我作文有进步啦，有的学生过来分享一下他的雅思成绩或什么，我就挺高兴的。

魏：那真不错。

阿尚：嗯，那是。就感觉非常简单，所以我就是在科研上就一直自己没有什么直接的压力，没让我动起来。我就觉得我在这方面领域内，了解得太少了，就更别说要出一些什么成果，我觉得积累得太少，还是自己的积淀太少。积累了那么少，怎么可能爆发，是吧？我还是需要积累，我觉得。所以这段时间吧，我本来是想访学来多看看书，研究研究别人都在做什么。结果中间有一段时间，还是被我的慕课搞的，分心了小半年。那个（做慕课）太费劲了。几乎这半年都在搞慕课。

魏：您是说在这里还在搞慕课？

阿尚：对啊。因为下学期要上课，还给学生写本书和那个教材。我光是编那个教材，又花了很多时间。所以，中间科研觉得又停下来了，而且我觉得可能我也是没太多的人去请教吧，我们学院的老师也不会有太多的经验。我觉得我可能方向什么的把握得也不太好，再加上自己读得可能也少，写东西，我觉得也是写不出来。就像上次您说的那样，这个学术话语也不太会，可能是读得太少，可能还是要多读，看人家是怎么写的。要去模仿去学，其实道理都是一样的，跟教学生是一样的。我感觉，只要我做不出来，就是我自己的问题。但这个确实是要有一个过程。对吧？

魏：那接下来您大概有什么样的一个计划呢？

阿尚：接下来我觉得，我可能还再挣扎几年，我觉得我还没有到放弃的那个年龄。

魏：您说挣扎？

阿尚：就是有的老师不说嘛，说在你这个年龄的时候我们也挣扎过呀，我们也试着想去符合学校的这个指标，满足它的条件，我们也在挣扎，我们努力过，有试着去发文章，去写文章，但是都是无果嘛。然后等到最后就放弃了，感觉年龄大了，可能又照顾孩子的学习或者自己身体条件不太允许，有的老师会多多少少有点儿小毛病啊，就更关注自己的健康，所以他就放弃了。我感觉我自己还差一点儿，还没到完全放弃的那个时候。虽然我来自家庭的压力也不是特别大，也没有说就是你要怎样怎样的。但是我觉得能再努力几年就再努力几年，最起码是要把这个职称评上，所以我就在想尽自己最大的能力呗。

魏：那您觉得在努力的这个过程中，最大的挑战是什么？

阿尚：我觉得还是有的时候平衡不好，不太会下山。感觉像你之前说的，别人把这个工作交给你了吧，又推不出去，接了，又不想干不好。

魏：其实还是对自我要求挺高的。

阿尚：也不是，我是不想给别人添麻烦。我觉得既然我做了，一旦我做不好，这个东西就会给别人带去很多麻烦，不光是给同事、领导带来麻烦，甚至给学院也带来麻烦，就感觉这个东西，就不要从我这儿给大家添那么多麻烦。我就老是这么去想，所以我就起码满足最基本的这个条件。比如说别人交代我一件事情，不出错，然后尽量能够成功。

魏：领导交给你事情，肯定大家都很放心的，感觉你给自己定的标准已经很高了。

阿尚：嗯，也没有那么高。我感觉就是别出什么乱子啊，比如说出试题、考试。我感觉假如这件事交给我了的话，那好几千个人同时在考试，我必须要保证的是，试卷上不能有任何问题，听力考试放音不能出任何的问题，如果发卷的话，考场不能有任何的问题，所以这些东西一旦要做细的话，很麻烦，无穷无尽的。因为这个考场会缺试卷，你就要去给它送。那个考场信号不好，你就要去考虑这个听音是怎么回事儿，要不要统一延迟或者是怎么样，就很多细的东西。

魏：您确实事无巨细的。您还在做行政管理是吧？

阿尚：对。还是这个考试，假如说我们现在都在考听力，一个考场没考成，这就是很大的一个事故。普通的老师可能不太理解，但是的话现在的信息化这么发达，学生会抱怨。所以这个问题就很大，那你不可能为了他们再出一套卷，毕竟这场考试已经考完了。你即便再出一套卷，学生还会抱怨难度不一样。所以很多的事情搞得你其实也蛮紧张的，因为我们不能出差错。所以我觉得，尤其是在一些行政上，比如说学校要求的一些，我们经常还会有一些检查。这些东西你都在找老师做。

魏：您在做副院长还是做系主任啊？

阿尚：我没有，我就是做我们的这个教研室主任。

魏：教研室啊，就是更细的一些哦。

阿尚：所以就是服务，为大家服务呗，很杂。

魏：那您这种做事态度的话，教学和管理上肯定也是精益求精，因为这是个无底洞，就是你投多少它都不会说是一个饱和。

阿尚：嗯，我感觉是。反正我就上课吧，给学生上课的话，我还是比较认真的，这点我倒是承认，我就觉得我要是不认真，包括我给别的老师代课，我都认真去备这个课。虽然我可能就只带一堂课，但是我既然今天已经面对这批学生，我都要好好地给他们上。

魏：您平时上课，备一次课大约要花多少时间啊？毕竟已经工作了这么多年了，还需要花很多时间吗？

阿尚：哎呀，会的呀。我觉得我的课件，包括一些想法，总是在更新。

就是不断地去更新，希望能够让学生感兴趣，让他们互动，很多精力都放在这里。

魏：比如说您最典型的上课，最基本的步骤一般都是什么？您一周是12节课？

阿尚：16节课。

魏：那16节自然节的话，至少就是要上两个整天的时间，对吧？

阿尚；对，至少。至少是两个整天嘛，那可能还要分散开，肯定不会连着啊。我一般都是4天，一天上四节课。

魏：您有4天都是上课的时间？那您备课的时间呢？

阿尚：备课时间就是上完课备课。

魏：也就是说您至少有四个整天都是在做教学的？

阿尚：对。

魏：那这个，那确实没有什么时间做科研。您工作日是5天，周末还要带孩子，估计您最多只能备备课。

阿尚：对，就没时间搞科研。周末肯定没时间。你不可能说，我只有上课这4天，上午上课，下午备课，肯定前面中午的时候还要，平时还要拿一点东西出来，因为备课不是一个集中的，可能平时也在收材料。然后给学生上课，再加上课后还要批改学生的作业，所以一天基本上就忙着教学这点工作了。

魏：那您工作时间基本上都用在教学上了。

阿尚：差不多。这样算，就真的差不多了。80%以上肯定要有的。

魏：那做科研的话，您就可能还没开始就结束了。

阿尚：真的是这样的。有的时候有一些想法，你一算，就是没有时间。然后又缺少一些理论上的指导。再一个呢，有一些想法，我自己势单力薄的，做不下来，我就感觉，没个人帮我。然后有很多很多琐碎的事情都在自己做，我也不知道其他老师搞科研怎么样，搞着搞着，有的时候就觉得这个东西做着有没有意义啊，就好像不太有自信呢。我总是在想在教学过程当中能做到什么。比如说我在上写作课吧，我就对学生写作能力的发展很感兴趣。我就想知道他们这个能力是怎么发展的。因为我上完这学期课之后呢，学生还很配合，他们也是一遍一遍地跟着我去写。有的学生还会去问我这遍写得怎么样，我对这样的学生很感动，我觉得他有这样的心，他就会提高。但是等到我想去研究一下学生的提升情况的时候呢，我又不知道该怎么去做。其实我的素材还是有的，比如说学生们，我上这么多年的写作课，学生写的文章我会有一些保留，很多的文章我都留下来，我也想看看他们的这个发展。但是呢，等到我真的自己想做的时候，第一个是没有那么多时间去研究相关领域的理论以及现在大家都在研究什么。然后，我这个研究在这个领域当中，它有没有一些研究价值，我也不是很自信。而且，如果你要去研究的话，可能需要用一些工具之类的，然后处理数据什么的，这些东西我还没等做完呢，我就觉得又被其他的事情给占据了。等到回溯的时候，我就有点忘了。

魏：其实您的很多想法还是从教学中来的。

阿尚：对。

魏：那再反过来思考下，就比如说您说的写作课吧，您觉得怎么样的方式可以提高学生，然后这种有效的方式是怎么获得的呢？

阿尚：我的方法一般都是国内的吧，国内的一些我们提出的教改的方法，或者一些比较前沿的。比如说曾经一段时间，我就希望学生，比如他的写作能力有一些进步，然后我就让他尝试着多搞写作，就是你不用写太多的文章，只是在这一篇文章上改几遍，看看最终的和最开始的那个草稿，能有什么不一样的地方。学生其实蛮喜欢，他觉得他有进步，每一次在修改自己文章，拿到别人的评语，再修改自己文章的时候，他觉得都是进步。然后有的时候，就是一些细节的东西，就是学生开始不知道这个句子可以这样去写，我就告诉他一下。比如这两句话通过一个什么样的方式就可以给连接起来。

魏：这些教学方法是您自己原来的经验吗？

阿尚：也不是，也是看的相关的文章和研究。比如说学生写作过程当中，他的一些连贯词，比如说元话语的一些东西，还有这个词汇的复杂度啊，句法的复杂度啊，流利性，等等。我也读这方面的书，但是就我自己做的时候，我就觉得没那么好的套路。没有坚持下来，所以我就觉得还是我自己做得不好，也缺少一些更高理论的指导。比如说上一轮我不就用了在线教学吗？属于小的 SPOC，和大型的慕课不太一样，SPOC 就好比是我私人的一个领域，我想怎么干就怎么干，其实这个也蛮好的。因为它可以针对我这几个学生。那这种在线我也尝试了，把我上课要讲的那一些知识点放在线上，你去看嘛，我不用讲了，其实试一下也挺好的。就是学生不用上课听老师再去花那么长的时间去讲那些知识点。这些知识点我就录下来，让他们自己看，上课的时候我们就可以用更多的时间去实践、操作、点评。这样的话其实对他们，不也是受益很大嘛，不然他们上课要干坐在教室里等着老师花半个小时去讲写作的方法。第一段要写一个主题句，下面的每一段你都要围绕这个中心句再去写，然后你在每一段开头这里写一个中心句，下面就围绕着写，等你叨叨完这些，其实20分钟过去了，对吧？那这些我不叨叨，我录完了，你自己回去看。然后包括段落之间是不是要有一些什么转承词啊，这是必需的，我也不叨叨了，你们自己去看。所以，上课的话我就可以拿一个学生的文章，我们来一起解读，我也不说是谁的。我们就一篇文章或者是同一句话，有几个学生几种表达方式，我们坐在一起来探讨，你们觉得哪种好？特别特别有意思，学生都能看出来哪一句话好。只是他在写的时候，他自己不知道要这样。比如同样是举例子，假设是什么浪费也好，空气污染也好，有的人举的例子和其他人举的例子就不一样。那我们就拿着看看这样的细节的东西，学生受益也很多的。你看人家举的这个例子，或者句子的构建，什么都非常好。但是我要自己把这些东西放在科研上呢，我也不知道该怎么去做出来。

魏：可不可以说其实做科研您是有这种意识的？

阿尚：差不多，但我的设想不好。我是觉得做科研要对你研究的内容，以及你要做什么，要有一个非常好的一个，就像一个策划书一样，我觉得这个计划做得要特别好。我感觉我是计划做得没有那么好。比如说上一周我在做在线课程的时候，我对学生做了一个前测、后测，就我自己的学生。我想看一下他们这个写作的这种自我效能感，就是在这个短时间的这种集中的写作课之后，写作能力是不是提高了，其实这个结果还是不错的。但是我计划得就不太好。比如说我做的这个问卷吧，当时我就做了个不记名的。

魏：那您怎么做前后测？

阿尚：对呀，然后我就懵了，我就说哎呀完了。那这个数据从总体上来看，其实我要去看他的各项得分的话，它都是挺好的。但是只有一个结果呀！想要看前后变化，我就看不出来了。所以我就感觉我很多事情计划做的没那么好，可能当时就想着，我还要做一下，然后就在发布的时候，忘了这个选项。所以就导致……，哎。后来检讨了很多，怎么忘了呢？当时怎么这个给忘了，我就看不出来谁是谁的了。总体上我倒是看了一下很好，都有很大的提高啊，都有一些变化，但是没办法分析。评的方法，比如说效果上评价，学生评价，简单问了一些也都挺好。但是就是在前后测那个分析上，我看不出来每个人的。我之前有做过相同的这种，我没犯这个错误，但是我就不知道为什么上一轮的时候我就犯了这么一个错误，可能就是我开始设计了几道题，我就给忘了，直接就发布了。回头那个问卷呢，我又把前面的问卷又重新再拿出来，又弄，我又忘了，等到我分析的时候才发现犯了这样一个错误，我是故意没让他们填名字，可能有的人忌讳，以前都让他们填个学号什么的，就能找到这个人，后来我就给忘了，所以我就觉得好失败啊。

魏：吃一堑长一智，后面还有这种课吧？

阿尚：对呀。这个教训非常深刻，以后绝对不会犯同样的错误。所以我就觉得自己还是缺乏经验，搞不好这个东西，就缺一些经验。

魏：您有没有考虑去读个博士？读博士可以有一个非常严格的，非常严酷的一个学科训练。

阿尚：想！其实这么多年一直都想读来着。我倒是不排斥学习，然后要是需要做点什么事儿吧，我倒是也能认真地去给它做出来，但是我就觉得这个身边各种事情吧，总之让我一推再推。几年前我妈生了一场病，从那以后呢，不仅是我妈的这个思想动态发生很大变化，我也跟着发生了很大的变化。我觉得很多事情在生命面前好像微不足道。我就想着我能陪她，就是她想干什么，我能陪她做一做。逢年过节的时候多陪一陪。然后再把我这两个孩子管好了，好像比什么都强。就是我自己的思想也发生了一些变化。我就觉得让我出门儿有些困难，一个是我要读博士呢，我现在也是觉得自己也没太大出息，我还要备战考试，是吧？然后第二个，我可能还要离开家庭。我老觉得总是有什么在挣扎，也没觉得值不值得，老是在那挣扎，就是那种选择恐惧症。

魏：的确是很难选。

阿尚：对，就是选啊选啊，所以就一拖再拖，然后我又不想，又不怎么想跨太大的领域。若考虑在我们学校读的话呢，我们外语学院是没有博士点的，要跨到别的学院。

魏：应该也有很多人跨了吧？

阿尚：嗯。那倒也不是不可能，跟老师说一下，看看能不能带你什么的，但我又不想跨太大的领域。我觉得我怕，我不太懂，然后又很累。所以我就觉得，一直在挣扎、挣扎的过程当中。可挣扎了。所以还是早点读好，早点读，一开始就把这罪受了。现在年龄大了，就感觉有的时候就特别挣扎。

魏：我就感觉，每次您说教学的时候，您的眼睛是放光的，然后一说到这个科研，就觉得，那种状态感觉还是不太一样。

阿尚：对，我觉得教学就我自己能掌控。科研呢，我是虽然有这份心，但是我觉得可能还是像你说的这种，上学好多年了，学的那点东西吧，有一些东西也都忘了。包括一些技能，我虽然有时候也在学习新的一些东西，但是我觉得我现在缺少的是理论和方法上的一些指导。可能我做的一些东西，我不知道做得是不是对的，或者是我做了大半天，也不知道这个套路是不是对的，是不是符合当前的这种研究方法或一个大趋势啊，或者人家现在都在用什么样的方法去做，我就感觉我这方面还是很欠缺。

魏：嗯，那您觉得您在同事的心目中是什么样的一个状态？就比如说我们看见某个同事，会觉得他科研特别强，教学上面就没有那么强；有的呢就觉得他真是个好老师，但是好像科研有些弱，觉得这个政策对他不太公平。

阿尚：我们同事里面有好大一批，真的是讲师退休的，但教学教得真的特别好，我特别佩服，反正比我教学要好。我现在快要变成教学教得比较好，然后科研上不行的那些人。

魏：我觉得您在教学上，其实是非常有光芒的。会不会偶尔也觉得科研没有那么闪亮，会影响评职称，有点儿不甘心呢？

阿尚：也没有，这方面，我心态还比较好。可能跟你经历的一些事情都有关。然后我觉得我无论是怎么样，尤其是在工作上，我一直都是很平和的一个状态，不会有大幅的波动。我不太会因为今天做得好而感到挺高兴，或者是哪天做得不好而失落，我基本上不会。我觉得反正当老师是一个良心活嘛。要做好你自己应该干的事情，不要去违反这个行业的一些规矩。就是说，这个师德这些方面，我觉得也会有少部分的老师没有完全遵守，我觉得这个是最起码的一个标准。你要用老师的标准去要求你自己，对学生负责任，然后上课上好。我心态还是可以的。就是评职称这方面确实也倍感压力，我觉得还是应该把这个职称评上去的。然后就是按照学校的政策，几年来，就今年他也在试图去变这个政策，但是变来变去的，我们现在评教授的要求，其中前两个条件可以任选，其中一个条件是，主编省级以上教材一部，第二个是发表C刊以上论文，这两个可以选。那其实也就是对教学这一块还是有点倾斜了。但是副教授，C刊以上论文是必备条件，无论你满足下面的哪一些。

魏：为什么？

阿尚：不知道，我不知道是出版省级以上教材更难，还是发表一篇C刊更难。我目前的感觉，出版一个教材并没有那么困难呀。但是出版省级以上，他们有说要获奖吗？没有啊。教材，省级以上不是很容易出吗？具体情况我也不知道，可能要求的是主编。但是主编我觉得也还好，特别外语类的出教材挺容易的，也不是挺容易，至少不会特别困难。所以我也不知道我们现在具体是什么情况。不是前两天刚报完职称吗？之前还觉得可能会有一点希望，或者把这个论文的条件放低一点点，结果还是不行，还是要满足他 C 类以上的这个论文，要积满一定的分值，我觉得今年可能还是不行，就是横竖还是要有一篇 C 刊。所以我现在评职称只差一个条件了，其他都满足了，现在就差一篇文章。但是这个对我来说还是挺难的一件事情，我还是个人能力不够呀。

魏：也不是，确实外语类的 C 刊挺难发的。

阿尚：嗯。所以说我有时候，就觉得可能这个大局观不行，我觉得我没有提前布好这个局。然后我按照这个计划慢慢慢慢地去做。反正我感觉大家活着还是拼的心态，我心态还是很好的。我不会让工作这些事情给我造成额外的负担，不管是好啊、不好呀，职称评得上、评不上啊，我感觉自己做的对得起这份工作就可以了。至于学校有一些政策什么的，我有时候跟学生说，我说肯定要有一些条条框框。不是说它要监督你呀，不信任你啊，因为有了这些条条框框，那些个别现象就会阻止它发生。而且我说个别现象发生了之后，反倒带来的负面影响会特别的大。比如现在信息化这么发达，你作为老师的话还是不能想干什么就干什么，对于学生来讲还是要多负些责任，这点还是很重要。逢年过节学生都会给我发短信什么的。前两天我学生可可爱了，我都觉得有这样的学生，我就可高兴了，一天就为了一些傻事儿乐和。这学生，我不教他都一年了，他就是去年报了一个大学生竞赛，我就特别喜欢，就是在语言上比较好的一些学生，想让他们多一些成就，感觉对他们的人生很有用。前年他参加大学生英语竞赛的时候，得了个特等奖，这非常少呀，可以参加国赛的。结果上国赛，考完了，我问他国赛考得怎么样。他说老师我太忙了，没去。被我给狠批一顿，我就直接在微信里给他狠批。我说你怎么能不去呢，我说你什么事情能够忙于你参加一个国家级的比赛，你得了一个特等奖，那只是一个省级的证书，你参加国赛，就是最后你还是一个国家级的证书呢。你将来又想出国，又想干什么干什么，这个对你来说多好的一次机会，就这样被我批了。今年他偷摸的，我估计三四月份不是又比赛嘛，可能又报了一次，然后就是前天给我发了一张照片，说：老师我今年又参加了一次大学生英语竞赛，这是你的指导老师的证书，然后得了个一等奖。我问他是国家的吗，不是。省的，是吧？省的一等奖。我说你看，你错过了机会，就是错过了机会。因为这次我也没有指导他，他给我发个证书，我就觉得学生特别可爱。我说老师的证书不要紧，你去年的机会真的是很难得，因为特等奖的太少了，一个学校就那么几个，然后能参加国赛的。所以有的时候挺有意思，从学生身上也能反思到自己。

魏：是啊，那您在教学上负责，您对学生好，学生是记得的。

阿尚：嗯。我觉得这种喜悦来得特别快啊。就是因为一些这样的事儿，学生告诉你，我考上哪个学校啦，比方说雅思考多少分了，这样的就觉得真好，有一些成功的事能分享一下，其实就很好。哎呀，什么时候我自己也有点成功的事，能跟别人分享一下。自己的成果，其实有的时候，很辛苦很辛苦地出来，但到后面也就没感觉了，就觉得，这块任务完成了，就在搬砖嘛，这个砖搬完了再继续搬第二块了。在国内读个博士要先考博士，再去脱产读书，然后再把论文给写出来，好痛苦啊。

魏：那你家孩子都是住家里的？主要是您在负责，还是？

阿尚：基本上就是我，我家的孩子主要是我在负责。

魏：那周末就基本上是孩子的。

阿尚：对。晚上，其实也是孩子的。就都是孩子的。因为我家老大，我婆婆公公，还有我妈开始帮我串着带一带，还比较轻松。我生老二之前，从我儿子不到2岁，就我自己，白天晚上就我自己，接他回家的时候我自己。有的时候年轻人说些什么，我说生活就是这样，大家都是含着泪过来的。当时我儿子不到2岁，就我一个人带他的时候，我下班回家，我老公经常出差或者在外面应酬，然后呢，我得支持他工作呀。那就我自己一个人，我是什么状态呢？我是中午去买菜，我开着车去把菜买了。回家之后我就拎到家里去，能洗就洗，不能洗就算了。然后我再回去上班，上完班了之后呢，尤其是坐班的两年，我找了邻居家的一个退休的老师去帮我接接孩子，然后我晚上五点下班，准时从单位出来，大概五点半到家，再去把他接回家，然后开始做饭，我就洗菜呀，做饭，孩子在我旁边，拿个小板凳坐着。开始他说我炒菜的时候他害怕，我就抱着他炒个菜，我说那你看，妈妈抱着你炒菜。他又害怕，怕油，然后他就开始拿个小板凳坐在我旁边。那吃完饭了，你得洗碗收拾吧，对不对？这些都得干，那我就洗碗收拾。然后呢，晚上再陪他玩一会儿，再给他洗澡啊。他洗澡的时间，我来洗衣服，等他上床睡觉了以后，我再处理工作。每天周而复始，就是这样的，那个时候就完全是我自己。后来我回到公立学校好一点，时间自由一点，可能是没有课的时候可以去支配一下，做做家务啊、买买菜啊这些事情，然后会灵活一些。就是不用必须在这个固定的时间干固定的事情，会灵活处理一点。但是都是我自己啊，除了孩子生病不能上学，都是我一个人。

魏：你老公不也在高校吗？

阿尚：我老公在高校，他做了很多年的就业工作，很忙。然后我跟他的领导，私下我们关系都很好，我也支持他们工作。他们都特别忙，所以我就顾家里。家里还是我自己，基本上就是我自己在跑。

魏：也是真的女汉子。

阿尚：没办法啊，我觉得有些事儿就逼出来吧。其实，我还是不会干。我现在总结了一下，我还是不务实，不会干，应该干一些对我自己评职称更有利的一些事情，但是我就没有把握好这个方向。

魏：您说的不会干，是指什么？

阿尚：我就干了太多其他的事情了。比如说学院的行政事务，包括有一些课，教学里面的一些细的东西，包括你看这个课程的建设。你要真建一门慕课、微课、在线课程，真的花很多精力的，可能要给学生录一门课。比如说，今天我就录一个 5 分钟的微课，然后花我一天的时间。那至少，你还是熟悉才能用一天搞完。我要把声音弄出来，一遍遍不满意，对吧？然后你的声音还要配上你的课程，你又一遍遍不满意。

魏：那当时您为什么要选择录这些东西呢？

阿尚：有些事儿我也不知道为什么，最开始出现这种在线课程的时候，我就是为了解决当时教学的一些问题嘛。希望通过线上线下这种教学方式。

魏：是您主动做的还是学校要求做的啊？

阿尚：有的是我主动的，有的也是学校让的。上写作课，这个是我主动的。因为我觉得这个方式也蛮不错。我觉得放在写作上很适合。尤其你上大英课的老师，你有时间去讲写作吗？你分不出来时间，就是你根本分不出来，因为你教学上不允许有时间。但是学生他要去写的，他要提高他的写作能力。所以我觉得，当时也是试一下这种方式。效果挺好的。就是把你的课堂时间节约下来，但是你要做呢！

魏：但实际上，相当于您自己的上课时间延长了？就是您其实就把课内的拿到课外了嘛，是吧？

阿尚：是的，其实上课更复杂了。但是从学生的这个角度感觉受益了，从老师这个角度是工作量增加了。

魏：那在线课呢，也是您自己主动的吗？

阿尚：不是。最初上课的是我们的一个老师。这位老师当时拉着我说，咱们一起做呗，有这么个想法，做慕课。我也稀里糊涂就答应了，然后就做了很多事情，真的很难受。

魏：如果从功利的角度来讲，您做这个能获得什么？

阿尚：所以我就说我比较不会干嘛，就是不太功利。因为我现在自己感觉一下，我身边的一些年轻人，比我小的，刚刚毕业不长时间的，他们都比我功利多了，他们只做对自己有用的事情，就像你刚才说的，就是对我评职称有用吗，没有用不做。

魏：那您就是凭着一腔热情去做的？

阿尚：是吧，就是凭一腔热情，然后就做了就想要把它做好。初衷都是要做的，那就好好做吧，又不能对不起良心，不能对不起别人，然后就觉得，那就做吧，太多煎熬了，真的。尤其是我们做慕课的时候，那是我人生第一次面对着镜头讲课。杨老师你这个眼神不要飘，一定要看着这个镜头，可能你不觉得你在飘。可是只要你这个眼睛没盯着这个摄像头，它就是在飘。然后呢，你说话要从头说到尾，不要说错的，对吧？他会有提词器，但你有可能会说错啊。我自己第一次录的时候，杨老师哪节课，第 1 次，咔，开机，拍电影似的。懵的在那儿。然后呢，杨老师哪哪节，就还是同一节课，好，第 2 次开机，第 3 次；然后，杨老师第一节课第 14 次，开机。就那样，就是这种事情，想想也挺好玩的。挺有意思的，所以说很多事情看上去好像这个成果放在那儿，其实真的付出得挺多的。就像人家发一篇 C 刊，我觉得这里面付出了多少努力，这也是看不到的。所以我觉得，我是努力得不够啊，还是要多放一点儿时间在这个写作上，让自己写东西的水平提高一点。

魏：其实您已经做得很不错了。从跟您的谈话中我也学到很多。再次感谢您的参与。

阿尚：不客气。

后　记

自获得国家社会科学基金教育学一般课题“大学青年教师教学投入及其对职业成长影响的实证研究”（批准号：BIA 180186）以来，就一直憧憬着可以写后记的日子。写后记如同神圣的仪式般，意味着当下的任务可以暂时画上句号，新的征程即将开始。

自博士毕业后就在大学任教，经历了从青年教师到中年教师的转身，见证了同龄教师们在职业发展之路上因工作重心选择而出现的职业成长的巨大差异，目睹了近几年渐趋严峻的教师考评机制和晋升机制带给大学教师尤其是青年教师职业发展和成长的压力和焦虑。对大部分青年教师而言，自进入学术职业生涯始，就面临着各种选择，或主动或被动。面对教学，教什么课程、完成多少教学工作量，大多数青年教师可能并没有绝对的选择权。那么，如何面对或主动或被动选择的教学工作，是全情投入还是应付完成？面对科研，在逐渐与原有学习平台剥离且时间日渐碎片化的情况下，继续坚守原有的研究方向还是开辟新的研究阵地，是否能够成功融入新的学术共同体？这些都是大学青年教师不得不面对的现实。不同的学术生涯规划下，大学教师可能会有不同的选择，也会面临不同的职业成长境遇。因此，在“非升即走”、“学术锦标赛”制、“内卷竞赛”依旧风靡的当下，有必要去了解下大学青年教师这个群体是如何认识大学教学和职业成长的，他们做出了怎样的职业发展选择，选择的主要影响因素是什么，选择之后带来了怎样的结果。青年教师是高等教育发展的主力军，他们的教学投入和职业成长状况直接影响着我国高等教育发展的质量和未来发展水平。

初衷是美好的，但真正落实却也困难重重，无论是在理论建构上还是在实证调查环节都充满着各种挑战。在理论上，不仅需要廓清职业成长、职业发展和职业成功的概念边界，还需要小心剥离区分教学投入与工作投入的异同；在调查实践中，如何让本已工作繁忙的大学青年教师参与到调研之中，都对本课题的完成提出了挑战。庆幸的是，我们是一个研究团队，成员们在教师发展研究领域各自有丰富的理论研究经验和实践体验，在每每卡壳的时候，都会被不断激励，继续调整后出发。感谢课题组成员李志锋、许悦婷、孙远雷、张丽冰、陈媛媛和柯晓玲老师们在研究全程给予的支持和帮助，没有他们的付出，本研究很难按期完成，也不可能最终以“良好”结项。

感谢参与本课题调研的众多被调查对象和访谈对象们，离开他们的支持和帮助，本研究无异于无米之炊，绝无可能进行。有了他们的助力，艰难的学术调研之路才有了希望。

感谢广东外语外贸大学建校六十周年丛书文库和英语教育学院的支持。在课题研究过程中，大学及学院提供了各种便利，并为该书出版提供部分资助；同事们慷慨地允许我进入课堂观察，热情地帮助我填写、转发问卷，字斟句酌地帮我推敲书名……太多的帮助，必将铭记心中。

感谢我的研究生张盼盼和谭沁，作为学术职业的新生力量，她们的学术执着和热爱，做事的认真和高效时常让我感到作为教师的幸福和快乐。

感谢我至亲至爱的家人们一直以来的全力支持和付出，使我能够有足够的精力投入到本课题的研究之中。

感谢商务印书馆的苗双编辑，她为本书的出版付出了大量的心血，其耐心、细致和专业令人感动。

限于作者研究能力和研究水平，书中难免有诸多不足之处，恳请各位同行和广大读者不吝赐教。

魏海苓